Tomislav Perko

# 1000 TAGE FRÜHLING

W0024463

# 1000 TAGE FRÜHLING

## Wie ich fast ohne Geld um die halbe Welt gereist bin

Tomislav Perko

riva

**Bibliografische Information der Deutschen Nationalbibliothek**

Die Deutsche Nationalbibliothek verzeichnet diese Publikation in der Deutschen Nationalbibliografie. Detaillierte bibliografische Daten sind im Internet über **http://d-nb.de** abrufbar.

**Für Fragen und Anregungen:**
info@rivaverlag.de

1. Auflage 2016

© 2016 by riva Verlag, ein Imprint der Münchner Verlagsgruppe GmbH
Nymphenburger Straße 86
D-80636 München
Tel.: 089 651285-0
Fax: 089 652096

Die kroatische Originalausgabe erschien 2016 unter dem Titel *1000 dana proljeća*, © Tomislav Perko LTD

Alle Rechte, insbesondere das Recht der Vervielfältigung und Verbreitung sowie der Übersetzung, vorbehalten. Kein Teil des Werkes darf in irgendeiner Form (durch Fotokopie, Mikrofilm oder ein anderes Verfahren) ohne schriftliche Genehmigung des Verlages reproduziert oder unter Verwendung elektronischer Systeme gespeichert, verarbeitet, vervielfältigt oder verbreitet werden.

Übersetzung des Buches aus dem Kroatischen: Maja Burus
Übersetzung von Vorwort und Serviceteil aus dem Englischen: Christa Trautner-Suder
Redaktion: Antje Steinhäuser, München
Umschlaggestaltung: Miroslav Vujović
Umschlagabbildung: Tomislav Perko
Fotos im Innenteil: Tomislav Perko
Satz: Satzwerk Huber, Germering
Druck: GGP Media GmbH, Pößneck
Printed in Germany

ISBN Print 978-3-7423-0003-4
ISBN E-Book (PDF) 978-3-95971-428-0
ISBN E-Book (EPUB, Mobi) 978-3-95971-429-7

Weitere Informationen zum Verlag finden Sie unter

www.rivaverlag.de

Beachten Sie auch unsere weiteren Verlage unter www.muenchner-verlagsgruppe.de

*Für dich.*

# Inhalt

# Vorwort

## oder

## Was würden Sie tun, wenn Sie wüssten, dass Sie dabei nicht scheitern können?

Hätte mir vor wenigen Jahren jemand gesagt, dass ich Autor werde und mein erstes Buch in viele Sprachen übersetzt wird, hätte ich geantwortet, das sei unmöglich. Aber genau so ist es gekommen.

Hätte mir vor wenigen Jahren jemand gesagt, dass ich mit nur ein paar Euro in der Tasche fünf Kontinente bereisen würde, hätte ich geantwortet, das sei unmöglich. Aber genau so ist es gekommen.

Beides ermöglichte es mir, meine Geschichte zu erzählen, und ermöglicht es Ihnen, dieses Buch zu lesen. Wie konnte das geschehen? Ganz einfach: Beides habe ich gewollt. Das ist alles. Ich wollte reisen – also tat ich es. Nachdem ich fünf Jahre gereist war, wollte ich ein Buch schreiben – also tat ich es.

Den meisten Leuten erscheint es erstaunlich, kühn oder gar unmöglich, solche Dinge zu tun, und sie glauben, sie könnten es nicht. Daher lesen sie die Geschichten von denjenigen, die es getan haben, und denken dabei, dass diese Leute irgendetwas haben, was ihnen selbst fehlt. Ihnen fehlt aber nichts. Vielleicht einfach nur etwas Entschlossenheit.

Das ist alles.

Ja, ich hatte Angst. Die Lösung: Ich reiste zunächst ein bisschen und sah, dass meine Angst unbegründet war. Ja, ich hatte kein Geld. Die Lösung: Ich nutzte alternative Reisemöglichkeiten und schaffte es dadurch, mit wenig Geld um die ganze Welt zu reisen. Am Ende stellte ich fest, dass man nur einmal mutig sein muss, nämlich in dem Moment, in dem man sich dafür entscheidet, es zu tun. Wenn man losgeht und seine Komfortzone verlässt. Alles andere geschieht dann ganz von alleine.

Dieses Buch habe ich in einem Fischerdorf in Ecuador geschrieben, am Ende meiner Reise um die Welt. Da diese Reise unter dem Motto *1000 Tage Sommer* stand, sollte das Buch auch genau so heißen. Aber als ich mit dem Schreiben anfing, wollte ich zunächst über all das schreiben, was vor meiner Reise passiert war, über die Dinge, die zu dieser Reise geführt hatten. Dinge, die vielleicht sogar noch wichtiger sind als die Reise selbst. Nach fünf Monaten in diesem Fischerdorf in Ecuador merkte ich, dass ich bereits mehr als zweihundert Seiten über die Zeit vor meiner Reise um die Welt geschrieben hatte. Daher beschloss ich, dass es zwei verschiedene Bücher geben würde – und da dieses hier über die Zeit vor *1000 Tage Sommer* berichtet, nannte ich es *1000 Tage Frühling*.

Erwarten Sie sich nicht zu viel von diesem Buch. Es ist ein einfaches Buch, geschrieben von einem Typen, der in der Schule nie gute Noten im Aufsatzschreiben bekommen hat. Wahrscheinlich werden Sie immer wieder etwas lesen und sich dabei denken: Das ist nichts Besonderes, das könnte ich auch! Und damit haben Sie vollkommen recht: Meine Geschichte ist nichts Besonderes und auch ich bin nichts Besonderes. Ich habe lediglich beschlossen, meinen Träumen zu folgen. Also: Ja, natürlich können Sie das auch.

Vor ein paar Monaten sah ich einen Kühlschrankmagneten auf dem stand: *Was würden Sie tun, wenn Sie wüssten, dass Sie dabei nicht scheitern können?* Ich denke, genau das ist es – das ist der Grund, warum mir alle diese Dinge gelungen sind. Weil Scheitern nie eine Option für mich war. Weil ich nie einen Plan B hatte.

Wenn Sie dieses Buch gelesen haben, stellen Sie sich genau diese Frage: Was würde ich tun, wenn ich wüsste, dass ich dabei nicht scheitern kann?

Dann beantworten Sie sich diese Frage.

Und dann tun Sie es.

Sie werden sehen, es ist ganz einfach.

# Tag 794

»Mein nächster Gast wird uns erzählen, wie man fast ohne Geld reisen kann«, kündigt Daniela an. »Meine Damen und Herren, Tomislav Perko!«

Das Publikum bekommt das Zeichen für Applaus, und die Tür, über der »8. Etage« steht, öffnet sich. Ich gehe ins Studio, steige auf die Bühne, schüttele Daniela die Hand und setze mich in den roten Sessel ihr gegenüber.

Ich bin nervös. Immerhin bin ich Gast in einer der populärsten kroatischen Sendungen. Ich wurde eingeladen, um über meine Reisen zu sprechen, mit anderen Reiseschriftstellern, Menschen, die schon unterwegs waren, als ich ohne die Erlaubnis meiner Mutter noch nicht einmal den Kinderspielplatz verlassen durfte.

Ich bin gekommen, um meine Geschichte zu erzählen. Die der letzten zwei Jahre, und sie muss in weniger als zehn Minuten zusammengefasst werden.

»Tomislav, Sie sind mein jüngster Gast«, beginnt Daniela. »Wie alt sind Sie?«

»Fünfundzwanzig«, antworte ich und atme tief aus.

»Sie sind im letzten Jahr Ihres Wirtschaftsstudiums«, fährt sie fort.

»Genau, mit noch einer Prüfung, die ich bestehen muss.«

»Sie haben auch Arbeitserfahrung. Heute tragen Sie sehr lässig ein T-Shirt mit Kapuze, doch bis vor Kurzem trugen Sie Krawatte und Anzug.«

*Bis vor Kurzem*. Zeit ist so ein relativer Begriff. Ich könnte wetten, dass seither ein ganzes Leben vergangen ist. Oder mehrere.

»Ja, ich habe ein paar Jahre als Broker gearbeitet, lebte in einer komplett anderen Welt, zog mich schön an, ging an schöne Orte und kaufte mir schöne Sachen. Zum Glück kam die Finanzkrise ...«

Bitte anschnallen, wir heben ab!

# Tag 1

Ich saß auf einem abgenutzten blauen Sofa, hatte immer noch meinen teuren Anzug an und rollte einen Joint. Das war der beste Teil meines Tages, ein paar Minuten der Ruhe, des Friedens, ohne über etwas nachdenken zu müssen. Die Belohnung nach einem anstrengenden Arbeitstag. Besonders an diesem Tag, nachdem mir bewusst geworden war, in welcher ausweglosen Lage ich mich befand.

Noch ein paar Wochen zuvor schien alles perfekt zu sein. Alle hielten mich für einen der vielversprechendsten jungen Broker auf dem Markt, mit einer ausgezeichneten Nase, wenn es um den An- und Verkauf von Aktien ging. Aufgrund der Geschwindigkeit, mit der ich die Transaktionen durchführte, gaben sie mir einen Spitznamen: der schnellste Finger.

Ich führte ein Portfolio von fast hunderttausend Euro. Zwei Jahre zuvor hatte ich mit zwanzigtausend begonnen. Nachdem sich der ursprüngliche Betrag erhöht hatte, schaffte ich es, meine Verwandten und Familie davon zu überzeugen, auch zu investieren, und ich nahm auf ihre Anteile Kredite auf. Ich versprach ihnen, dass man an der Börse kein Geld verlieren könne, und sagte, dass es schade sei, die Chance auf einen so großen Gewinn zu verpassen.

Sie glaubten mir.

Für mich war das alles nur ein Spiel, Spaß, Adrenalin. Die Wahrheit war, dass ich über Aktien, Finanzberichte und Indikatoren gar nichts wusste. Ich war ein Student der Wirtschaftswissenschaften, ohne Qualifikation für den Job als Broker, aber ich war ein Experte darin, mein eigenes Unwissen zu verstecken. Ich hörte älteren Kollegen immer aufmerksam zu, wenn sie über die aktuelle Börsensituation sprachen, welche Aktien überwertet und welche unterschätzt wurden, wie es auf den ausländischen Märkten stand, was die erwarteten Trends waren. Damit schlug ich drei Fliegen mit einer Klappe: Ich gewann ihren Respekt, weil sie sich gut fühlten, wenn ihnen jemand zuhörte und ihre Meinung schätzte, vermied dabei Fragen über mich selbst, und die Prognosen, die sie mit mir teilten, verwendete ich, wenn Klienten auch von mir eine Prognose haben wollten.

Ich war ein Daytrader, kurzfristige Spekulationen interessierten mich, wenn möglich innerhalb eines Tages. Ich verließ meinen Arbeitsplatz nicht selten mit ein paar Hundert Euro. Mein Rekord waren zweitausend Euro, verdient in weniger als zwei Stunden. Ich erwarb mir mit meinen – manchmal verrückt mutigen – Schachzügen den Respekt meiner Kollegen und einen guten Ruf.

Tatsächlich war ich nur ein Zocker, der seit der Mittelschule in Wettstuben seine Zeit verbrachte, später auch in Kasinos. Ich wurde süchtig nach dem Gefühl der Aufregung und Unsicherheit, das ich dabei fühlte. Und als Student im ersten Jahr fand ich einen idealen Ersatz dafür, den die Gesellschaft nicht nur rechtfertigte, sondern auch noch förderte.

»Ich bin ein Broker«, sagte ich meinen Freunden manchmal an der Uni, um meinen bequemen Lebensstil und meine Abwesenheit zu begründen. Das klang so wichtig und kühn, ich fühlte mich besonders. Ich war kein Student wie alle anderen, ich gab mir keine Mühe, die Prüfungen zu bestehen, ich hoffte nicht auf ein Diplom, um einen gut bezahlten Job und soziales Ansehen zu finden. Ich hatte das schon.

Der Markt wuchs ständig, alle verdienten Geld, es gab neue Maklerfirmen, Investmentfonds, es gab immer mehr Investitionsmöglichkeiten.

Bis zu jenem schwarzen September 2008.

Der drastische Kollaps der Immobilienpreise in Amerika, der Zusammenbruch der größten Banken der Welt, die Rezession ... Der Markt war plötzlich im freien Fall. In unserem Markt, aber auch in den Märkten weltweit, fielen die Aktien wie verrückt, manche sogar um 70 Prozent. Es wurde über die schlimmste Finanzkrise in den letzten achtzig Jahren gesprochen, über die Milliarden, die jeden Tag verschwanden, und zum ersten Mal wurde auch das Wort erwähnt, das kein Broker hören will und das sich auf Cash reimt.

In jenen Tagen starrten wir hilflos auf die Bildschirme und zählten nach Börsenschluss die Verluste zusammen. Wir und unsere Klienten. In nur wenigen Tagen verloren Menschen ihre Lebensersparnisse. Sie riefen uns an und verlangten eine Erklärung. Und wir wussten nicht, was wir sagen sollten.

Am schlimmsten war, dass sich das Szenario Tag für Tag wiederholte. Die Aktien verloren fortlaufend an Wert, und die Menschen mussten zuschauen, wie ihr Geld vor ihren Augen verschwand. Wir wurden alle, mild ausgedrückt, wahnsinnig. Die einzige Alternative zu diesem Wahnsinn war, alles, was man noch hatte, zu verkaufen. Retten, was noch zu retten war.

Das tat ich auch. Ich verkaufte alle Aktien, die ich besaß, schloss alle Kredite und zählte die Verluste zusammen.

Dreißigtausend Euro.

Dreißig. Tausend. Euro.

Ich lehnte mich zurück und zündete den Joint an.

# Tag 794

Ich erinnere mich an das Gefühl im Magen, das ich zu dieser Zeit oft gespürt habe. In ein paar Wochen hatte ich eine Summe verloren, für die manche Menschen jahrelang jeden Tag hart arbeiten müssen, um sie zu verdienen. Das Geld war weg, einfach so. Und ich musste es irgendwie wieder zurückzahlen. Ich musste einen Weg finden.

Alles schien unwirklich. Hoffnungslos. Depressiv.

»Wie können Sie behaupten, dass die Finanzkrise *zum Glück* kam?«, wundert sich Daniela.

Ich kenne diesen Blick. Wenn mir damals jemand gesagt hätte, dass der Verlust des Geldes mit das Beste sein würde, das mir passieren konnte, dass ich zwei Jahre später dankbar dafür sein und diese Situation als einen Segen betrachten würde, hätte ich ihn gebeten, mir auch etwas von seinem Stoff zu geben. Denn es war offensichtlich guter Stoff.

Doch aus heutiger Sicht bin ich wirklich froh, dass es geschehen ist.

»Nun, ich kann das sagen, weil die Krise meine Einstellung zum Leben verändert hat. Als ich dieses Geld und alles, woran ich mich gewöhnt hatte, verloren habe …«

»Hat es Sie zugrunde gerichtet?«, unterbricht sie mich. »Finanziell, meine ich.«

»Oh ja, es hat mich zugrunde gerichtet. Finanziell, aber auch psychisch.«

Einige Menschen im Publikum fangen an zu lachen.

»Ich habe gekündigt«, fahre ich fort, »und angefangen, in einer Saftbar zu arbeiten. Das hat mein Leben komplett verändert.«

# Tag 31

»Martina, wir brauchen einen Studenten, der hinter der Bar arbeiten wird«, hörte ich Mungo am Nebentisch sagen. »Allein schaffen wir das nicht mehr.«

Ich fand die beiden großartig. Sie waren die Eigentümer der Saftbar in Zagreb, in der ich jede Mittagspause verbracht hatte. Nur zwei Minuten von meinem Büro entfernt, aber weit genug von den Bildschirmen, den roten Zahlen und der allgemeinen Depression, die in den letzten paar Tagen und Wochen im Büro herrschte. Ein sicherer Hafen.

»Ich könnte einspringen«, warf ich ein, während ich meinen Erdbeer-Smoothie auf dem bemalten Holzstuhl abstellte.

Sie schauten mich verwirrt an, hielten einen Moment inne und brachen in Gelächter aus. Ich lachte mit ihnen und wusste nicht wirklich, wie ich auf diese Idee überhaupt gekommen war.

»Warte mal«, sagte Martina, immer noch lachend, »du bist ein Broker, wenn ich mich nicht irre.«

»Ja«, antwortete ich vergnügt.

»Jeden Tag, während deiner Pause, kommst du hierher in Anzug und Krawatte und bestellst einen Saft für 3 Euro 50«, fuhr sie fort.

»Genau.«

»Und jetzt möchtest du hinter der Bar arbeiten und diese Säfte zubereiten?«

»Ja.«

»Bist du Student?«

»Ja.«

»Wie kannst du gleichzeitig ein Student und Broker sein?«

»Das ist eine lange Geschichte.«

»Wie viel verdienst du dort?«

»Fünf Euro pro Stunde, plus ein paar andere Sachen.«

»Wie diesen Anzug, den tu trägst?«

»Wie diesen Anzug, den ich trage.«

»Und jetzt verarschst du uns hier«, unterbrach sie Mungo. »Du weißt, dass wir dir nicht einmal die Hälfte geben können.«

»Schaut mal«, antwortete ich mit demselben, ernsten Ton, »ich mag diesen Ort. Ich komme jeden Tag hierher, um mich von dem ganzen Mist im Büro zu erholen. Ich habe hier noch nie jemanden gesehen, der gestresst ist. Menschen kommen mit einem Lächeln rein, bestellen einen Saft, bezahlen, bedanken sich und trinken ihn zufrieden. Ja, ich möchte hier arbeiten. Ich weiß, dass ihr mir nicht einmal die Hälfte zahlen könnt, aber das ist mir wirklich nicht wichtig.«

Mungo stand von seinem Tisch auf und setzte sich neben mich.

»Ist das dein Ernst?«, fragte er.

»Das ist mein Ernst«, antwortete ich.

»Für wie viel Geld würdest du arbeiten?«

»Geld ist mir nicht wichtig. Ich möchte arbeiten. Zahlt so viel ihr könnt.«

»Okay, dann ist es für dich auch kein Problem, kostenlos zu arbeiten«, provozierte er und schaute mir in die Augen.

»Nein.« Ich spielte lächelnd mit, ohne den Blickkontakt abzubrechen.

Das dauerte zehn lange Sekunden.

»Sei morgen um zehn vor acht hier«, sagte er und ging zurück zu Martina. »Dein Stundenlohn ist drei Euro.«

Ich trank meinen Smoothie und ging zurück ins Büro. Dort erwarteten mich Anrufe verärgerter Klienten, rote Farbe auf den Bildschirmen, schlechte Nachrichten auf jedem Internetportal. Der übliche Arbeitstag.

Ich schnappte mir einen Kugelschreiber und ein Blatt Papier, zog eine Linie durch die Mitte, schrieb BROKERFIRMA auf eine Seite und SAFTBAR auf die andere. Angespannte Arbeitsatmosphäre im Gegensatz zu entspannter. Unzufriedene, nervöse und anspruchsvolle Klienten im Gegensatz zu unbeschwerten und dankbaren. Arbeit am Computer im Gegensatz zu Arbeit hinter der Bar, in Gesellschaft von frischem Obst und Gemüse. Anzug und Krawatte im Gegensatz zu Kleidung, in der ich mich wohl fühle. Stundenlohn von fünf Euro plus Nebenleistungen im Gegensatz zu Hungerlohn, der eventuell für die Warmmiete genügen würde.

Das Leben hatte wirklich Sinn für Humor. Die letzten paar Jahre meines Lebens hatte ich ausschließlich damit verbracht, Geld zu kontrollieren. Doch die Rollen waren eigentlich umgekehrt: Das Geld hatte die Kontrolle über mich erlangt. Ich stellte fest, wie begrenzt und von Geld bestimmt mein Leben war, vor allem jetzt, wo keins mehr da war.

Ich war in eine Falle getappt. Ich hatte gespart, jeden Tag nach neuen Wegen gesucht, um noch mehr zu verdienen, um mir etwas Neues kaufen, um mir etwas Luxus gönnen zu können. Und ich dachte, ich wäre der Chef in dieser Beziehung, aber da lag ich komplett falsch. Wie immer musste ich das auf die harte Tour lernen.

Geld. Der einzige Grund, um beim aktuellen Job zu bleiben.

Ich schaute mir noch einmal an, was ich aufgeschrieben hatte, nahm mir die Krawatte ab, stand von meinem Stuhl auf, klopfte an die Tür des Direktors und kündigte.

»Liebes Team, ich haue ab«, informierte ich meine Kollegen, nachdem ich aus dem Büro des Direktors gekommen war. Sie waren nicht überrascht, sie hatten auch angefangen, sich neue Jobs zu suchen, nach einem Ausweg aus dem generellen Markt-Chaos. Man wartete nur darauf, wer als Erster durchdrehen und Hals über Kopf abhauen würde. Das war ich, der Jüngste und derjenige, der in den größten Schwierigkeiten steckte.

An diesem Tag beschloss ich, zu Fuß nach Hause zu gehen. Ich kaufte ein Bier, legte mich inmitten eines Parks auf das Gras und schaute in den Himmel.

Von diesem Tag an existierten Aktien für mich nicht mehr – das versprach ich mir selbst, wohl wissend, dass Glücksspieler immer versuchten, sich mit Zocken aus dem Dreck zu retten.

Ich nahm einen Schluck und fühlte mich gut. Als ob ich gerade mit einem Mädchen, das ich schon lange nicht mehr mochte, Schluss gemacht hatte. Ja, ich ging aus dieser Beziehung mit einer riesigen Narbe und würde mich davon noch eine Weile nicht erholen, falls ich es überhaupt je schaffen würde. Aber ich ging.

Und am nächsten Morgen hatte ich ein Date mit einem neuen, aufregenderen, fröhlicheren, gesünderen Mädchen. Einem ärmeren. Das mir jedoch, hoffentlich, helfen würde, meine Ex zu überwinden.

Ich stand auf, schaute auf den grünen Fleck auf der Rückseite meiner Hose und ging unbeschwert nach Hause.

# Tag 87

»Warum nennen sie dich Mungo?«, fragte ich meinen Chef eines Abends in einem geheimen Hinterzimmer eines Jazzclubs. Manchmal blieben wir dort bis spät in die Nacht und spielten eine Runde Poker. Die Atmosphäre erinnerte mich an alte Mafiafilme. Wir waren für die anderen Gäste unsichtbar, in einem dubiosen Hinterzimmer, in dem man trank, rauchte und Karten spielte.

Obwohl ich nur ihr Mitarbeiter war, fühlte ich mich wie ein Teil der Familie. Ich nannte Martina schon nach ein paar Tagen Schwester, und sie mich Bruder. Ich war an meinem neuen Arbeitsplatz, mit meinen neuen Arbeitgebern glücklich, und sie waren auch mit mir zufrieden.

Ich ging mit Begeisterung zur Arbeit, erledigte meine Schichten mit einem Lächeln, sprach mit Gästen, reinigte die Saftpresse am Ende des Arbeitstages, schrubbte den Boden und säuberte die Toiletten. Ich lernte Menschen kennen, die anders, interessanter und besonders waren. Wir unterhielten uns über Kunst, Reisen, die gesunde Art zu leben. Es gab keine Typen, die sich mit ihrem Ellbogen an die Bar lehnten und mit einem Bier in der Hand den neuesten Tratsch erzählten. Es gab nicht diese Nervosität und die ewigen Geschichten über Geld. Ich fand ein paar neue Freunde, ging mit ihnen zu Theatervorstellungen, zum Grillen außerhalb von Zagreb, und ich hatte eine sehr gute Beziehung zu Martina und Mungo, so gut, dass sie mich fast jeden Abend nach dem Schließen der Bar auf ein Bier mitnahmen.

»Ich bin in Maksimir[1] aufgewachsen«, erzählte Mungo eines Abends, »und damals fanden wir es lustig, dass jeder aus unserer Clique einen Spitznamen von einem Tier aus dem Zoo hatte. Wenn ich früher als Kind die Situation um mich herum beobachtet habe, streckte ich meinen Hals und drehte meinen Kopf, und jemand von den Älteren hat das bemerkt und gesagt, dass ich ihn an einen Mungo erinnere. Und das war's.«

Ich hörte seinen Schilderungen aufmerksam zu, wie es war, auf Zagreber Asphalt aufzuwachsen und mit Gleichaltrigen aus der Nachbarschaft herumzuhängen, die legendären Dinamo-Fußballspiele zu besuchen, die Überdosis eines engen Freundes mitzuerleben und zu überstehen, und wie es ihn gerettet hatte, Martina kennenzulernen und mit ihr gemeinsam nach Irland zu gehen.

---

1 Ein Stadtteil in Zagreb, in dem sich das Fußballstadion von Dinamo Zagreb befindet.

Dort waren sie fünf Jahre geblieben.

Es war für mich interessant zu hören, dass jemand, der in der gleichen Stadt aufgewachsen war, eine völlig andere Kindheit erlebt hatte. Im Vergleich zu seiner war meine so unschuldig und unbeschwert gewesen, dass ich beschloss, mein Buch, sollte ich es je schreiben, mit den folgenden Worten zu beginnen: Ich bin in einem Märchen aufgewachsen.

Ich erinnerte mich an den Umzug von einer gemieteten Wohnung in die andere und an die Tage, die ich in den Parks vor dem Gebäude verbracht hatte. Es war mir und meinem Bruder verboten, außerhalb des Parks zu spielen, damit uns unsere Mutter jederzeit im Visier hatte. Ich erinnerte mich, wie ich meine ganze Grundschulzeit damit verbracht hatte, Fußball oder Basketball mit meinen besten Freunden zu spielen. Ich erinnerte mich an meine Lieblingsvideospiele am Ende der Grundschule, wegen denen ich meine Tage vor dem Computer, in einer anderen Welt, verbrachte. Ich erinnerte mich, dass ich nie in einer Clique war, die trank, rauchte, sich schlug oder Mädchen nachstieg. Das erste Mädchen küsste ich am letzten Tag der Grundschule, nur, weil ich ohne meinen ersten Kuss nicht gehen wollte. Obwohl ich das vielleicht hätte machen sollen. Ich erinnerte mich an Katarina, neben der ich drei Jahre lang im Gymnasium in derselben Bankreihe gesessen hatte, mit der ich auch jede kurze Pause in diesen drei Jahren verbracht hatte und die ich am Ende eines jeden Schultages zur Bushaltestelle begleitet hatte. Ich erinnerte mich an die Zulassung zur Uni und an die Tatsache, dass ich mein Studium nach ein paar Vorlesungen fast abgebrochen hätte.

Ich war noch ein Kind, kam frisch aus meiner ersten Beziehung, hatte keine Laster, keine echten Freunde, und ich wusste nicht, was ich mit mir selbst anfangen sollte. Dann, zusammen mit der Clique, mit der ich meine Zeit verbrachte, machte ich verschiedene Lebensphasen durch.

Ich interessierte mich für schnelle Autos, obwohl ich den Golf I von meinem Bruder fuhr. Ich begann auszugehen, manchmal in Parks, manchmal in schicke Bars, einen Sommer lang ging ich in Bars, in denen Volksmusik gespielt wurde, und tanzte auf Tischen, als ob ich Glühlampen auswechseln würde. Ich versuchte mich im Gitarrenspiel, weil ich ein Mädchen erobern wollte, das schön singen und spielen konnte. Ich gab auf, als ich sie aufgegeben hatte. Einen Samstag ging ich in den Norden von Maksimir, zwischen lauter Bad Blue Boys,[2] weil der Bruder meiner damaligen Freundin ein begeisterter Dinamo-Fan war.

---

2 Dinamo Zagreb-Fans, die mitunter Stress machen.

Es war ein völlig unwichtiges Spiel. Aber als das Gebrüll von der Tribüne mit dem koordinierten Rhythmus der Trommeln, dem Klatschen und ein paar Tausend brüllenden Kehlen begonnen hatte, war's das. Ich hatte ein neues Hobby. Einen neuen Ort, an den ich gehörte. Ich verpasste kein Spiel in Maksimir und besuchte sie meistens allein. Das Ergebnis war gar nicht so wichtig – wichtig war, so laut zu schreien, wie es nur ging, um das Team zu unterstützen und diese immense Energie zu spüren, die auf der Fantribüne herrschte.

Bald fing ich an, auch Auswärtsspiele zu besuchen. Achtundzwanzig Stunden Leiden im Fanbus bis Auxerre, wo ich bereits vor der slowenischen Grenze Zeuge des Konsums von Opiaten wurde, Diebstähle an Tankstellen, die auf dem Weg lagen, beobachtete und in Auxerre das Durch-die-Stadt-Randalieren, auf der Suche nach einheimischen Fans, miterlebte. Schlussendlich war ich auf der Gästetribüne, umgeben von meinen Begleitern, die mittels Fackeln und Stühlen gegen die Polizei kämpften, während ich, hustend vom Tränengas, meiner Mutter eine SMS schickte, dass alles gut sei und ich weit weg vom Chaos.

Ich war in Norwegen, allein, dort verschlief ich, nach drei Tagen Reise und ein paar Dutzend Bier, das Spiel im Bus vor dem Stadion. Ich war Zeuge eines der größten Siege, und zwar desjenigen über Ajax, inmitten von Amsterdam, und das war auch das Ende meiner Reisen mit Dinamo.

»Dinamo spielt gegen Ajax um den Einstieg in die UEFA Champions League«, stand in den Schlagzeilen der Internetportale. Ich ließ alles stehen und liegen und griff zum Handy.

Gehen wir?

Ich schickte eine Gruppennachricht an all diejenigen Menschen, von denen ich überzeugt war, dass sie der Ausflug nach Amsterdam so sehr wie mich interessieren würde. Was für eine schöne Stadt, voller Geschichte und Kultur! Das war für meine Freunde natürlich sehr wichtig.

Na klar!

Die Antworten waren einstimmig.

Wir schauten uns das erste Spiel gemeinsam an, auf der Nordtribüne in Maksimir. Wir feuerten unser Team an und hofften auf ein zumindest zufriedenstellendes Resultat. Das Highlight des Spiels war der Pass von Schildenfeld an einen Spieler von Ajax, der dann ein Tor schoss, und das Spiel endete mit 0:1.

Ich war schon an die schlechten Resultate meines geliebten Clubs bei europäischen Wettbewerben gewöhnt und deshalb traf mich die Niederlage nicht sehr. Ich freute mich immer noch auf das Rückspiel, auch wenn ich wusste, dass ich nur wieder dabei zusehen würde, wie wir es nicht im UEFA Cup schafften. »Es ist nicht wichtig, ob sie gewinnen oder verlieren, wir sind immer hier«, hieß es in einem Fanlied der Bad Blue Boys. Aber schließlich war ich doch allein mit der ganzen Aktion. Meine Freunde fanden einer nach dem anderen Ausreden und beschlossen, doch nicht mitzufahren. Das war nicht einmal eine Woche vor der Abreise.

Weicheier.

»Warum gehst du nicht allein?«, fragte mich Nina, der ich mich in solchen Situationen meist anvertraute.

Nina war meine Kommilitonin an der Uni. Eigentlich viel mehr als eine Kommilitonin. Sie war die Person, die den Besuchen des Gebäudes am Kennedy-Platz einen Sinn gab. Sie akzeptierte ein verwöhntes, stures und engstirniges Wesen, sie veränderte und lehrte es, die Welt anders zu betrachten, indem sie Fragen stellte, durch Beispiele belehrte und bedingungslose Liebe schenkte. Sie war diejenige, die angefangen hatte, aus mir eine Person zu machen.

»Allein?« Ich schaute sie panisch an. »Was soll ich dort allein?«

»Glaub mir, es ist besser, wenn du allein gehst anstatt mit den anderen«, antwortete sie selbstbewusst. »Du wirst übrigens nie etwas auf die Beine stellen, wenn du immer auf andere wartest.«

Ich war sicher, dass sie wusste, wovon sie sprach. In der ersten Vorlesung, bei der wir zusammensaßen, zeigte sie mir Fotos aus Indien, Brasilien, Portugal. Sie war ein paar Jahre älter als ich und komplett anders, aber wir verstanden uns trotzdem, oder gerade deswegen, sehr gut. In ihren Augen konnte ich die Aufregung, die Ungewissheit, das Abenteuer sehen, alles was mich erwartete, falls ich mich auf den Weg machen würde. Das war wunderbar. Und gleichzeitig auch beängstigend. Die Angst vor der Einsamkeit, irgendwo weit weg. Auf mich allein gestellt.

»Kommst du mit mir?«, flehte ich sie an.

»Haha, keine Chance!«, erwiderte sie. »Das ist dein Weg, such nicht nach einer einfachen Ausflucht. Es ist ein viel besseres Gefühl, wenn du etwas selbst machst, ohne die Hilfe der anderen.«

»Ich kann es kaum erwarten, den Ausdruck in deinen Augen zu sehen, wenn du zurückkommst!« Ich erinnerte mich an ihren letzten Satz, als ich am Hauptbahnhof ein Ticket, im Zentrum einen großen Rucksack und einen Schlafsack und schließlich außerhalb des Stadions ein Ticket für das Spiel kaufte. Ich war bereit.

Ich musste nicht lange auf den Beginn des Abenteuers warten. Schon beim Einstieg in den Zug traf ich zwei Jungs, die wie ich zum Spiel gingen. Sie boten mir von ihrem Wein an und ich ihnen von meinem Brot und meiner Pastete aus dem Studentenzentrum. Gerade als wir wieder nüchtern wurden, schmiss mich der deutsche Schaffner mit Hilfe der örtlichen Polizei aus dem Zug, mit der Begründung, mein Ticket sei »falsch«. Ich schaffte es jedoch mit ein paar Stunden Verspätung bis nach Amsterdam. Ich kam zu Jeff und Andy, zwei Typen, die ich durch das soziale Netzwerk CouchSurfing, von dem ich einige Monate vorher erfahren hatte, kannte. Während der folgenden paar Tage lebte ich im Stadtzentrum, in einer Wohnung, die über einem Laden mit mehr als dreihundert Sorten von Bier, Wein und Spirituosen lag. Die beiden führten den Laden.

Als echter Einheimischer hatte ich mein eigenes Fahrrad, wanderte an den wunderschönen Kanälen entlang, sah mir die Häuser an, die mir auch ohne den Einfluss von Opiaten enorm lebendig vorkamen. Ich fand ein paar neue Freunde, lieh mir eine Gitarre aus, spielte das erste Mal vor Passanten als Straßenmusikant und war dabei, als die blauen Jungs das Spiel mit 3:2, einer der größten Siege, gewannen.

Doch der Moment der Reise, der am meisten in meiner Erinnerung haften blieb, geschah nach dem Spiel. Ich war in der Wohnung, erschöpft, hungrig und durstig. Hinter mir lagen hundertzwanzig Minuten Geschrei und Klatschen, umso mehr, da wir keine Trommeln ins Stadion tragen durften. Vor mir standen knuspriges Hühnerfleisch, salzige Pommes mit Ketchup und ein Liter Fanta, die ich mir unterwegs gekauft hatte. Ich fing an zu essen, als ob es meine letzte Mahlzeit sein sollte. Als meine Genusssucht an ihrem Höhepunkt angelangt war, nahm ich den Deckel des Plastikbechers ab. Sie hatten mir Coca-Cola anstatt Fanta gegeben.

Für mich brach eine ganze Welt zusammen.

»Okay, die Situation ist folgendermaßen«, begann ich das Gespräch mit mir selbst nach einer Minute des Schocks. »Du hast großen Durst und du hasst Coca-Cola. Der Laden ist hundert Lichtjahre entfernt. Im Kühlschrank gibt es nichts Interessantes. Gibt es eine Chance, dass du dir für einen Moment vorstellst, dass diese schwarze Flüssigkeit, die vor dir steht, tatsächlich das leckerste Getränk der Welt ist? Und du versuchst es zu genießen. Na?«

Ich brachte das verwöhnte Gör in mir zum Schweigen, schloss meine Augen, brachte den Becher meinem Mund näher und trank.

Es funktionierte!

Während ich am Hühnerbein kaute und das Getränk trank, fragte ich mich: Wenn ich nur durch Willenskraft anfangen kann, etwas zu mögen, das ich nicht mag, was kann ich in meinem Leben dann noch auf diese Weise ändern? Muss ich alles bisher Gelernte, alles, was ich bisher probiert habe, infrage stellen? Einschließlich aller Meinungen, die ich mir in all diesen Jahren gebildet habe – und muss ich wieder von vorne beginnen? Das Leben mit neuen Augen sehen, mit neuem Mund schmecken, ein ganz neues Wesen an den Tag legen?

Das war der Höhepunkt der Reise, und nach diesem Ausflug wollte ich nicht mehr mit Dinamo reisen, ich wollte nach ähnlich erhellenden Erfahrungen suchen.

»Tom, mein Freund«, unterbrach mich Mungo, »man lernt einiges, während man reist. Scheiß auf die Schule, scheiß auf die Uni, das Leben ist der beste Lehrer. Das Leben außerhalb unserer Grenzen: der geografischen, moralischen und kulturellen. Auf der Reise musst du alles, was du gelernt hast, vergessen, und dir dessen bewusst sein, welche Illusionen dir deine Umgebung, die Schule und die Kirche mitgegeben haben. Während des Reisens bist du frei, niemand außer dir selbst beurteilt dich. Das findest du auf dem Weg: dein wahres Ich. Und deine Antworten, wenn du genug Lebenserfahrung im Arsch hast. Du kannst Bücher lesen, Dokumentarfilme sehen, mit deinen Freunden in einem rauchigen Raum eines Jazzclubs philosophieren, aber das alles hat keinen Wert. Bis du rausgehst und es selbst erlebst. Bis du aus deinen eigenen Fehlern lernst. Denk dran.«

# Tag 794

Wie oft ich auch meine Cola-Fanta-Geschichte aus Amsterdam erzählte, niemand verstand sie. Niemand konnte es glauben, dass mir nach meiner ersten Soloreise, nach ein paar Tagen in einer Stadt wie Amsterdam, nachdem ich bei einem der größten Spiele überhaupt anwesend gewesen war, als wichtigste Geschichte, die ich immer wieder erzählte, die gewöhnliche Feststellung blieb, dass man etwas Gelerntes einfach ändern konnte.

Und so erschloss sich die wichtigste Geschichte, die mir widerfahren war, nur mir allein. Nur ich hatte sie wirklich verstanden.

»Etwa zu der Zeit, als ich begonnen habe, in der Saftbar zu arbeiten, fing ich intensiv damit an, Menschen über CouchSurfing zu hosten …«

»Was ist CouchSurfing?« Daniela unterbricht mich wieder.

»CouchSurfing ist eine Online-Gemeinschaft, bei der sich Reisende gegenseitig in ihren privaten Wohnungen empfangen.«

Es wäre unmöglich, die unzähligen Erfahrungen, die ich mit CS gemacht habe, in einem Satz wiederzugeben. Wie sollte ich die Jahre zusammenfassen, in denen ich fast täglich Zeit mit Menschen in meinem oder ihrem Zuhause verbracht habe, während wir Geschichten, Witze, Erfahrungen austauschten? Wie sollte ich die intensiven Abende, schlaflosen Nächte, die Verbindung mit Menschen auf dem Sofa neben mir wiedergeben?

»Also, Sie bieten ein Sofa zum Übernachten an?«

»Sofa, Bett, Matte auf dem Boden, hängt davon ab, wie viel Platz man hat.«

Ich erinnere mich an einen meiner Gäste, der auf den Küchenfliesen schlief, neben zwanzig Bierflaschen und ein paar Pizzakartons. Die guten alten Zeiten.

»Sie bekommen ein Dach über dem Kopf und eine Mahlzeit?«

»Ein Dach über dem Kopf und eine Mahlzeit, wir gehen gemeinsam aus, etwas trinken … hängt davon ab, was wir vereinbaren. Das Entscheidende beim CouchSurfing ist aber nicht, dass man etwas gratis bekommt, sondern dass man neue Freundschaften schließt und die Kultur aus der Perspektive der Einheimischen kennenlernt. So habe ich bisher mehr als hundert Menschen in Zagreb gehostet. Und vor eineinhalb Jahren habe ich selbst angefangen zu reisen. So beschloss ich eines Tages, Sofia zu besuchen …«

# Tag 186

»Guten Tag!« Der Briefträger kam an einem Frühlingsnachmittag in die Saftbar. »Lebt Hrvoje Šalković[3] hier?«

Wir waren gerade dabei, das Chaos aufzuräumen, das regelmäßig in der Bar herrschte, wenn die Gäste – zu denen ich auch einmal gehört hatte – ihre Mittagspause dort beendet hatten. Martina, Mungo und ich schauten uns an, wir waren total verwirrt. Vor ein paar Tagen hatte ich ihnen eins seiner Bücher, *Tu so, als ob du nichts gesehen hast*, geschenkt. Mir hatte wiederum Nina das Buch geschenkt. Und so hatte sie mich, zum wiederholten Mal, nachdenklich gemacht. Schon nach dem ersten Kapitel:

*In der tiefen Weite des Universums liegt ein kleiner bläulicher Planet – die Erde. Dort leben Menschen, Säugetiere, die sich selbst gern als vernünftige Wesen bezeichnen. Der Planet Erde dreht sich unermüdlich und beharrlich um seine Achse. Die Menschen drehen sich unermüdlich und beharrlich um ihre Gewohnheiten. Sie werden geboren, wachsen auf, werden alt und sterben, und geben diese Routine nicht auf. In der Zwischenzeit passieren wichtige Dinge: sie lieben, sündigen, schwätzen, mischen sich ein, lügen, sind unzüchtig, schreiben, bereuen, haben ein schlechtes Gewissen, vergessen, haben Angst. Doch die meisten Menschen werden nur geboren, wachsen auf, werden alt und sterben. Die meisten akzeptieren das als selbstverständlich, ohne darüber nachzudenken. Die meisten Menschen leben ihr Leben, ohne auch nur für einen Moment darüber nachzudenken.*

*In der tiefen Weite des Universums liegt der Planet Erde, und auf ihm leben Menschen. Manche von ihnen haben Träume. Das sind Menschen, die endlos auf der Suche nach einem kleinen Stück Ruhe sind. Es gibt nicht viele, oft werden sie verachtet oder sie sind einsam. Andere Leute nennen sie Träumer, unreife Eiferer. Sie sagen ihnen, dass es Zeit sei, erwachsen zu werden und sich nicht wie Kinder zu benehmen. Die meisten Träumer müssen ihre Träume schlussendlich als gescheitert ansehen und geben ihr Suchen nach Ruhe auf. Nur die hartnäckigsten unter ihnen geben nie auf, weil sie wissen, dass keine Regierung, kein Gesetz und keine Autorität ihren Träumen im Weg stehen darf.*

---

3 Bekannter kroatischer Schriftsteller, wird auch Shale genannt. Sein Buch *Pravi se da ovo nisi vidio* (Zagreb, 2006, *Tu so, als ob du nichts gesehen hast*) ist nicht auf Deutsch erschienen.

Ich las das Buch in einem Atemzug. Und wurde nachdenklich. Wie finde ich meine innere Ruhe?

Ich war wieder mit diesem Gedanken beschäftigt, auch in dem Moment, als der Briefträger in die Saftbar kam und nach dem Autor fragte, dessen Buch mich so zum Nachdenken angeregt hatte. Zufall? Ich glaube nicht an Zufälle.

Ich erfuhr von dem Briefträger, dass Shale in der Nachbarschaft wohnte, und beschloss, diese Information zu nutzen, nachdem meine Schicht zu Ende war. Ich klingelte an seiner Tür.

»Wer ist da?«, hallte es aus der Sprechanlage.

»Komm, wir gehen ein Bier trinken!«

»Wer ist da?«

»Du kennst mich nicht, aber ich kenne dich. Ich habe dein Buch gelesen, per Zufall deine Adresse herausgefunden und mich entschlossen, dich auf ein Bier einzuladen.«

»Du hast dich einfach so entschlossen, einen Fremden aufzusuchen und ihn auf ein Bier einzuladen?«

»Ich bin sicher, dass du in deinem Leben schon merkwürdigere Dinge gemacht hast.«

»Hmm, das ist wahr.«

»Ich brauche deine Hilfe, um innere Ruhe zu finden.«

»Bitte?«

»Nichts. Ich erkläre dir alles beim Bier.«

»Schau, danke für die Einladung, aber ich bin gerade nicht in der Stimmung für ein Bier mit Fremden, und ich habe noch einiges zu tun zu Hause, deswegen ... Vielleicht beim nächsten Mal.«

»Ja, vielleicht.«

Ich mochte den Autor meines Lieblingsbuches nicht mehr. Meiner Meinung nach hätte er nach unten rennen, lachen, mich umarmen, mir zu meinem Mut gratulieren und sich mit mir betrinken müssen.

»Wenn ich jemals ein berühmter Schriftsteller werde, werde ich nie eine Einladung zum Bier ablehnen«, sagte ich am nächsten Tag zu Martina und Mungo, und ich beschrieb ihnen das erfolglose Sprechanlagen-Gespräch. Ich klang wie ein beleidigter Teenager.

»Was kann er dir raten, das du nicht schon selber weißt?«, fragte Mungo und presste frischen Orangensaft. »Du hast sein Buch gelesen, du hast es gemocht. Wenn du das Gefühl hast, dass du dich selbst im Buch erkannt hast, mach, was die Hauptfigur gemacht hat. Geh. Wie oft hast du mir deine beschissene Cola-Fanta-Geschichte aus Amsterdam erzählt? Und es ist dir immer noch nicht klar? Theorie ist Mist, wenn man sie nicht umsetzt. Such keine Ausreden oder Rechtfertigungen. Wie du schon im Buch gelesen hast, findet man die besten Ratschläge nur auf dem Weg.«

»Wie soll ich reisen, wenn ich kein Geld habe?«, rechtfertigte ich mich. »Es war einfach, nach Amsterdam zu gehen, als ich viel Geld von den Aktien hatte. Jetzt habe ich fast nur Geld für die Miete. Die Schulden will ich gar nicht erst erwähnen ...«

»Scheiß auf das Geld!« Er ließ die Orangen liegen und kam näher. »Nimm nächste Woche ein paar Tage frei. Hier hast du ein wenig Geld, geh irgendwo hin.«

Als ich an diesem Nachmittag nach Hause kam, warteten vor meiner Haustür vier Bulgaren auf mich.

Schon monatelang hatten mein Mitbewohner und ich Fremde, die uns über CouchSurfing angeschrieben hatten, beherbergt. Unsere Wohnung war zu einem Ort geworden, an dem Reisende essen, trinken, sich erholen und waschen konnten. Ein Ort, der ihnen die Stadt aus einer anderen Perspektive zeigte, komplett gratis. Wir empfingen so häufig Menschen, dass die Nachbarn begannen, Menschen mit Rucksäcken aus nahe gelegenen Straßen auch ungefragt zu unserer Tür zu führen. Wir hatten eine riesige Weltkarte an der Wand und wir sahen sie uns oft stundenlang an. Und wir träumten.

Wie hilfreich es auch immer für die Reisenden sein mochte, in unser Zuhause zu kommen, wir beide profitierten nicht weniger davon. Fast jeden Abend hatten wir in unserem Wohnzimmer Menschen, die ihren Traum lebten, die reisten, denen man an ihren Augen ansehen konnte, dass sie das taten, was sie tun wollten. Wir lernten Leute kennen, deren Geschichten wir, während wir ein oder zwei Bier tranken, geradezu verschlangen. Kein Abenteuerfilm, kein Buch, kein Dokumentarfilm, bei uns waren Menschen aus Fleisch und Blut, die uns erzählten, dass sie schon zehn Jahre lang ununterbrochen reisten, dass sie mit dem Fahrrad von Frankreich bis China fuhren oder von Deutschland bis Iran trampten, dass sie während des Reisens Arbeit suchten und so über die Runden kamen. Menschen, die nicht durch Routine und Gewohnheiten, zu denen uns die Gesellschaft drängte, beschränkt waren. Menschen ohne Vorurteile oder Hass, aber voller Verständnis.

Sie lebten ihr Leben, so gut sie konnten. Einfach. Konnte ich von ihnen Inspiration bekommen, gaben sie mir einen Rat?

»Sofia ist nicht weit«, sagte Vasil, als ich erwähnte, dass ich bald ein paar freie Tage haben würde, die ich gerne auf einer Reise verbringen wollte. »Wir würden uns freuen, deine Gastgeber zu sein.«

»Das einzige Problem ist Geld«, beklagte ich mich. »Ich habe nur vierzig Euro, die mir mein Chef gegeben hat. Was kann ich mit vierzig Euro machen?«

»Vieles, glaub mir«, antwortete Vasil entspannt. »Bier kostet bei uns weniger als einen Euro. Das Essen ist noch billiger, und die Unterkunft musst du nicht zahlen.«

»Aber wie komme ich bis dorthin?«, fuhr ich mit meinen Fragen fort. Oder mit der Suche nach einer Ausrede.

»Bist du je per Anhalter gefahren?«, fragte mich Elena, seine Freundin. Alle warteten neugierig auf meine Antwort.

»Nein«, antwortete ich traurig.

»Dann ist es offenbar Zeit!« Sie lachten und hoben ihre Gläser.

Offenbar.

# Tag 189

Ich wachte vor dem Alarm auf, um vier Minuten nach sechs.

Ich setzte meinen Rucksack auf, daran hingen zwei Pappschilder, auf denen stand: Slavonski Brod, Belgrad, Niš und Sofia.[4] Ich nahm den Bus 276 nach Ivanja Reka und stieg an der letzten Haltestelle aus. Ich überquerte Felder, einen Bach und übersprang einen Zaun, um zu den Mautstellen zu kommen.

Ich war nervös. Ich hatte Angst. Ich war sicher, dass ich mindestens ein Gesetz brach, weil ich zu Fuß auf der Autobahn unterwegs war. Wer weiß, was mich erwartete, was für Fahrer, was ich in Serbien so erleben würde, und dann würde ich ja noch durch Bulgarien kommen. Es erwarteten mich achthundert Kilometer bis nach Sofia, und es gab keinen Plan B. In meinem Kopf herrschte Chaos, mein Herz schlug wie verrückt. Es war immer noch nicht zu spät, um aufzugeben und nach Hause zu gehen, auf das gemütliche Sofa, in die vertraute Umgebung, zu meinen Freunden.

»Hey! Du!«, hörte ich jemanden rufen, im selben Moment, als ich meinen Rucksack auf die Straße stellte, zwischen den Mautstellen.

Ich hatte noch nicht einmal zu trampen begonnen und schon wollte mich jemand wegschicken, ging es mir durch den Kopf. Ein schlechtes Zeichen.

Ich drehte mich um und sah einen Mann in einem dunkelblauen Golf III, er winkte mir durch das offene Fenster.

»Ich fahre nach Slavonski Brod«, rief er. »Du kannst mit mir kommen.«

Ich antwortete nichts, rannte zum Auto, legte meinen Rucksack blitzschnell auf den Rücksitz und setzte mich auf den Beifahrersitz.

»Ich sah das Schild ›Slavonski Brod‹ auf deinem Rucksack«, sagte er und zog die Karte an der Mautstelle, »meine Hupe ist kaputt, deswegen musste ich schreien.«

»Ich dachte schon, dass mich jemand vertreiben will«, antwortete ich, während ich mich anschnallte. »Das ist das erste Mal, dass ich trampe, und Sie sind stehen geblieben, bevor ich überhaupt meinen Daumen gehoben habe.«

»Das klingt nach einem guten Zeichen.« Er gab Gas und schaltete in den zweiten Gang. »Besim, freut mich.«

---

4 Vier große Städte auf dem Weg.

»Tomislav.« Ich schüttelte seine Hand. »Freut mich noch mehr.«

Ich beobachtete die Autobahn vor mir und hatte einen Haufen Gedanken im Kopf. War es möglich, dass das gerade passierte? Ich hatte meinen Daumen noch nicht einmal gehoben, und schon hatte ich jemanden, der mir über die ersten zweihundert Kilometern half. Hatte ich gerade den Weltrekord beim Trampen gebrochen? War das nur ein Zufall oder war es ein Zeichen?

»Willst du ein Bier?«, unterbrach mich Besim in meinen Gedanken. »Es gibt noch eins in dem Fach vor dir.«

Erst jetzt fiel mir auf, dass er eine kleine Bierdose zwischen seinen Beinen hatte und langsam daraus trank. Er fuhr und trank dabei Bier. Um sieben Uhr am Morgen. Vielleicht war das doch nicht die beste Idee.

Ich öffnete das Fach und sah die kleine Flasche. Ich nahm sie, bedankte mich und nahm einen Schluck. Auf leeren Magen. Aber wenn ich es trank, konnte er es nicht trinken. Wenigstens etwas.

Besim war ein Bauarbeiter aus Bosnien, vorübergehend in Slowenien tätig. Wir unterhielten uns über das Leben, die Arbeit, den Krieg. Ich mochte ihn. Ich beobachtete seine Fahrweise, mit einem Bier in der Hand, entspannt, ohne zu überholen. Ich war erleichtert. Ich war in sicheren Händen.

»Lass uns an dieser Tankstelle eine Pause machen«, schlug ich vor. »Jetzt möchte ich dir ein Bier kaufen, wir müssen mein erstes Trampen feiern.«

Er lächelte, bog nach rechts ab und bald teilten wir uns vier große Bierdosen, auf meine Kosten.

»Rauchst du?«, fragte er und griff nach der Schachtel neben dem Schaltknüppel.

»Danke, keine Zigaretten«, sagte ich und betonte dabei das Wort Zigaretten.

Besim war einer von den Typen, die so etwas verstanden. Bald hielten wir am nächsten Rastplatz an, drehten einen Joint und fuhren weiter. Es war acht Uhr am Morgen.

Ich hatte ein Grinsen im Gesicht und bewegte meinen Kopf auf und ab, im Rhythmus eines coolen Rocksongs im Radio. Ich konnte nicht glauben, was passierte, wo ich war, mit wem ich da war. Wenn jemand mir erzählt hätte, dass er das erste Mal per Anhalter fährt, dass dann ein Auto anhält, bevor er überhaupt den Finger gehoben hat, dass er sechs Biere mit dem Fremden teilt und sie zusammen einen Joint rauchen, hätte ich das nicht geglaubt. Aber genau das passierte mir gerade. Es konnte nicht extremer, ungewöhnlicher und intensiver sein.

»Freund!«, unterbrach mich Besim in meinen Gedanken. »Hast du jemals Speed probiert?«

Ich stieg an der Ausfahrt ›Slavonski Brod West‹ aus. Bei den Mautstellen war niemand. Aber das war überhaupt nicht wichtig. Die Sonne schien, in meinem Kopf fuhr ein Karussell, ich tanzte fröhlich neben der Straße und dankte dem Himmel für meine ersten positiven Erfahrungen als Tramper.

Ein paar Autos fuhren vorbei, aber alle zurück nach Zagreb. Doch ich war weiterhin fröhlich und lächelte. Nach einer Stunde wurde ich ein wenig ernster. Nach zwei Stunden wurde meine Laune sichtlich schlechter. Nach drei Stunden war ich verzweifelt.

Ich war so naiv. Blind loszufahren, ohne Reserveplan, per Anhalter in eine achthundert Kilometer entfernte Stadt, mit nur vierzig Euro in der Tasche. Klasse Optimist. Ich dachte darüber nach, zurück nach Zagreb zu fahren. Selbst wenn ich aufgeben würde, hätte ich für lange Zeit eine Geschichte zu erzählen.

Auf dem Höhepunkt meines Pessimismus, wie sollte es auch anders sein, hielt Peđa an und fuhr mich über die serbische Grenze, zahlte mir einen Kaffee, den ich gewöhnlich nicht trank, zeigte mir während der Fahrt ein paar Sehenswürdigkeiten in Belgrad und hielt am besten Platz für Anhalter an, bei den Mautstellen nach Niš. Weiter reiste ich mit einem mazedonischen Lkw-Fahrer, der mich bis zu einer großen Tankstelle fuhr, mitten auf der Autobahn. Ich hatte also bereits die halbe Strecke zurückgelegt, und theoretisch hatte ich noch genug Zeit, bis nach Sofia zu kommen. Theoretisch.

Am Himmel zogen Wolken auf, es fing an zu regnen. Bald war es Nacht. Ich sah ein, dass mich die Lkw-Fahrer nur bis zur Grenze fahren konnten. Ich konnte auch nicht mit Autofahrern bis nach Niš fahren, weil sie mich dort mitten auf der Straße aussetzen würden, in der Nacht und im Regen. Entweder finde ich jemanden, der bis nach Sofia fährt, oder ich verbringe die Nacht hier und gehe morgen weiter.

Wenn man sich an einer Tankstelle befindet und nur auf Autos wartet, die in eine Stadt fahren, die in einem anderen Land und dreihundert Kilometer entfernt liegt, sind die Chancen, dass man lange warten muss, groß. In dieser Zeit denkt man über sämtliche Gefühle nach, die man im Lauf des Tages gehabt hat. Die Angst vor dem ersten Trampen, das Glück wegen des Brechens eines Weltrekords, der Schock wegen des Konsums von Opiaten früh am Morgen, die Verzweiflung nach drei Stunden Warterei an einem Ort, die Freude über eine gefundene Mitfahrgelegenheit nach Belgrad und schlussendlich die Depression wegen der hereinbrechenden Nacht, die ich offensichtlich an einer Tankstelle inmitten Serbiens verbringen musste.

Doch das Glück lächelte mir noch einmal, in Form eines Autos mit bulgarischem Kennzeichen, zu. Hoffnung kam wieder auf. Ich setzte mein traurigstes Gesicht auf, spazierte mit dem Karton, auf dem der Name der bulgarischen Hauptstadt stand, auf das Auto zu, während Fahrer und Beifahrer die Rechnung bezahlten. Sie kamen zurück. Sie hatten mich gesehen. Die Männer sprachen etwas untereinander, setzten sich ins Auto, starteten und fuhren los. Als sie auf meiner Höhe waren, hielten sie an und öffneten das Fenster.

»Woher kommst du?«

»Aus Kroatien.«

»Willst du nach Sofia?«

»Ja.«

»Spring rein.«

Ich war der glücklichste Mensch auf der Welt.

Die Fahrt durch den Süden Serbiens, ein Regenguss, wie ich ihn in meinem ganzen Leben noch nie erlebt hatte, der leckerste Burek[5] aus einer Bäckerei in Niš, Blitzschläge, die für kurze Momente erschreckende Schluchten, an denen wir vorbeifuhren, beleuchteten, streunende Hunde am Grenzübergang in der Stille der Nacht, die Ankunft in Sofia weit nach Mitternacht, die Suche nach Vasil auf einer Party – ich hatte es geschafft!

Es folgten nebelige Nächte mit meinen bulgarischen Freunden, Klettern bei Regen im Witoschagebirge, Nachtcamping mit Sarma[6] und Schlafen in einem engen Zelt, morgendliches Klettern auf einen fünfzig Meter hohen Felsen trotz Höhenangst, tägliche kostenlose Umarmungen, Bummeln durch dunkle Parks, die ganze Nacht lang unter Einfluss von unbekannten Halluzinogenen, das Kennenlernen von neuen Leuten und die Stärkung der Freundschaften mit den Alten.

Vier Tage und vierzig verbrauchte Euro später fragte ich Menschen in einer U-Bahnstation nach einem Lev für eine Karte, um aus der Stadt hinaus zu kommen und zu trampen.

»Do you speak English?«, fragte ich das erste Mädchen, das meiner Einschätzung nach so aussah, als ob sie mir gegenüber gnädig sein könnte und mir einen Lev für die Karte geben würde.

---

5 Traditionelles Käsegericht.

6 Traditionelles Gericht, meist Hackfleisch und Reis eingewickelt in Weißkohlblätter.

Sie nickte, drehte sich um und ging weg. Vier Tage in Bulgarien waren nicht genug, um mich an diese Körpersprache zu gewöhnen und an die Tatsache, dass ein Nicken nein hieß, und das Schütteln des Kopfes von links nach rechts ja.

»Dobry den!« Ich wandte mich an einen jungen Typen meines Alters und gab es auf, jemanden zu finden, der Englisch sprach. Bulgarisch und Kroatisch waren ähnlich genug.

»Ich komme aus Kroatien, ich möchte per Anhalter zurück nach Hause und brauche einen Lev, um aus der Stadt zu kommen. Können Sie mir helfen?

Er schaute mich verwirrt an, aber wenigstens nickte er nicht. Ich wiederholte alles, diesmal auf Englisch.

»Croatia?« Er hatte das verstanden. »Where from?«

»Zagreb.«

»Ahaaaa!« Er grinste von Ohr zu Ohr. »Dinamo Zagreb?«

»Yes, Dinamo Zagreb!« Ich lachte auch, überrascht, dass ein zufälliger Passant in Sofia den Namen eines Fußballclubs aus Zagreb kannte. Er nahm zwei Karten aus der Tasche und steckte sie in den Automaten.

»Dinamo Zagreb!«, riefen wir, während wir Arm in Arm in die U-Bahn stiegen, zum Erstaunen aller anderen Passanten.

Sofia ist wirklich eine hässliche Stadt, dachte ich, als ich durch die schmutzigen Vororte ging, auf der Suche nach einem guten Ort, um meinen Daumen hochzuhalten. Graue und beschädigte Gebäude, kaputte schlammige Straßen, und dazu begleitete mich die ganze Zeit leichter Regen. Jedoch verbrachte ich in Sofia eine unvergessliche Zeit, dank der Menschen, die sich während dieser Tage um mich gekümmert haben, mich bei ihren täglichen Aktivitäten mitgenommen und mir geholfen haben, mich wie ein Einheimischer zu fühlen und nicht nur wie ein Tourist auf der Durchreise.

Es spielte offensichtlich keine Rolle, wo ich war, sondern mit wem ich meine Zeit verbrachte.

»Wohin gehst du?«, fragte mich ein Großvater in einem Stojadin kurz hinter der bulgarisch-serbischen Grenze. Bis dorthin kam ich mit einem fröhlichen Lkw-Fahrer aus einem Dorf im Süden von Serbien, aber da er an der Grenze lange aufgehalten wurde, überquerte ich sie zu Fuß und trampte direkt nach dem Zoll weiter.

»Bis Niš«, antwortete ich knapp.

»Komm«, sagte der Alte noch knapper.

Ich setzte mich in den fast auseinanderfallenden Yugo, und das Erste, das ich sah, war ein Bild auf dem Rückspiegel. Auf diesem Bild war ein Gesicht zu sehen, und zwar das des meistgesuchten Kriegsverbrechers aus dieser Region, Ratko Mladić.[7]

Nur ein paar Hundert Meter vorher hatte ich sein Gesicht auf einem Poster an der Zollstation gesehen, und eine Belohnung von einer Million Dollar war für Informationen über ihn ausgeschrieben. Vielleicht wusste der Alte etwas und wir konnten die Belohnung teilen?

Es war mir nicht angenehm. Ich stellte mich nicht vor, da ich nicht wusste, wie er auf die Tatsache reagieren würde, dass in seinem Auto Tomislav aus Zagreb saß. Daher hatte ich mir in ein paar Sekunden eine ganze Geschichte einfallen lassen, falls nötig. Ich wählte einen Namen, der auf beiden Seiten der Grenze funktionierte, ich kam aus einer Mischehe, serbischer Vater, kroatische Mutter. Mein Vater war vor dem Krieg gestorben, und deswegen war meine Mutter zurück nach Kroatien gezogen, um mit Verwandten zu leben.

Es war nicht meine Schuld, dass ich Kroate war, Ehrenwort!

Zum Glück war der Alte nicht sehr gesprächig, und ich nickte sogar gelegentlich ein, wachte ab und zu auf, nur, um zu prüfen, ob wir immer noch auf der Autobahn oder, Gott bewahre, in irgendein Dorf abgebogen waren.

»Danke schön!«, sagte ich dem Alten, als ich in der Nähe der Mautstellen Richtung Belgrad ausstieg. Er schaute mich seltsam an, wahrscheinlich, weil mein Akzent[8] nicht überzeugend war. Aber ich war in Sicherheit, außerhalb des Autos.

Bei den Mautstellen hatte ich mich auf eine lange Wartezeit vorbereitet, es waren nicht viele Autos unterwegs, es fing langsam an zu regnen und ich musste im Büro Zuflucht suchen, wo ich einen Saft bekam und eine kurze Version von meinem viertägigen Abenteuer erzählte.

Ich war nicht in Eile, weil ich in Belgrad einen Platz zum Schlafen hatte, falls ich es nicht schaffte, in einem Tag nach Zagreb zu kommen. Meine Reise nach Sofia lehrte mich, dass es nicht schlecht war, einen Plan B zu haben.

Es stellte sich jedoch heraus, dass ich ihn nicht brauchte. Der nächste gnädige Fahrer war ein Bulgare, der nach Deutschland fuhr, und so machte ich es mir bequem, schickte eine SMS nach Belgrad, dass ich es doch nicht

7 Kroatienkrieg (1991–1995), Krieg zwischen Serben und Kroaten.

8 Kroaten und Serben sprechen mehr oder weniger die gleiche Sprache, nur mit unterschiedlichem Akzent.

schaffen würde, und war nur dreizehn Stunden, nachdem ich Sofia verlassen hatte, wieder auf meinem blauen Sofa.

Es schien mir unglaublich, dass ich das letzte Mal vor nur fünf Tagen auf demselben Sofa gesessen war. Seitdem war so viel passiert. Trampen bis Sofia, der Aufenthalt dort und die Rückkehr. In solch einer kurzen Zeit.

Meine Augen waren offener, ich hatte ein Lächeln im Gesicht. Ich hatte Geschichten gesammelt und ich war in Situationen geraten, von denen ich in meiner eigenen Stadt nichts geahnt hatte. Nach nur fünf Tagen hatte ich Geschichten auf Lager, die ich jahrelang wieder und wieder würde erzählen können. Per Anhalter zu fahren, war anscheinend nicht nur eine Art, gratis zu reisen, sondern auch ein phänomenales Werkzeug, um ungewöhnliche Erfahrungen zu sammeln. Genau wie CouchSurfing. Menschen erfahren von dieser Art zu reisen meistens, weil sie gratis ist, entdecken aber später, dass es um mehr geht.

Viel mehr.

Vier Tage in der achthundert Kilometer entfernten Stadt kosteten mich genauso viel, wie mir Mungo gegeben hatte, vierzig Euro. Weniger als mich mein Leben in Zagreb kostete.

Warum konnte es nicht immer so sein – intensiv, aufregend, voll von neuen Orten, Menschen, Erlebnissen?

Ich wollte, dass mein Leben so ablaufen würde wie an diesen vier Tagen. Ständig. Ich wollte weggehen und unbegrenzt durch die Welt reisen. Ohne Zuhause, ohne einen festen Job, ohne Rückreisedatum. Ich wollte frei sein wie ein Vogel.

Aber es gab zwei große Hindernisse: mein nicht abgeschlossenes Studium und die Schulden in Höhe von dreißigtausend Euro.

Da ich auch beim besten Willen keinen (legalen) Weg fand, auf die schnelle eine solche Summe Geld zu verdienen, war es offensichtlich, dass ich mich auf das erste Problem konzentrieren musste. Es war ein mildernder Umstand, dass ich das Geld Verwandten und Freunden schuldete und nicht irgendwelchen Kredithaien. Verwandte und Freunde, die, obwohl ich sie verraten hatte, voller Verständnis und Geduld waren.

»Du zahlst es uns eines Tages zurück, wenn du Geld hast«, sagten sie.

»Beende dein Studium, finde einen Job, geh es langsam an. Mach dir nicht zu viele Sorgen. Alles wird gut.«

An diesem Abend war ich, zum ersten Mal seit langer Zeit, wieder sorglos schlafen gegangen und war sicher, dass alles gut werden würde.

# Tag 217

Mein Mitbewohner und ich empfingen auch weiterhin regelmäßig Reisende über CS. Sie verstärkten mit dem Erzählen ihrer Geschichten nicht nur meinen Wunsch nach dem Reisen als Lebensstil, sondern vermittelten mir auch eine Vorstellung, wie ich meine Schulden zurückzahlen konnte. Insbesondere war ich von Gästen aus Australien fasziniert, wegen ihrer Geschichten von dem Mindestlohn auf diesem Kontinent, der bei rund fünfzehn Australischen Dollar lag. Skandinavier erzählten Ähnliches. Amerikaner und Kanadier weniger, aber ich sah einen neuen Ausweg: Nach der Uni wollte ich ins Ausland arbeiten gehen. Ich würde dort ein, zwei Jahre bleiben, nur von Brot und Wasser leben und genug Geld sparen, um meine Schulden zu bezahlen. Danach würde ich frei sein und machen können, was ich wollte.

Das war ein ausgezeichneter Plan. Aber zuerst musste ich die Uni zu Ende bringen. Die letzten Prüfungen bestehen. Mich nur auf Lernen, Lernen und Lernen konzentrieren. Allem, das mich von dieser heiligen Mission abbringen konnte, musste ich aus dem Weg gehen und so schnell wie möglich mein Ziel erreichen.

Ich musste damit aufhören, pausenlos Menschen zu empfangen. Das Jonglieren zwischen dem Lernen für die Prüfungen und der Zeit, die ich mit den zahlreichen Fremden in unserer Wohnung verbrachte, machte Spaß, aber es war nicht sehr produktiv. Umso mehr, weil ich nicht nein sagen konnte. Ich musste ihnen helfen, denn ich würde selbst alle Hilfe der Welt brauchen, wenn ich erst reiste. Das war mein Mantra, mit dem ich für gutes Karma für die Zukunft sorgen wollte. Andererseits musste ich eine rationale Entscheidung treffen und Prioritäten setzen, zumindest während der Zeit der Prüfungen.

Mein Entschluss stand fest: Ich würde nur noch die Australierin empfangen, der ich bereits zugesagt hatte, und das war es dann. Eine Pause von ein paar Monaten, um mein Ziel zu erreichen.

Es klingelte an der Haustür. Ich öffnete. Vor mir stand ein blondes Mädchen, lächelte unschuldig, sah mir in die Augen und sagte: »Hi, I'm Chloe.«

# Tag 794

»Sofia?«, fragt Daniela. »Ist das ein Mädchen?«

»Nein, nein, gemeint ist die Hauptstadt von Bulgarien!«, antworte ich.

Daniela war lustig. Ohne es zu ahnen, stieß sie auf eine ganz andere Geschichte …

»Im Anschluss an die Reise nach Sofia«, fahre ich fort, »reiste ich durch Kroatien …«

# Tag 229

Immer noch kein Wort von ihr.

Ohne lange nachzudenken und mit einem Minimum an Planung stopfte ich alles grundlegend Notwendige in einen Rucksack, ging bis zu den Mautstellen südlich von Zagreb und marschierte weiter Richtung Süden. Der Sommer war in vollem Gange, Zagreb war leer, ich hatte ein paar freie Tage, dank des guten alten kroatischen Brauchs, lange Wochenenden zu nehmen, aber auch dank der Großzügigkeit der Chefs.

Ich besuchte meine Freunde in Zadar, dieselben, die nicht nach Amsterdam mitgekommen waren, wofür ich ihnen sehr dankbar war. Wer weiß, wie sich mein Leben entwickelt hätte, wäre ich nicht allein dorthin gereist? Wenn ich dieses Fast-Food-Restaurant nicht besucht und nicht Coca-Cola anstatt Fanta bekommen hätte.

Ich besuchte Ričice, den Geburtsort meiner Mutter, wo ich während meiner Kindheit jeden Sommer, ohne Ausnahme, einige Wochen verbracht hatte. Das war das erste Mal, dass ich selbst, mittels meiner eigenen Bemühungen, das heißt, mittels meines Daumens, ankam. Es war interessant, diese Schönheit aus einer anderen Perspektive, mit anderen Augen zu betrachten. Ich bemerkte Kleinigkeiten, die ich zuvor überhaupt nicht gesehen hatte, in einem Automobil sitzend, während ich mit meinen Verwandten Spaß hatte und die Schönheit der Natur als selbstverständlich hinnahm.

Und die Schönheit war wirklich atemberaubend. Dalmatinischer Karst. Steinhäuser entlang der Straße, ein charmantes Dorf mit einem Hügel in der Mitte und ein Stausee rundherum – der grüne See. Oberhalb des Sees, der tatsächlich in hellgrüner Farbe leuchtete, befand sich ein abgestufter Steinbruch, und als Kinder dachten wir, das wären Riesentreppen.

Ein wunderschöner Ort, an dem ich viele Male war, den ich aber nie wirklich gesehen hatte.

Nach den Oblatne[9] meiner Großmutter aßen wir Grünkohl von Oma Nummer zwei. Das Essen schmeckte mir besser als je zuvor.

Ich fuhr in das Heimatdorf meines Vaters in Herzegowina, Široki Brijeg.

»Was zum Teufel hast du da an?«, fragte mich mein Onkel, womit er auf meinen neuen Style zielte, der sich seit meinem letzten Besuch verändert

9 Traditionelle Schokoladenwaffeln.

hatte. Ich trug leichte nepalesische Hosen, in Thailand hergestellt, die ich in einem indischen Laden in Zagreb gekauft hatte, mein Haarschnitt war asymmetrisch, auf einer Seite war etwas, das einem Zopf ähnelte, obwohl das nur ein Moment der Inspiration von einer Freundin war, die mir die Haare gratis geschnitten hatte. »Du siehst wie ein Schwuler aus.«

»Warum hast du etwas gegen Schwule?«, fragte ich und lächelte provokativ. Ich wusste, dass es keinen Sinn hatte, eine Diskussion mit älteren, konservativen Personen in einer katholischen Umgebung zu führen, aber ich konnte es einfach nicht lassen. Ich beschränkte mich auf einen ruhigen Ton und gute Argumente und hoffte, dass die Diskussion nicht in Streit eskalierte, obwohl ich im Vorhinein wusste, dass dieses Anliegen zum Scheitern verurteilt war. Auf eine seltsame Art und Weise machte mir das Spaß, ich wurde mit den Menschen, mit denen ich diskutierte, vertrauter, ich war kein Feigling, ich hatte keine Angst davor, meine Meinung zu sagen und die Konsequenzen zu tragen. Es war mir egal, was das Dorf sagen würde, wenn ich ging. Ich denke, dass sie begannen, mich deswegen zu respektieren, obwohl sie definitiv nicht der gleichen Meinung waren. »Hast du überhaupt je einen Schwulen kennengelernt? Ich schon und er ist sehr nett.«

»Scheiß auf Schwule«, war seine Antwort. Und da wurde die Diskussion langsam zum Streit und ich entschloss mich aufzugeben. Ich wechselte schnell das Thema und ging bald schlafen.

Am nächsten Tag wachte ich mit der Morgendämmerung auf und beschloss weiterzugehen.

Ich verließ das Heimatdorf meines Vaters glücklich. Ich wusste, dass alles gleich war, wie das letzte Mal, als ich hier war. Doch eine Sache hatte sich verändert. Ich. Und ich mochte das neue Ich, ich war mit seinem Blick auf die Welt zufrieden. Die Details zu bemerken. Eine Einstellung zu besitzen.

»Ich fahre nicht bis zur Küste, aber du kannst mit mir nach Čavoglave[10] kommen«, sagte mir ein Fahrer, der mich irgendwo bei Imotski mitnahm. »Und nach der Feier gehe ich nach Pag, du kannst dort aussteigen.«

Er war ein Kriegsveteran. Er fuhr einen Mercedes, E-Klasse, Automatik. Er war ruhig und zurückhaltend, aber freundlich. Er war auf dem Weg nach Čavoglave, um den Tag des Sieges und die heimatliche Dankbarkeit zu feiern, es wurden hunderttausend Menschen erwartet. Es sollte auch ein

10 Ein kroatisches Dorf, bekannt geworden durch den Mut seiner Verteidiger während des Krieges.

Konzert von Thompson stattfinden, einem Sänger, der in Kroatien für seine rechte politische Orientierung bekannt ist.

»Warum nicht?«, antwortete ich sofort. Ich akzeptierte alles, was die Straße anbot, egal, wie unerwartet oder überraschend es war.

Ehrlich gesagt, hatte ich keine Lust auf Čavoglave. Ich wollte nicht auf ein Konzert von Thompson gehen und dabei von hunderttausend Menschen umgeben sein. Ich wollte den Tag des Sieges und die heimatliche Dankbarkeit nicht feiern. Doch in Amsterdam wollte ich damals auch nicht Coca-Cola probieren ...

»Falls ich mir jemals ein Tattoo stechen lasse, würde ich das kroatische Wappen, die Madonna und die Kirche in Široki Brijeg auf meine Brust setzen.« Ich erinnerte mich an meine Idee, die ich vor ein paar Jahren gehabt hatte. Zu dieser Zeit hörte ich Thompson, ging regelmäßig in die Kirche, fühlte Nationalstolz, während ich »für die Heimat bereit« bei den Spielen der Nationalmannschaft schrie oder irgendwelches beleidigendes Zeug auf Dinamo-Spielen. Ich beendete sogar eine Beziehung, weil das Mädchen nicht traurig genug war, als ein kroatischer General festgenommen wurde.

»Wir sind zu verschieden«, sagte ich ihr damals.

Wir sind zu verschieden, sagte ich jetzt zu mir selbst und beobachtete den Fahrer, der meine Entscheidung, mit diesem Mädchen Schluss zu machen, wahrscheinlich unterstützen würde.

Wie war es möglich, dass so viele extreme Änderungen in ein paar Jahren geschehen waren? Was war der Grund dafür?

Nach der Einschreibung an der Uni war ich mit meinen Eltern in ein Haus in einem Vorort von Zagreb gezogen und hatte nach achtzehn Jahren mein eigenes Zimmer bekommen. Meine Freiheit. Ich hatte meinen Computer und eine schnelle Internetverbindung, und da ich gerade eine Beziehung, die mir einmal alles bedeutet hatte, beendet hatte und ich im ersten Jahr nicht oft zur Uni ging, hatte ich viel Zeit zum Surfen. Neugierig wie ich war, schaute ich mir alles an. Ich las Foren, schaute Dokumentarfilme, erforschte verschiedene Themen.

Was das Internet von anderen Informationsquellen unterscheidet, ist die Tatsache, dass man sich über eine Sache aus so vielen unterschiedlichen Perspektiven informieren kann. Bis dahin hatte ich diese Möglichkeit nicht gehabt. In meiner Familie, der Schule und der Kirche wurden in aller Regel die gleichen Ideen vertreten. Man konnte nicht davon abweichen, weil man nie etwas anderes hörte. Man wusste, dass die Familie heilig und die eigene Heimat die beste war (besonders, wenn man zu Beginn der Neunziger aufgewachsen war), man wusste, wie die Geschichte abgelaufen war, nämlich so, wie es in den Schulbüchern dargestellt wurde. Jeder war ganz sicher, dass seine Religion die beste war und dass man in der Hölle schmoren würde, wenn man sich für eine andere Religion auch nur interessierte.

Aber im Internet war alles anders. Dort gab es die Vertreter beider Seiten. Es gab Extreme im einen und anderen Lager, aber man konnte die Argumente erforschen, sehen, wer glaubwürdiger wirkte, und selbstständig eine Wahl treffen.

Von da an ging ich zwar weiterhin in die Kirche, hörte aber aufmerksam zu, was gesagt wurde, und bemerkte viele Sachen, mit denen ich nicht einverstanden war. Ich verfolgte weiterhin die Gespräche über kroatische Geschichte und Politik, die sonntags während des Mittagessens geführt wurden, aber ich war informierter und konnte unangenehme Fragen stellen, die niemand beantworten konnte.

Außer einigen Personen, mit denen ich ab und zu online eine Diskussion führte, gab es niemanden in meinem Umfeld, der das Leben anders lebte, der über andere Sachen sprach, der andere Ansichten und Meinungen vertrat. Bis ich Nina, im dritten Jahr meines Studiums, kennenlernte.

»Warum gehst du in die Kirche?«, fragte sie mich eines Samstags neugierig.

»Keine Ahnung ...« Ich suchte nach einer Antwort. »In meiner Familie ist das ein Brauch, eine Tradition ... Dort suche ich eine Art des Friedens, das Gespräch mit Gott, mit mir selbst ...«

»Und, hast du je Frieden gefunden, oder hast du mit Gott oder dir selbst gesprochen, während du in der Messe warst?«, fragte Nina weiter.

»Nun, vielleicht Letzteres«, gab ich zu. »Mir ist oft langweilig und dann spreche ich mit mir selbst über verschiedene Dinge.«

»Und das könntest du nicht auch anderswo machen?«

Ich mochte ihre Fragen nicht. Ich musste über Sachen nachdenken, die ich noch nie infrage gestellt hatte. Ich fühlte mich dumm, wenn ich keine Antwort auf ihre Fragen geben konnte.

»Doch, schon, nehme ich an ...« Ich zuckte mit den Schultern.

Am nächsten Morgen ging sie mit mir zur Messe.

»Denkst du auch, wie dieser Pfarrer, dass Homosexualität eine Krankheit ist?«, fragte sie leise, während einer etwas homophoben Predigt.

»Nicht wirklich«, antwortete ich noch leiser.

»Warum sagst du dann nichts?« Sie lächelte.

»Das, was er sagt, ist seine Sache, ich kann damit einverstanden sein oder nicht«, antwortete ich. »Das ist meine Sache und ich bezweifle, dass meine Diskussion mit dem Pfarrer etwas bringen würde, außer vielleicht Chaos.«

»Wenn du so denkst, gut.« Nina zuckte mit den Schultern. »Es scheint mir, dass du mit deiner Anwesenheit und deinem Schweigen das, was gesagt wird, unterstützt. Dass du es rechtfertigst. Dass du in seinem Team bist.«

Ich dachte bis zum Ende der Predigt über das, was sie gesagt hatte, nach. Unterstützte ich den Pfarrer, wenn er über solche Sachen sprach? Bekam er von mir ein Signal der stillschweigenden Übereinstimmung, nur weil ich dabei war und nicht reagierte? Verteidigte ich die Kirche hinsichtlich aller jener Sünden, die sie in der Vergangenheit begangen hatte und wegen derer sie sich jetzt rechtfertigen musste? Hieß ich all diese Handlungen gut, indem ich jeden Sonntag ein paar Münzen in die rote Sammeldose gab?

Ich hatte noch nie auf diese Weise darüber nachgedacht. Es war Zeit, damit anzufangen.

»Warum besuchst du die Fußballspiele?«, fragte Nina kurz nach unserem gemeinsamen Gottesdienstbesuch.

»Wegen der Liebe zum Club, der Energie auf der Tribüne, dem Stolz, wenn wir zum Sieg beitragen«, antwortete ich ohne Zögern.

Am nächsten Samstag stand sie neben mir auf der Nordtribüne von Maksimir.

»Warum wollt ihr alle diesen Jungen, der auf dem Rasen liegt, umbringen?«, fragte sie nach einem Foul und nachdem die Tribüne beschlossen hatte, den Spieler der gegnerischen Mannschaft mit Rufen über Mord, Serben und dergleichen zu versehen.

»Das ist nicht unser Ernst«, rechtfertigte ich die ganze Tribüne. »Das ist nur Teil dieser Fanfolklore, Spaß, Provokation. Niemand würde ihn wirklich umbringen.«

»Was, wenn seine Eltern auf der anderen Tribüne sitzen?«, fragte sie traurig. »Was denkst du, wie sie sich fühlen, wenn ihm zehntausend Menschen solche Sachen zurufen? Denkst du, dass diese Zehnjährigen um uns rum, die nicht selten eine Zigarette im Mund haben, verstehen, dass das nur ein Teil der Folklore ist? Dass niemand das wirklich ernst nimmt und jemandem etwas antut, nur weil dieser aus einer anderen Stadt kommt?«

Ich schaute sie an und dachte über ihre Worte nach. Ich betrachtete die Situation mit den Augen des Spielers, der vom Rasen getragen worden war, mit den Augen seiner Eltern, mit den Augen der Kinder auf der Nordtribüne, mit den Augen aller Anwesenden, die diese Hassworte hörten. Getarnt als Anfeuern und daher einigermaßen gerechtfertigt.

Ich ging weiterhin zu den Spielen, aber ich sang keine Lieder mehr, in denen man zu Hass oder Gewalt aufrief. Ich feuerte nur mein Team an und ließ andere in Ruhe.

Nina war meine Muse, wenn es um einen anderen Blick auf das Leben ging. Sie lehrte mich, dass ich alles neu bedenken musste, anstatt ähnliche Erfahrungen aus der Vergangenheit zu nehmen und sie auf die Gegenwart zu übertragen. Sie lehrte mich, dass es in Ordnung war, anders als die Umgebung zu sein, obwohl man deswegen vielleicht nicht akzeptiert wurde. Nicht akzeptiert zu werden, war okay. Manchmal sogar wünschenswert.

Nina war eine ausgezeichnete Lehrerin, eine gute Freundin. Aber sie war die Einzige. Ich habe mich oft, wenn ich nicht in ihrer Gegenwart war, gefragt, ob sie vielleicht die Ausnahme war. War sie anders als alle anderen, und deswegen interessant, aber nicht nachhaltig? Konnte eine Person wie sie in einer solchen Welt funktionieren, auf eine, sagen wir, normale Art und Weise? Konnte sie außerhalb des Systems leben und nicht zum Scheitern verurteilt sein?

Und noch wichtiger, konnte ich das?

Und dann kamen, nach den Lektionen, die ich von Nina gelernt hatte, noch viele CouchSurfer.

Nina war nicht mehr die Einzige.

Ich bekam von den meisten Menschen, die mein Mitbewohner und ich aufnahmen, die Bestätigung, dass es in Ordnung war, anders zu sein, anders zu denken, anders zu leben. Ebenso verstand ich, dass dieser Weg keineswegs einfach war, im Gegenteil, aber er war die Mühe wert.

Und so war ich ein Jahr später in Čavoglave. Ich war nicht mehr rechtsorientiert, war kein Fan von Songs mit nationalem Gehalt, ging nicht mehr zu den Sonntagsmessen, aber, was in diesem Moment am wichtigsten war, ich verurteilte nicht diejenigen, die das noch taten. Warum sollte ich? Weil ich zu einigen Erkenntnissen gekommen war und jetzt auf einmal über ihnen stand? Waren sie jetzt weniger wert, engstirnig, dumm? Keineswegs. Sie waren nur – anders. Da ich wollte, dass Menschen meine Andersartigkeit respektierten, musste ich das auch selbst tun und sie respektieren.

»Glaubst du an Gott?«, fragte mich eine Vierzehnjährige, nachdem ich in ihrer Gesellschaft, und der ihres Bruders, Vaters und meines Fahrers, ein paar Stücke Lammfleisch gegessen und danach Bier getrunken hatte. Ich nahm an, dass sie meine Klamotten, meine Frisur, aber auch meine Art zu reisen dazu bewegt hatten.

Ich wich einer direkten Antwort aus und war über die Direktheit einer Jugendlichen überrascht. Ich sprach über den Unterschied des Glaubens und der Religion, darüber, dass wir alle miteinander verbunden sind, aber ich sah ihrem Blick an, dass sie mich nicht verstand. Schlussendlich lächelte ich nur und sagte möglichst gelassen, dass ich keine einfache Antwort auf diese Frage hätte. Dass wir darüber ein anderes Mal sprechen könnten, an einem anderen Ort, unter anderen Umständen.

Sie war mit der Antwort unzufrieden.

Genau wie ich mit der Frage.

Nach dem Ende des Konzerts kam ich mit Hilfe meines Fahrers nach Pag. Da wir mitten in der Nacht angekommen waren, musste ich irgendwie eine Unterkunft finden. Ein Teil von mir hoffte, dass er mich einladen würde, bei ihm zu schlafen, sodass ich meine Reise am folgenden Tag fortführen konnte, aber er hatte schon viel zu viel für mich getan.

Ich fand Platz in einem nahe gelegenen Dickicht und verbrachte die Nacht in meinem Schlafsack. Mein erstes wildes Campen.

Nachdem ich einen Tag am Strand verbracht hatte, wollte ich auf das Festland zurückkehren. Ich nahm eine Fähre und warf einen Blick auf die Karte von Kroatien. Ich könnte nach Hause fahren, aber es war schon zu spät, ich würde es nicht mehr schaffen. Außerdem trampte ich nicht gern bei Dunkelheit. In welchem Ort könnte ich übernachten?

Senj.

Mein bester Freund aus Kindheitstagen verbrachte seinen Urlaub manchmal in Senj. Wir hatten uns seit Jahren nicht mehr gesehen und auch nicht miteinander gesprochen, aber ich hatte noch seine Handynummer.

> Hey Alter! Ich trampe durch Kroatien, heute Abend werde ich in Senj sein. Ich weiß, die Chancen sind gering, aber wenn du da bist, lass es mich wissen!

Ich war die erste Person, die die Fähre verließ, stellte mich dorthin, wo mich alle sahen, und hob meinen Daumen mit einem breiten Lächeln auf der Suche nach einer Mitfahrgelegenheit. Wenigstens bis zur Küstenstraße, weil ich wusste, dass der Weg bis dorthin steil und lang war, einige Kilometer nur Treppen aufwärts.

Die Autos fuhren an mir vorbei. Die Fahrer lächelten mir einer nach dem anderen zu und winkten. Bis zum letzten.

Die nächste Fähre würde wer weiß wann kommen, und ich hatte keine andere Wahl, als mir meinen Rucksack aufzusetzen und loszugehen. Ein wenig deprimiert und enttäuscht.

Der Sonnenuntergang verfolgte mich, es war wunderbar, ihn mit mir zu haben. Aber es war nicht angenehm zu wissen, dass ich bei Dunkelheit zur Küstenstraße gelangen würde, dass ich dann noch wenigstens eine Fahrt bis zur nächsten Stadt vor mir hätte und dort nicht einmal einen Platz zum Schlafen. Die letzte Nacht hatte ich in einem Dickicht in Pag verbracht, würde ich das heute auch machen müssen?

In diesem Moment bekam ich eine Nachricht.

Ich bin gerade in Senj angekommen, melde dich, wenn du hier bist.

Ich hüpfte vor Freude, lachte schallend, blickte zum Himmel und rief: Danke, Gott!

Warte mal. Gott? Gestern fragte mich ein Mädchen, ob ich an Ihn glaube und ich konnte ihr keine Antwort geben, und jetzt bedankte ich mich bei Ihm? Glaubte ich jetzt an Ihn oder nicht?

Es war eine Tatsache, dass wir uns in den letzten Jahren voneinander distanziert hatten, dass ich meinen Weg gegangen war, einen Weg, der nicht mit den kirchlichen Regeln übereinstimmte, der aber mein eigener war. Das alles wirkte wie eine bedeutungslose Gehirnwäsche der Masse, die keine Lust hatte nachzudenken.

Aber wenn ich ein bisschen besser darüber nachdachte, ärgerte ich mich über die Kirche und einzelne Pfarrer. Nicht über Gott. Bei Ihm bedankte ich mich anscheinend spontan. Vielleicht sollte ich an unserer Beziehung etwas arbeiten? Sie ein für alle Mal klarstellen?

Okay. Lass uns das machen. Ich habe genug Zeit.

Ich war mit meinem schweren Rucksack langsam unterwegs, schaute ab und zu zum Sonnenuntergang und begann das Gespräch.

Hallo, Gott, fing ich an.

Hallo, Tomislav, antwortete ich mir selbst in einer tiefen Stimme, doch da Gott allmächtig war und über allem wachte, gab offensichtlich Er mir diese Antwort.

Wir haben seit Jahren nicht mehr miteinander gesprochen, obwohl wir früher diese Gewohnheit hatten, fuhr ich fort. Meistens vor dem Schlafen oder dann, wenn ich etwas von dir brauchte. Das war vielleicht nicht in Ordnung meinerseits, aber ich bin sicher, dass du mir das vergeben hast. Lass uns jetzt einige Sachen klären. Betrachte das als mein Geständnis, weil ich wirklich keine Lust auf dieses kleine, dunkle Häuschen habe, um dort meine Sünden zu beichten, die ich eigentlich gar nicht bereue und immer wieder wiederhole. Lass uns das ohne Zwischenhändler machen. Um das zu tun, werden wir die Gebote analysieren, die du der Menschheit gegeben hast, und ein bisschen über sie sprechen.

**1. Ich bin dein Gott, du sollst keine anderen Götter neben mir haben.**

Was ist los, bist du ein wenig eifersüchtig? Ich mache nur Spaß. Ja, dieses Gebot ist mir klar. Wenn wir schon darüber sprechen, können wir die Gebote anders nennen? Ich habe mit dem Wort ein Problem. Kann ich sie Vorschläge nennen?

Das kannst du.

Danke. Also, dieser Vorschlag macht Sinn, wenn das heißt, dass wir keine falschen Gottheiten verehren sollten, wie zum Beispiel Geld. Denn du wärst doch sicherlich nicht eifersüchtig, wenn andere Menschen andere Götter verehren, nur weil sie am anderen Ende der Welt geboren wurden? All ihr Götter habt über die meisten Sachen ähnliche Ansichten, oder nicht? Und ich bin irgendwie überzeugt, dass du das bedacht hast, als du die Vorschläge gemacht hast. Die Idee war, dass wir den Trost nicht in oberflächlichen Dingen suchen, weil uns das nirgends hinführt. Also, ich verspreche jetzt und hier, dass ich mich bemühen werde, dass mich nur wichtige Sachen durch das Leben führen, und nicht Kleinigkeiten. Okay?

Okay.

Ich finde es toll, dass man sich so gut mit dir unterhalten kann.

**2. Du sollst den Namen Gottes nicht verunehren.**

Heißt das, dass ich nicht fluchen soll? Ja, das macht auch Sinn. Es ist logisch. Wenn ich an dich glaube, gibt es keinen Grund, auf dich wütend zu sein, weil ich sicher sein sollte, dass du alles aus den richtigen Gründen machst (vor allem, wenn dein Sohn nach diesem Tag nicht geflucht hat, nach allem, was du ihm zugemutet hast ...). Wenn ich aber nicht an dich glaube, warum darf ich dich dann nicht erwähnen? Also, ich verspreche, dass ich dich beim Fluchen nicht beleidigen werde. Das habe ich noch nie getan. Außer dieses eine Mal in der Grundschule, als ich nach der Schlägerei den Jungen beleidigen wollte, nachdem sein Schlag meine Lippe aufgerissen hatte, Entschuldigung.

Okay, antwortete er mir.

**3. Du sollst den Tag des Herrn heiligen.**

Damit meinst du, dass ich sonntags in die Kirche gehen soll? Das kann ich nicht versprechen. Erstens, die Messen sind unglaublich langweilig. Zumindest dort, wo ich hingehe. Und darauf, jeden Sonntag auf die Suche nach einer anderen Kirche zu gehen, in der der Pfarrer wenigstens annähernd interessant sein könnte, habe ich, ehrlich gesagt, keine Lust. Zweitens, und was noch wichtiger ist, stimme ich mit den Pfarrern in vielen Sachen nicht überein. Sie sprechen von Homosexualität wie über eine Krankheit. Sie sind gegen Verhütung. Und dann sind da noch all die Skandale, die die Kirche in den letzten Jahren erschüttert und auf die sie, entschuldige den Ausdruck, ziemlich beschissen reagiert haben. Ich weiß, dass ich um meiner selbst willen in die Kirche gehen könnte, um Frieden und wer weiß was zu finden, aber die Menschen, die am Altar stehen, stören mich dabei. Und meine Anwesenheit allein signalisiert, dass ich mit allem einverstanden bin und dass ich dem, was sie sagen, zustimme. Mit vielen Dingen bin ich nicht einverstanden und ich finde es heuchlerisch, weiterhin sonntags zur Messe zu gehen. Ganz zu schweigen von dem Luxus und der Verschwendung, den neuen Autos, Villen und vielem mehr.

Wenn aber dieses Gebot, das heißt dieser Vorschlag dafür steht, dass man nicht wirklich in die Kirche gehen muss, sondern einen Tag finden soll, um dich zu feiern, dann tue ich das. Nicht nur einen Tag, ich werde dich jeden Tag feiern, auf meine Art und Weise. Ich werde so leben, wie ich es für richtig halte, nach meinem eigenen Gewissen. Das du mir gegeben hast. Ich denke, dass das ein gutes Maß sein wird.

**4. Ehre deinen Vater und deine Mutter, damit deine Tage lang sind und es dir gut auf Erden geht.**

Dem habe ich nichts hinzuzufügen. Ich bin nicht sicher, ob mir das Respektieren meiner Eltern ein langes und gutes Leben auf Erden bringen wird, aber ich bin sicher, dass sie es verdient haben. Ich weiß nicht, wie ich fühlen und wie ich denken würde, wenn ich schlechte Eltern gehabt hätte, die mich in meiner Jugend missbraucht hätten, aber so, mit den besten Eltern der Welt, gibt es nichts weiter zu bedenken. Obwohl dieser Vorschlag auch für andere Menschen gelten kann. Sie zu respektieren. Ich habe kein Problem damit. Außer mit denen, mit denen ich Probleme habe. Aber, lass uns die Sache jetzt nicht zu kompliziert machen. Ich verspreche, dass ich meine Eltern respektieren werde, noch mehr als ich das bis jetzt gemacht habe. Man lernt, sie zu schätzen, wenn man von zu Hause weggeht. Und bald werde ich ihnen sagen, wie ich wirklich reise. Obwohl ich nur ihretwegen gelogen habe. Okay?

Okay.

**5. Du sollst nicht töten.**

Wirklich? Wenn du mir das nicht vorgeschlagen hättest, hätte ich keine Ahnung gehabt. Aber okay, ich werde nicht töten. Obwohl du da ein bisschen vage bleibst. Was denkst du über das Töten von Tieren? Wenn man sie später essen wird, ist das dann okay? Pflanzen? Das sind auch Lebewesen. Aber gut, bei diesem Gebot geht es wahrscheinlich um Menschen. Was, wenn es Selbstverteidigung ist? Was, wenn es darum geht, dass man einen bösen Menschen tötet, und damit viele andere Leben rettet? Was ist mit Sterbehilfe? Was ist mit der Abtreibung eines Kindes, wenn man schon im Voraus weiß, dass es so gut wie keine Chancen zu überleben hat und es das Leben der Mutter gefährden könnte? Das sind Dinge, die man erklären müsste, aber es ist ein schwieriges Thema, und es kann ein anderes Mal geklärt werden, falls es notwendig sein wird. Ich hoffe nicht.

**6. Du sollst nicht ehebrechen.**

Nun, dieser Vorschlag ist interessant. Was heißt das überhaupt? Als ich jünger war, wusste ich, dass das bedeutete, dass ich beichten musste, nachdem ich masturbiert hatte. Weil das eine Sünde ist. Wirklich, Gott? Und kein Sex vor der Ehe? Also, ehrlich. Bitte? Ich glaube auch, dass man sich nicht in ein sexuelles Verhältnis einlassen sollte, wenn jemand verletzt werden könnte, nur um die eigenen körperlichen Bedürfnisse zu befriedigen, ohne auf die andere Person Acht zu geben. Aber ich kann mich während der Masturbation nur selbst verletzen, wenn ich darüber nachdenke, dass ich das später beichten muss. Und ich denke, dass es keinen Sinn macht, dass man keinen Sex vor der Ehe haben soll. Sexualität ist tabu. Warum? Du hast sie uns gegeben und sie wundervoll gemacht, aber auch verboten? Das macht keinen Sinn. Aber gut, sagen wir's so. Ich verspreche, dass ich keine Beziehung haben werde, nur um meine körperliche Lust oder meinen sexuellen Appetit zu befriedigen, besonders dann, wenn ich die andere Person auf diese Weise verletzen kann. Das kann ich machen. Ehrlich sein. Frauen nicht ausnutzen, sie nicht anlügen, ihnen nichts vorspielen, um meine Gelüste zu befriedigen.

**7. Du sollst nicht stehlen.**

Das ist einfach. Okay, das werde ich nicht. Generell gesprochen werde ich anderen nicht das antun, was ich mir selbst nicht wünsche. Das macht definitiv Sinn.

**8. Du sollst nicht falsch gegen deinen Nächsten aussagen.**

Im Prinzip sind wir uns einig, aber dennoch, manche Sachen könnte oder müsste man verschweigen – für das Gemeinwohl. Wie ich zum Beispiel meinen Eltern verschweige, dass ich trampe. Meine Mutter würde sich nur Sorgen machen. Wenn ich während des Reisens krank bin und sie mich fragt, wie es mir geht, sage ich ihr natürlich, dass alles toll ist. Und wenn das eine Falschaussage ist, dann bitteschön! Ich werde es weiterhin machen. Aber wenn jemand durch Lügen sein eigenes Wohlergehen und Übel für andere herbeiführt, dann stimme ich dir zu und verspreche, dass ich versuchen werde, das nicht zu tun.

**9. Du sollst nicht begehren deines Nächsten Ehegatten.**

Ich werde mein Bestes tun, um den Ehegatten eines anderen Menschen nicht zu begehren, okay. Aber, was denkst du über Menschen, die verheiratet bleiben, obwohl sie unglücklich sind? Ich denke, dass es besser ist, eine Ehe, in der es keine Liebe gibt, zu beenden und jemand anderen zu finden, anstatt jahrelang zu leiden und andere unschuldige Menschen einzubeziehen. Was, wenn ich eine verheiratete Frau kennenlerne, deren Scheidung zwar gerade läuft, die aber wegen der damit verbundenen Bürokratie noch nicht geschieden ist? Dein Vorschlag ist wieder unvollständig, Gott. Aber in Ordnung, ich verstehe, was du sagen willst, und es war nicht genügend Platz auf den Steintafeln von Moses für sämtliche Eventualitäten. Ich werde versuchen, nicht die Ursache für die Scheidung oder die Trennung von anderen zu sein. Außer wenn das das Beste für alle Beteiligten ist.

**10. Du sollst nicht begehren deines nächsten Gut**

Du sollst nicht begehren, du sollst nicht begehren. Hast du schon einmal Werbung gesehen? Also. Es ist nicht schlimm, gelegentlich schlechte oder negative Gedanken zu haben, solange man sie überwindet und ihnen nicht nachgibt. Man darf ihnen keine Macht geben. Denn solange man die Dinge anderer Menschen nur begehrt, schadet man niemandem. Aber sobald man den Wunsch in die Tat umsetzt, muss man sich auf das Gebot Nummer sieben besinnen.

Also, Gott. Während des Gesprächs mit dir habe ich es bis zur Küstenstraße geschafft. Und es war wirklich schön. Es freut mich, dass wir einige Dinge geklärt haben. Und ich weiß, dass die Gebote bzw. Vorschläge eigentlich unnötig sind. Das Einzige, was zählt, hast du mir schon von Anfang an gegeben, und das ist das Gewissen. Und ich werde mein Bestes tun, so gut wie möglich auf mein Gewissen zu hören.

Und jetzt muss ich trampen.

Geh in Frieden, beendete Gott unser Gespräch.

Gott schickte mir die Belohnung für unser Gespräch innerhalb von fünf Minuten. Ich hatte nur Zeit, mein verschwitztes T-Shirt zu wechseln. Aus dem Auto dröhnte laute Musik, Heavy Metal oder etwas Ähnliches, ich konnte diese Genres mit viel elektrischer Gitarre und Geschrei nie unterscheiden. Auf den beiden Vordersitzen waren zwei (zu) fröhliche Typen, und auf dem Hintersitz lag ein riesiger schwarzer Hund.

Hmm, dachte ich mir, und blieb für einen Moment stehen. Schreien im Radio, zwei Typen in Schwarz und ein schwarzer Hund. Vielleicht hat dieses Auto doch nicht Er geschickt. Vielleicht war es der andere ...

»Der andere existiert nicht, du Dummkopf.« Die Antwort kam von innen, in einer tiefen Stimme. »Der andere ist erfunden worden, um Leichtgläubige zu erschrecken. Angst ist die beste Form von Kontrolle. Die Kirche weiß, wie sie Angst für ihre Zwecke einsetzen kann und hat eine Menge Übung darin. Und schau mal, diese beiden haben einen Rosenkranz am Rückspiegel hängen.«

Er hatte recht. Ich sollte die beiden nicht wegen des Geschreis im Radio, der schwarzen Klamotten oder des schwarzen Hundes verurteilen. Und auch nicht wegen des Rosenkranzes. Ich stieg ein, streichelte den Hund und stellte mich meinen neuen Freunden vor.

Sie waren betrunken.

Sie waren auf dem Weg nach Hause. Gestern Abend waren sie am selben Ort wie ich gewesen, hatten dort geschlafen und am nächsten Tag weiter Party gemacht. Sie tranken Weinschorle. Sie boten mir das Getränk höflich an, ich nahm höflich an.

»Ich dachte, dass wir einige Sachen geregelt haben, und jetzt willst du mich töten?« Ich setzte meinen Monolog von vorhin fort. »Du bist mir einer.«

»Gottes Wege sind unergründlich«, antwortete er spöttisch. »Aber hey, wenigstens gibt's Weinschorle!«

»Sehr lustig«, beendete ich das Gespräch und nahm zwei Schluck.

Der Fahrer fuhr langsam, aber ziemlich unsicher. Und die Straße hatte eine Kurve nach der anderen. Nur fünfzig Kilometer bis Senj wurden durch die Relativitätstheorie zu einer verdammt langen Strecke. Hinter uns staute sich eine Autokolonne. Im Radio war immer noch Geschrei, meine Begleiter schrien einstimmig mit, und der Hund und ich sahen uns nur ab und zu an und fragten uns, wann wir endlich ans Ziel kommen würden.

»Bullen!«, rief der Beifahrer dem Fahrer zu, als er die Blauen ungefähr zweihundert Meter vor uns bemerkte. Sie werden uns sicher anhalten, wir sind am Anfang der Kolonne und schwanken, obwohl wir die Geschwindigkeitsbegrenzung halten.

Doch im selben Moment, als wir sie bemerkten, entschloss sich ein ungeduldiger Fahrer hinter uns, endlich zu überholen, auf doppelter durchgezogener Linie. Der Blaue bemerkte das natürlich, hielt ihn an und rettete uns.

Ich kam lebendig nach Senj, traf mich mit meinem Freund, verbrachte die Nacht bei ihm und trampte am nächsten Tag den letzten Abschnitt, bis Zagreb.

Ich saß, genau wie auch nach der Reise nach Sofia, bequem auf meinem blauen Sofa und dachte darüber nach, wie es möglich war, dass so viel in nur einer Woche auf der Straße passiert war. Aber im Gegensatz zu damals dachte ich nicht darüber nach, wie ich mein Studium beenden und die Schulden abbezahlen würde, um frei durch die ganze Welt zu reisen.

Mir gingen andere Dinge durch den Kopf.

# Tag 794

Alles ging so schnell. Ohne nachzudenken, ohne zu planen, ohne die möglichen Folgen meiner Entscheidungen in Erwägung zu ziehen. Es war so, als ob mir eine unsichtbare Stimme, vielleicht mein Instinkt, sagte, dass ich weitergehen musste.

Der einzige Gegner, der einzige Partybreaker war die andere Stimme in mir. Angst. Sie versicherte mir, dass ich der Herausforderung nicht gewachsen war, dass so viele Sachen schiefgehen konnten, dass es am sichersten war, in einer vertrauten Umgebung zu bleiben. Dass ich besser nichts riskieren sollte.

Instinkt gegen Angst. Zwei innere Stimmen. Tief in uns verwurzelt. Diametral entgegengesetzt, aber leicht miteinander zu verwechseln.

Ich realisierte: Falls Instinkt und Angst einander gegenüber stehen, sind alle Menschen von Natur aus mutige Wesen. Unsere Neugier, das Bedürfnis, neue Orte zu entdecken, der Wunsch, neue Menschen kennenzulernen, neue Erfahrungen zu machen, ist uns inhärent. Unsere Wesen sehnt sich nach Neuem, Unerforschtem, Verstecktem. Das füllt uns aus, macht uns glücklich, gibt uns Sinn.

Auf der anderen Seite ist die Angst, ein erlerntes Gefühl. Sie schleicht sich unmerklich in unsere Köpfe, von Beginn unseres Lebens an, durch unsere Erziehung, Umgebung, Ausbildung. Unsere heutige Gesellschaft ist eine Gesellschaft der Angst. Die Angst vor dem Scheitern in der Schule, bei der Arbeit, in der Liebe. Angst vor der Zurückweisung durch Familie, Kollegen, Partner.

Daher ist unsere ganze Gesellschaft eine Gesellschaft der Anpassung. Wir passen uns an, um nicht zu riskieren, zurückgewiesen zu werden. Um das falsche Gefühl der Sicherheit zu haben. Dieses Gefühl der Sicherheit, mit dem der Instinkt nichts anfangen kann.

Das Leben ist eigentlich nur ein Duell zwischen diesen zwei Sphären.

»Kurz nach der Reise durch Kroatien«, setze ich meine Schilderungen bei Daniela fort, »zog ich aus der Wohnung aus, kündigte meine Arbeit, brachte ein paar Sachen zu meinen Eltern und startete meine bislang längste Reise – eine rund zweimonatige Tour durch Europa.«

# Tag 278

»Wir sehen uns bald!«, sagte sie am nächsten Morgen, während wir vor dem Eingang zu ihrem Haus Abschied voneinander nahmen.

Sie lächelte mich so aufrichtig an, wie sie nur konnte, drehte sich um und ging weg. Das machte ich, nach einer langen Pause, auch, nur in die andere Richtung. Ich drehte mich nicht noch einmal um. Und ich war sicher, dass sie sich auch nicht umgedreht hatte.

Ich könnte nach Hause gehen und da weitermachen, wo ich mit meinem Studium und meiner Arbeit stehengeblieben war, dachte ich mir, als ich über diese große Allee in Berlin spazierte. Aber das wäre nur eine Niederlage für mich, Aufgeben, die Rückkehr zum Alten. Zum Alten, das mir nicht mehr gefiel. Davor bin geflüchtet.

Ich schaute zum Himmel, auf der Suche nach einer Antwort. Die Sonne stand hoch. Sie schien. Unverändert, genau wie damals, als ich diese Reise begonnen hatte. Sie würde weiter scheinen, auch wenn viele dicke Wolken sie manchmal bedeckten, auch wenn sie jeden Tag für ein paar Stunden verschwand. Nichts und niemand konnte ihr was. Sie hatte ihren Weg und ging weiter, immer weiter.

Das mache ich ihr nach, dachte ich. Ich setzte ein Lächeln auf und ging weiter. Ich hatte keine Zeit und keinen Grund, traurig zu sein, etwas zu bedauern oder Trauer zu fühlen. Ich war, wo ich war. Und es lag an mir, daraus das Beste zu machen. Dreh dich nicht um! Mach dich auf den Weg!

Ich blieb mitten auf der Straße stehen, nahm meine Karte aus der Tasche und wählte eine Richtung aus – Westen. In einem nahe gelegenen Internetcafé schickte ich ein paar Last-Minute-Anfragen auf der Suche nach einer Couch in Hamburg, prüfte, wie man aus Berlin raus und zur Autobahn kam, von wo aus ich trampen würde, und ging los.

Das Abenteuer hatte begonnen!

Eineinhalb Stunden später, nachdem ich kurz mit einem Zug gefahren war, einen Wald durchquert, einen Kompass benutzt und eine Brücke überquert hatte, war ich an einer Tankstelle außerhalb Berlins und sprach mit Fahrern, die mich einen Teil der Strecke mitnehmen konnten. In der Zwischenzeit erhielt ich eine SMS von einem CouchSurfer aus Hamburg. Ich hatte eine Unterkunft für die nächsten paar Tage!

»Was arbeiten Sie?«, begann ich das Gespräch mit dem ersten Fahrer, der zunächst ein paarmal Nein und dann doch Ja gesagt hatte. Er fuhr einen fast auseinanderfallenden Lieferwagen, sandfarbig mit schwarzen unregelmäßigen Markierungen, der mich ein bisschen an die Modelle erinnerte, wie sie Serienmörder in amerikanischen Filmen fahren.

»Momentan lebe ich mit meiner Tochter auf einem Anwesen zwischen Berlin und Hamburg«, sagte er mit heiserer Stimme, starkem englischen Akzent, den ich aber nicht genau zuordnen konnte. »Ich trainiere Hunde, und oft kommen auch Menschen zur militärischen Ausbildung.«

»Training?«, fragte ich verwirrt.

»Ja, Training«, fuhr er fort und zündete sich eine Zigarette an. »Überleben in der Natur, Konditionstraining, Waffen und solche Sachen.«

»Aha«, sagte ich leise und dankte dem Himmel, dass wir uns mitten auf der Autobahn befanden und er mich nicht unbemerkt zu seinem Trainingszentrum fahren konnte.

»Ich habe viele Jahre in Irland gearbeitet.« Das war die Antwort auf meine Frage nach seinem Akzent. »Ich war Söldner für die IRA und habe deswegen viel Erfahrung mit diesen Tätigkeiten. Aber ich fühle mich am wohlsten hinter dem Zielfernrohr eines Snipers, das ist für mich die natürlichste Position.«

Schweigend beobachtete ich ihn, wie er nonchalant den Rauch der Zigarette ausblies und darüber sprach, dass er Menschen für Geld getötet hatte. Ausdruckslos. Ich setzte meinen speziellen Bullshit-Filter ein, um zu analysieren, ob er log. Das Resultat war negativ. Ich saß mit einem Auftragskiller im Auto. In einem Lieferwagen, der wie ein Lieferwagen von Serienmördern aus amerikanischen Filmen aussah.

»Ich war sehr gut in dem, was ich tat«, sprach er weiter, wohl wissend, dass ich sprachlos war. »Wenn nicht ich, dann hätte es jemand anderes gemacht«, rechtfertigte er sich. »Außerdem dachte ich, dass ich für das Richtige kämpfe.«

Es folgten Geschichten über die politische Situation in Irland, Rechtfertigungen für das Töten für einen »höheren Zweck«, und nach ungefähr einer halben Stunde musste ich zugeben, dass alles, was dieser Mann gesagt hatte, Sinn machte. Eigentlich saß ich neben einer Person, die ganz in Ordnung war.

Nach ein paar Jahren im Dienst habe er den Willen zum Kämpfen verloren, seine Tochter sei geboren worden und er sei aufs Land gezogen. Dort habe er seine Ruhe, sagte er. Für einen Moment wünschte ich mir, dass er mich auf ein oder zwei Nächte zu sich auf sein Anwesen einlud, aber das Angebot kam nicht. Vielleicht war das auch besser so. Ich wusste nicht, wie er reagiert hätte, wenn mir seine Tochter gefallen hätte.

Ich stieg an einem Rastplatz aus und zwei Fahrten später kam ich zusammen mit der Dunkelheit in Hamburg an und stand vor der Tür meines Gastgebers, Johann.

Langsam stieg ich die Treppen hoch und aus einer der Wohnungen duftete es ganz wunderbar, was mich an meine Zeit in Berlin erinnerte. Ich hoffte, dass die Aromen aus Johanns Wohnung kamen.

Zum Glück war dem so.

Die Tür wurde von einem großen und gut aussehenden Mann mit einem breiten Lächeln und einem Bier in der Hand geöffnet.

»Du kommst genau richtig zum Abendessen!«, sagte er und umarmte mich.

Umarmungen sind die informelle Begrüßungsart zwischen CouchSurfern. Warm, intim, freundlich. Sie schaffen eine sofortige Verbindung zwischen zwei Menschen.

Während des schärfsten und möglicherweise feinsten Abendessens, das ich je gegessen hatte, und im Wissen um den nahezu unerschöpflichen Biervorrat im Kühlschrank, lernte ich meinen Gastgeber kennen. Er war vierzig Jahre alt, hatte einen Partner, der sich momentan außerhalb der Stadt aufhielt, was auch der Grund war, warum er Menschen empfangen konnte. Er war fröhlich und hatte die wahrscheinlich schönste Wohnung, in der ich je empfangen wurde. Alles war ordentlich, es wurde auf jedes Detail geachtet, die Handtücher in der Toilette waren so gestapelt, dass sogar meine Mutter damit zufrieden gewesen wäre, und wenn man die Tür zur Toilette öffnete, schaltete sich das Licht automatisch an und es erklang klassische Musik.

»Wann hast du das erste Mal bemerkt, dass du gay bist?«, fragte ich ihn ganz locker, nach ein paar Bier, und war dann doch aufgeregt, weil ich endlich offen mit jemandem darüber sprechen konnte. Ich kannte einige Menschen in Zagreb, die gay waren, aber ich kannte niemanden gut genug, um offen über dieses, zumindest in unserer Umgebung, tabuisierte Thema zu sprechen.

»Ob du's glaubst oder nicht, schon in sehr jungen Jahren, mit vier, fünf«, antwortete er noch lockerer. »Ich war im Krankenhaus, weil mir meine Mandeln entfernt werden mussten, und ich erinnere mich, dass dort ein Junge war, von dem ich mich gar nicht trennen wollte. Ich war damals natürlich zu jung, um zu verstehen, was für Gefühle das waren, aber mit der Zeit realisierte ich, dass das seit meiner Geburt ein Teil von mir war. Als Teenager versuchte ich ab und zu etwas mit Mädchen, aber ich habe schnell begriffen, dass das sinnlos ist, ich war von ihnen nicht angeturnt, unabhängig von ihrem Typ.«

»Wie haben Freunde und Verwandte reagiert?«, fragte ich weiter, während ich mein Bier trank, und stellte mir vor, was meine Eltern sagen würden, wenn sie wüssten, dass ich meine Nacht mit einem vierzigjährigen Homosexuellen verbrachte, in seiner Wohnung, mit viel Alkohol. Und nicht nur meine Eltern. Wie würden meine Freunde reagieren, wenn ich ihnen sagte, dass ich Jungs mochte?

»Sie haben das hervorragend aufgenommen«, antwortete er. »Ich denke, das Geheimnis ist, dass sie schon vorher einige Menschen mit denselben Präferenzen kannten und wussten, dass das ganz normale Personen sind, nur mit anderen Gewohnheiten, Vorlieben, Ansichten. Manche Freunde habe ich verloren, aber das tut mir nicht leid. Brauche ich überhaupt einen Freund, der mich nicht so akzeptiert, wie ich bin?«

Mein neuer Freund sprach kluge Worte.

Am Morgen erwartete mich neben meinem Bett ein großes Glas Wasser, das mir sehr half, den sich ankündigenden Kater im Zaum zu halten. Da ich mich nicht an alles erinnern konnte, was in der Nacht geschehen war, wusste ich auch nicht, wie dieses Glas hierher gekommen war, ob ich womöglich darum gebeten hatte.

»Woher kommt dieses Glas Wasser hier?«, fragte ich Johann, als ich das Klappern von Geschirr in der Küche hörte.

»Ich habe es dir heute Morgen gebracht, wir haben gestern viel getrunken, deswegen ...«, antwortete er und kam aus der Küche mit einem Tablett, auf dem mehrere kleine Sandwiches mit Käse und Marmelade lagen.

Mein erstes Frühstück im Bett!

»Johann, Gastfreundschaft trägt deinen Namen!«, sagte ich und hatte schon zu essen begonnen. »Ich hätte nichts dagegen, wenn ich eine Freundin wie dich hätte!«

Er lachte zufrieden, setzte sich neben mich.

Die nächsten Tage verbrachten wir zusammen, fuhren mit dem Fahrrad durch Hamburg, aßen mit seinen Arbeitskollegen zu Mittag, badeten am Sandstrand neben dem Hafen und sahen uns Filme an, während wir nebeneinander im großen Doppelbett lagen.

Falls in mir jemals eine Spur von Homophobie existiert hatte, war diese, nach den paar Tagen mit diesem netten Homosexuellen, komplett verschwunden.

So sollte man Homophobie, Rassismus, religiöse Intoleranz heilen: Indem man zwei verschiedene Personen in den gleichen Raum bringt, sodass sie sich kennenlernen können. Wenn sie realisierten, dass der andere, egal wie unterschiedlich er auch zu sein scheint, im Grunde gleich ist, würden die Vorurteile wie ein Kartenhaus zusammenfallen.

Mein Aufenthalt in Hamburg neigte sich langsam dem Ende zu, und deswegen musste ich die Karte wieder aus meinem Rucksack nehmen und eine Richtung wählen. Wohin weiter? Ich war aus dem Osten gekommen, südlich gab es nichts Interessantes, vielleicht nach Norden? Oder weiter westlich?

Ich sah mir die CS-Profile in Kopenhagen an und schickte einem interessanten Typen eine E-Mail. Mit der Anmerkung, dass ich nur kommen würde, wenn er auch wirklich Zeit für mich hatte, falls nicht, würde ich mich in eine andere Richtung begeben.

Die Antwort kam innerhalb von ein paar Minuten. Und sie war negativ. Noch ein schneller Blick auf die Karte und ich traf eine der einfachsten Entscheidungen überhaupt:

Amsterdam, ich komme!

# Tag 283

»Guten Tag!«, begrüßte ich einen Mann in Anzug und Krawatte, der gerade in seinen teuren Geländewagen einstieg, irgendwo um Hannover. Obwohl mir meine Erfahrung sagte, dass mich Menschen mit teuren Autos eigentlich nie mitnahmen, hatte ich doch nichts zu verlieren. Außerdem war er der Einzige an der ganzen Tankstelle, der niederländische Kennzeichen hatte.

»Guten Tag«, antwortete er vorsichtig.

»Fahren Sie vielleicht in die Niederlande?« Ich lächelte und deutete auf das Kennzeichen, um zu zeigen, dass es offensichtlich war, wohin er fuhr.

»Ja, mache ich.« Er war immer noch vorsichtig. »Warum?«

»Wissen Sie«, fing ich an, »schon ein paar Wochen trampe ich durch Europa, ich habe nicht viel Geld, bin jetzt auf dem Weg nach Amsterdam, und ich habe mich gefragt, ob Sie mich vielleicht einen Teil des Weges mitnehmen würden.«

»Woher kommst du?«

»Aus Kroatien.«

»Tötest du mich, wenn ich dich mitnehme?«

»Töten Sie mich?«

»Nein.«

»Gut, dann tue ich das auch nicht.«

Humor half immer. Er musterte mich noch einmal, dann sagte er knapp: »Steig ein!«

Das war eine der bequemsten, schnellsten und interessantesten Fahrten. Sie dauerte zwei Stunden und in dieser Zeit sprachen wir über viele Themen, das Gespräch lief wie von selbst. Er erzählte mir, dass er auf eine ähnliche Weise gereist war, als er in meinem Alter war, dass er heute eine Fabrik mit rund siebzig Mitarbeitern hatte, einen Sohn, der in den USA studierte, eine Frau, die er immer noch vergötterte und Ähnliches. Eine sehr angenehme, intelligente und interessante Person.

»Vielen Dank!«, sagte ich, als ich meinen Rucksack aus dem Kofferraum nahm, rund achtzig Kilometer von Amsterdam entfernt. Bis dorthin brauchte ich nur noch eine Fahrt, vielleicht zwei.

»Gern geschehen!«, antwortete er ehrlich und griff in seine hintere Hosentasche. »Hier, das ist für dich.«

In seiner Hand, wie der Koffer in Pulp Fiction, erschien eine Fünfzig-Euro-Banknote.

»Danke, aber ich kann das wirklich nicht annehmen!« Ich lehnte ab, immer noch ein wenig hypnotisiert.

»Warum?«, fragte er.

»Warum?« Ich war verblüfft. »Sie haben mir schon einen Riesengefallen getan, mich eine große Strecke mitgenommen, dank Ihrer Hilfe komme ich vor Einbruch der Dunkelheit an mein Ziel. Und wenn ich jetzt noch Geld von Ihnen nehmen würde ... das wäre nicht in Ordnung.«

»Lass mich das erklären«, sagte er. »Diese fünfzig Euro spielen in meinem Leben keine große Rolle. In deinem schon. Du reist durch Europa, hast kein Geld, das wird es dir ein bisschen einfacher machen. Ich weiß das, weil ich selber so gereist bin.«

»Aber ...«

»Kein Aber.« Er bestand darauf. »Ich akzeptiere die Antwort Nein nicht. Du tust mir eigentlich einen Gefallen, wenn du das Geld nimmst. Ich werde mich besser fühlen, weil ich jemandem geholfen habe. Wir profitieren beide.«

Was er sagte, klang einleuchtend. Diese fünfzig Euro konnte ich gut gebrauchen, und sie würden ihm nicht fehlen. Er würde sich sogar besser fühlen. Ich nahm die Banknote, bedankte mich für alles und schaute ihm glücklich hinterher, als er die Tankstelle verließ. Ich war reich. Schnell rechnete ich aus, dass sich durch diese Spende meine Tageskosten auf weniger als fünf Euro pro Tag reduziert hatten. Ich musste sie nur noch so tief halten ...

In wenigen Minuten wurde mir klar, warum die Niederlande einen guten Ruf unter Trampern genießen. Ich hatte bereits meine letzte Mitfahrgelegenheit nach Amsterdam gefunden. Der Fahrer war ein Brite.

»Woher kommst du?«, begann er das Gespräch.

»Aus Kroatien«, antwortete ich routiniert, während ich mich anschnallte.

»Kroatien?«, sagte er nachdenklich. »Ja, ja. Bei euch gibt es viele Seegurken, richtig?«

Déjà vu. Wo hatte ich das schon mal gehört? Dass jemandem bei der Erwähnung von Kroatien, von allen Dingen, die man in diesem Land finden konnte, als erste Assoziation so etwas Unauffälliges wie Seegurken in den Sinn kam.

Ha, ich weiß!

»Vor ein paar Monaten trampte ich in Kroatien, als mich ein Ungar mitnahm. Er erzählte mir von einem Geschäft mit Seegurken und dass er und sein Partner sie auf den japanischen Markt exportieren wollten. Die Seegurken waren dort Delikatessen, wegen der reichhaltigen Proteine und was auch immer. Zuerst glaubte ich ihm nicht, aber er hatte einen sehr guten Geschäftsplan entwickelt. Ich hatte ihm sogar meine E-Mail gegeben, für den Fall, dass er Seegurken-Sammler benötigte. Das wäre ein cooler Job gewesen und außerdem auch noch sehr gut bezahlt.«

Mein Gesprächspartner hörte mir aufmerksam zu und schaute mich ab und zu, scheinbar ungläubig, an.

»Ein Ungar?«, fragte er nach einer Weile. »Erinnerst du dich an seinen Namen?«

»An seinen Namen?«, wiederholte ich. »Sorry, keine Ahnung.«

Es war erneut eine Weile still. Er nahm sein Handy, wählte eine Nummer und hielt es an sein Ohr.

»Hey, Partner!«, begann er das Gespräch mit der Person am anderen Ende. »Hast du vor ein paar Monaten vielleicht einen Tramper in Kroatien mitgenommen und ihm von unserem Seegurken-Geschäft erzählt? Ja? Ich gerade auch, einige Kilometer vor Amsterdam. Ich gebe ihn dir kurz.«

Er reichte mir sein Handy und lachte frech. Am anderen Ende der Leitung war der Mann, der mich vor ein paar Monaten bis Zadar gefahren hatte. Wir wechselten ein paar Sätze, konnten nicht glauben, dass wir tatsächlich miteinander sprachen und was für einen Zufall uns das Universum beschert hatte.

Verdammt unglaublich.

Ich liebte dieses neue Leben. Genauso wie ich diese Stadt, in die wir gerade kamen, liebte. Verehrte.

Ihre ständig lächelnden Einwohner auf schnellen Fahrrädern in allen Farben und Formen, Ampeln, die signalisierten, wie viele Sekunden es noch bis zum grünen Licht waren, Straßenbahnen, die oft klingelten, um die anderen Verkehrsteilnehmer zu warnen. Straßen, die von Kanälen flankiert waren, die wiederum mit unzähligen Brücken verbunden waren, an denen ich mich so oft verlaufen hatte, was mir jedes Mal ganz egal war. Stadtteile, in denen man immer den berauschenden Duft dieser woanders illegalen Pflanze in der Nase hatte, oder Frauen in Unterwäsche, die einen für nur zehn Euro auf ein intimes Zusammenkommen einluden. Ihre Straßenkünstler: Gaukler, Musiker, Bettler, die einem das Gefühl eines großen, offenen Theaters gaben, in dem immer etwas los war. Ihre Backsteinhäuser und Gebäude, die in jede Richtung schauten, einstöckig, zweistöckig und vor allem – einzigartig. Die Museen, die sogar ich, ein professioneller Nichtkenner von Kunst, genoss. Die Parks, besonders der Vondelpark, wo sich an sonnigen Tagen Familien trafen, Fußball oder Badminton spielten, und wo man dann am Abend Menschen in Plüschtierkostümen herumrennen sehen konnte oder Männer in Anzügen, die einander begrüßten und dann Liegestütze machten.

Die dunklen Wolken am Himmel über dieser Stadt, den etwas frustrierenden Regen, den ständigen Wind. Die Straßen dieser Stadt früh am Morgen, leer und schmutzig von den Ereignissen der letzten Nacht, voll von zerbrochenen Flaschen und Essensresten. Ihre beliebten Coffeeshops, in denen man in klaustrophobischer Umgebung Gekichere und Lachen und tiefe Gespräche über den Sinn des Lebens vernahm, in denen man die Kellner dabei beobachten konnte, wie sie lässig und routiniert halfen, wenn es einem Gast nach dem Konsum der Opiate schlecht ging oder jemand den Kopf auf den Tisch senkte. Das Rotlichtviertel, Kokain-Dealer, Prostituierte mit leerem Blick und betrunkene Fußgänger, die sich benahmen, als ob sie noch nie einen nackten Frauenkörper gesehen hätten. Die große Anzahl an Touristen, die nur kamen, um sich an absolut nichts zu erinnern, wenn sie die Stadt ein paar Tage später wieder verließen.

Menschen, auf die ich jedes Mal stieß, wenn ich sie besuchte.

»Maaike, freut mich!« Meine Gastgeberin begrüßte mich mit einer Umarmung in einer süßen Einzimmerwohnung in der Nähe des Zentrums, die sie mit ihrer Hündin Lola und vier kleinen namenlosen Welpen teilte.

»Fühl dich wie zu Hause! Ich weiß, dass ein anstrengender Tag hinter dir liegt, wenn du duschen möchtest, mach das. Ich werde uns etwas zum Essen vorbereiten.«

Ich nahm ihr Angebot begeistert an und duschte die sechshundert Kilometer, die ich an diesem Tag bewältigt hatte, einfach weg.

»Ah, es gibt nichts Besseres als eine warme Dusche nach einem ganzen Tag Trampen!«, sagte ich begeistert, als ich, in ein Handtuch gewickelt, aus dem Bad kam.

»Bist du sicher?«, fragte sie und kam auf mich zu, mit einem Tablett in den Händen, auf dem zwei riesige heiße Sandwiches lagen sowie ein Glas Rotwein und die berühmte Spezialität aus Amsterdam, eine Selbstgerollte, in der sich eine Mischung aus Tabak und White Widow befand.

»Oh, Mädchen, du weißt wirklich, wie man einen Mann befriedigt«, rief ich begeistert und realisierte in diesem Moment, was ich gesagt hatte.

»Das war noch gar nichts«, führte sie das Wortspiel weiter, zwinkerte mir zu und streifte mit ihrem Blick unauffällig meinen halb nackten Körper.

Ich hatte das Gefühl, dass wir uns gut verstehen würden.

Nachdem ich mich korrekt angezogen hatte, begann ich zu essen und hörte ihr eher oberflächlich zu, konzentrierte mich mehr auf das, was mich wirklich interessierte, ihr Gesicht. Es hatte einen Hauch von Schönheit, war aber von ihrem Untergewicht beeinträchtigt. Sie hatte blasse Haut, glattes braunes Haar, ein schüchternes Lächeln und tiefgrüne Augen.

Gleichzeitig hinterließ sie den Eindruck, sehr mutig zu sein, indem sie intensiven Blickkontakt herstellte, über heikle Themen sprach, nicht selten über Sex, so als ob sie mir beweisen wollte, dass sie offen und sorglos war.

Ich hatte jedoch das Gefühl, als ob sie sich damit indirekt vor etwas viel Einfacherem, Gewöhnlicherem, Natürlicherem verstecken wollte. Vor Themen, die nicht schockierten, bei denen sie sich selbst wirklich öffnen musste, anstatt nur davon zu sprechen.

»Ich denke darüber nach, mir einen Sklaven zu besorgen«, sagte sie aus heiterem Himmel und schaute mir direkt in die Augen.

»Wen?« Ich fing an zu husten.

»Einen Sklaven.« Sie lächelte unschuldig. »Es gibt Menschen, die das genießen, und ich könnte gut einen gebrauchen.«

»Wie funktioniert das, bitte schön?« Ich atmete vorsichtig ein, um die erneute Verschwendung eines guten Atemzugs zu vermeiden.

»Sehr einfach«, erklärte sie. »Du stellst eine Anzeige ins Internet und erklärst, dass du einen Sklaven möchtest. Es existieren sogar spezialisierte Webseiten nur für so was. Und dann melden sich Menschen auf diese Anzeige. Ich habe noch keine Erfahrungen aus erster Hand, da ich erst meine erste Anzeige veröffentlicht habe.«

»Was hast du geschrieben?« Ich konnte nicht glauben, was ich hörte.

»Ich habe geschrieben, dass Männer für mich wertlos sind. Die Welt funktioniert wegen der Frauen. Sie sind klüger, schöner, geselliger, sie können besser kommunizieren und sind die Schöpferinnen des Lebens. Jetzt brauchen wir Männer nicht einmal mehr, um schwanger zu werden. Und das heißt, dass Männer nur noch existieren, um uns zu dienen.« Sie lachte trotzig. »Die Person, die mein Sklave sein möchte, muss sich darum kümmern, dass meine Wohnung die ganze Zeit sauber ist, sie muss einkaufen gehen, meinen Hund spazieren führen, Abendessen kochen, die Wände streichen, alles, was ich brauche. Wenn ich einen Orgasmus möchte, muss er mir zu einem verhelfen, auf die Art und Weise, wie ich das möchte, aber er darf mir dabei nicht in die Augen sehen. Wenn ich sein Gesicht nicht sehen möchte, werde ich ihn in den Schrank sperren. Er muss mir sein ganzes Geld und alle Passwörter seiner Karten geben. Ich würde ihm wöchentlich Taschengeld geben, das zum Leben reicht und der Rest gehört mir.«

»Und?« Ich konnte es nicht fassen.

»Du wirst es kaum glauben.« Sie las offenbar meine Gedanken. »Ein Typ hat zugestimmt! Er sagte mir, wie viel er verdient, tausendachthundert Euro monatlich, und nachdem er alle Kosten bezahlt, wie Miete, Nebenkosten und Essen, bleiben ihm rund neunhundert. Es wäre so einfach, Geld für Reisen zu sammeln!« Sie lächelte.

»Ja, klar!« Ich beobachtete sie, um zu sehen, ob sie schlicht log. »Woher weißt du, dass er kein Verrückter ist?«, fragte ich, und erinnerte mich, dass ich über hundert Menschen durch CS auf die gleiche Art und Weise empfangen hatte. Und dass ich nach nur einer E-Mail in ihrer Wohnung gelandet war. Nicht wie ein Sklave, aber immerhin.

»Man kann alles in den Augen sehen«, sagte sie und schaute mir zum x-ten Mal tief in die Augen. »Glaub mir, wenn ich etwas in meinem Leben gelernt habe, dann ist das Menschen zu lesen. Ich kann aus einem Kilometer Entfernung erkennen, ob jemand gefährlich ist oder nicht. Ich kann sagen, wer gewalttätig, psychotisch, ein pathologischer Lügner und dergleichen ist. Dieser Mann, der sich gemeldet hat, ist nicht gefährlich. Er ist freundlich mit seltsamen Neigungen. Wahrscheinlich war seine Mutter dominant oder hat ihn missbraucht. Ich kenne den genauen Grund nicht, aber ich kann es mir vorstellen.«

Als sie das sagte, schaute sie mit einem Mal weg. Sie wurde sich dessen bewusst, dass ihre Augen auch viel preisgeben konnten. Und das war nicht ihr Plan.

# Tag 291

Nach ein paar Tagen in Amsterdam führte mich die Straße nach Utrecht, Gent und schlussendlich Lille, wo mich mein guter Freund Thomas empfing.

Thomas war einer der Hauptverantwortlichen dafür, dass ich reiste, er war derjenige, der mir CouchSurfing gezeigt hatte. Als ich ihn vor ein paar Jahren, nachdem ich aus meinem Elternhaus ausgezogen war, per Zufall im Stadtzentrum von Zagreb kennengelernt hatte, mit einer französischen Flagge und ein paar Taschen, die an seinem Fahrrad hingen, erklärte er mir, dass er im Rahmen eines Studienprojekts durch Europa reise und einen Platz suche, wo er in seinem Zelt schlafen könne, ohne sein Fahrrad oder seine Nieren zu verlieren.

Da mein Mitbewohner und ich einen freien Platz auf dem Boden unserer Mietwohnung hatten, luden wir ihn ein, unser Gast zu sein.

Während wir einige Bier tranken, sagte er uns, dass es eine neue Webseite für gastfreundliche Menschen wie uns gebe, und dass er sie auf dieser Reise schon verwendet habe. Er sprach von CouchSurfing.

»Die ganze Sache ist immer noch im Anfangsstadium«, erklärte er uns. »Es gibt noch nicht viele registrierte Mitglieder, aber die Zahl steigt von Tag zu Tag unaufhaltsam.«

An diesem ersten Abend half er mir, ein Profil zu erstellen und schrieb die erste positive Referenz. So hatte alles begonnen. Später folgten mein erstes Surfen in Amsterdam, unzählige Reisende in unserer Wohnung und schlussendlich diese Reise.

In Zagreb tranken wir Bier und aßen Ćevapčići mit Zwiebeln und jetzt tranken wir französischen Wein und aßen Baguette und Camembert und erzählten uns dabei Geschichten über das, was uns in den letzten Jahren widerfahren war. Es gab viele.

»Wohin gehst du nach Lille?«, fragte er am nächsten Tag.

»Ehrlich gesagt habe ich keine Ahnung«, antwortete ich. »Es war auch ursprünglich nicht mein Plan gewesen, hierher zu kommen.«

Ich schaute die Europakarte noch einmal an und wusste in weniger als ein paar Sekunden, was mein nächstes Ziel war.

Paris.

# Tag 293

Lille und Paris waren zweihundertzweiundzwanzig Kilometer voneinander entfernt und es gab eine direkte Autobahnverbindung. So etwas sind immer gute Neuigkeiten für einen Tramper, man kann mit einer schnellen Fahrt, ohne viele Zwischenstopps rechnen. Meistens, natürlich. Aber dieser Tag war ein guter Tag für eine neue Tramper-Lektion: Beim Trampen musste man mit allem rechnen.

Zunächst war es wichtig, einen guten Ort zu finden, der aus der Stadt herausführte und von dem aus das Auto in die gewünschte Richtung fahren sollte. Dann musste man sich die Mühe machen, einen Ort zu finden, an dem es viele Autos gab, an dem aber dennoch genug Platz zum Anhalten war. Außerdem durften die Autos nicht zu schnell fahren, sodass die Fahrer genügend Zeit hatten, einen zu sehen und zu reagieren. Ich hatte das alles, ich hatte auch die schöne Aufschrift »PARIS«, die mein Ziel für diesen Tag klar definierte.

Aber trotz all dieser Faktoren, die für mich sprachen, blieb niemand stehen. Eine Stunde, zwei, drei.

Drei Stunden an einem Platz zu stehen, mit dem Daumen nach oben und dem Blick auf einen Haufen Autos, die ständig vorbeifuhren, aber nicht stehen blieben, genügte mir, um auszuflippen. Ich begann zu tanzen, um von den Menschen bemerkt zu werden, kletterte auf eine Wand und sprang hinunter mit verschiedenen Choreografien auf das Thema Daumen hoch, schlussendlich kniete ich sogar und bettelte um eine Fahrgelegenheit. Nichts.

Auf dem Höhepunkt des Wahnsinns nahm ich die Aufschrift, drehte sie um und malte mit einem schwarzen Marker ein großes Fragezeichen. Scheiß auf Paris, ich würde überall hingehen, ich wollte nur raus aus Lille.

Keine zwei Minuten, nachdem ich das gemacht hatte, blieb ein Auto stehen und ich war außer mir vor Glück. Ich rannte zu dem Fahrzeug und setzte mich ohne eine Frage zu stellen hinein. Fahr los!

Mein neuer Freund, ein junger Mann afrikanischer Herkunft, fuhr nicht bis nach Paris. Er blieb an einer Tankstelle stehen, nahm die Landkarte und sprach mit einem Lkw-Fahrer, der gerade Mittagspause machte. Er fragte ihn, wo er mich hinfahren sollte, sodass ich die besten Chancen hätte, bis nach Paris zu kommen. Und nach dem Gespräch mit dem Lkw-Fahrer fuhr er mich ein paar weitere Kilometer bis zur nächsten Tankstelle und ging seiner Wege. Mit einem Lächeln und Händeschütteln. Er hatte wegen mir mindestens eine halbe Stunde seiner kostbaren Zeit verloren, aber er hatte sich entschlossen, einem Fremden zu helfen und alles zu machen, was in seiner Macht lag.

Fünf Stunden und vier Fahrten später war ich in Paris. Der letzte Fahrer schenkte mir ein Ticket für die U-Bahn, sodass ich Melissa finden konnte, das Mädchen, bei dem ich in Frankreichs Hauptstadt eine Unterkunft hatte.

Melissa war eine CouchSurferin, die ich vor ein paar Wochen in Prag kennengelernt hatte. Sie war damals in der gleichen Wohnung wie ich, mit ungefähr zehn anderen CouchSurfern. Eine achtzehnjährige Französin tunesischer Herkunft. Ich hörte zu, während sie dort in Prag allen beim Abendessen ihr Leben der letzten Monate schilderte. Es ging darum, was auf den Straßen so passieren konnte, es ging um Geldmangel, das Unterwegssein von Stadt zu Stadt, Freunde, Arbeit. Alle verschlangen die Geschichten der jüngsten Anwesenden und beneideten sie wegen ihres Lebensstils, von dem sie den anderen so entspannt berichtete.

Ich hatte ihr zugehört und erinnerte mich an die zahlreichen Reisenden, die Station in meiner Wohnung gemacht und die in ihrem Leben Ähnliches erlebt hatten. Ich hatte ihr dort in Prag zugehört und begriffen, dass ich bald auch solche Geschichten erzählen würde, weil ich mich auch auf ein großes Abenteuer eingelassen hatte.

»Aber bist du glücklich?«, flüsterte ich ihr zu, als sie mit ihren Schilderungen fertig war. Ich dachte immer, dass Menschen, die so lebten, glücklich waren, aber seit ich auf demselben Weg war, begann ich, mich zu fragen, ob man auf diese Weise wirklich das Glück finden konnte. Und ich entschloss mich, bei ihr nachzufragen.

Sie brauchte einen Moment, um zu antworten. Sie schaute mir in die Augen, als ob sie etwas herauslesen wollte.

»Ich mag dich«, sagte sie selbstbewusst, schaute weg und aß weiter. »Du bist die erste Person, die mich das gefragt hat. Allen genügt die oberflächliche Geschichte von den Abenteuern, die man erlebt, wenn man diesen Lebensstil wählt. Sie denken, dass das Glück dazugehört. Aber weißt du, so eine Reise kann auch eine Flucht sein«, sprach sie weiter und aß von dem köstlichen Abendessen unseres schwedischen Gastgebers.

Es gab eine unglaublich leckere Linsensuppe, deren Rezept ich mir habe geben lassen und die ich später mehrmals für meine Gastgeber auf der Reise zubereitete. Als Nachtisch gab es Muffins, deren Rezept ich mir auch aneignete und mit denen ich bis heute gelegentlich prahle.

»Doch die Wahrheit ist, dass man vor dem Leben nicht wegrennen kann. Die Reise wird deine Probleme nicht lösen, wird dich jedoch zwingen, sie aus einer anderen Perspektive zu beobachten. Vielleicht schaffst du es dann, sie auf eine andere Art zu lösen, wenn du zurückgehst. Natürlich nur, falls du je zurückgehst.«

Mit einem Blick bedankte ich mich für ihre Antwort und die Tatsache, dass sie meine Neugier befriedigt hatte. Reisen hieß also nicht unbedingt, glücklich zu sein.

»Wenn du nach Paris kommst, melde dich«, beendete sie das Gespräch damals in Tschechien und aß weiter.

Zwanzig Tage später war ich nun also tatsächlich in Paris, meldete mich bei Melissa und stand kurz darauf vor ihrer Tür.

»Oh, da bist du ja!« Sie umarmte mich. »Dein Bart ist seit dem letzten Mal gewachsen!«

»Ich weiß, deiner auch«, scherzte ich und trat ein.

Sie lachte und führte mich in das Zimmer, in dem ich schlafen sollte. Sie lebte zusammen mit ihren Eltern, die gerade nicht in der Stadt waren, die aber am nächsten Tag zurückkamen.

»Erhole dich, dusche, wenn du willst, und dann gehen wir aus«, informierte sie mich. »Aber beeile dich. Ich habe mit meinen Freunden abgemacht, dass wir heute Abend grillen. Du bist auch eingeladen.«

»Erzählst du mir von deinem Leben?«, fragte ich, während wir zur U-Bahnstation gingen.

»Ich wuchs in Tunesien auf und hatte eine komplizierte Kindheit«, begann sie. Sie war schwarz gekleidet, mit einem weißen und eine Nummer zu großen Hemd. Sie trug einen kurzen Rock, schwarze Netzstrümpfe und schwarze Lackschuhe mit Absätzen. Zudem eine Brille. Ihre Bewegungen waren sinnlich und das Outfit betonte das. Sie war gerade volljährig geworden, war sich ihrer Jugend und Schönheit wohl bewusst und trug sie stolz zur Schau. An ihr war etwas Französisches ...

»Die Menschen, mit denen ich lebe, sind eigentlich nicht meine Eltern, sondern meine Tante und mein Onkel. Wir haben nicht das beste Verhältnis zueinander, aber sie sind die einzigen Menschen, die ich hier habe. Vor Kurzem habe ich begonnen zu arbeiten und sollte bald genug Geld haben, um wegzuziehen.«

»Und was arbeitest du?«, fragte ich.

»Hmm.« Sie sah mich genau an. »Kann ich darauf zählen, dass du einen offenen Kopf hast, aber auch Sachen für dich behalten kannst? Schließlich haben wir viele gemeinsame Freunde.«

»Natürlich«, sagte ich überzeugend, während mir schon ein paar Ideen durch den Kopf gingen.

»Mach schon, errate es!« Sie entschloss sich, ein Spiel daraus zu machen.

»Du verdienst dein Geld mit Telefonsex?«, scherzte ich zuerst, obwohl das eigentlich durchaus ein ernsthafter Versuch war.

»Du bist nah dran!« Sie zwinkerte mir zu. »Lass das Telefon weg, dann hast du's!«

»Wirklich?« Ich schaute sie an und erinnerte mich an mein liberales Versprechen, das ich vor ein paar Minuten gegeben hatte.

»Wirklich.«

»Du bist Prostituierte?« Ich realisierte erst jetzt, dass ich flüsterte.

»Nicht wirklich«, versuchte sie zu erklären. »Ich bin keine Hure, die man sich an einer Ecke holen und für fünfzig Euro ficken kann. Ich arbeite wie eine Escort-Lady und nur auf Empfehlung.«

»Du hast keine Angst?«, war die erste Frage, die mir in den Sinn kam, obwohl ich viel mehr hatte.

»Ich lebe nicht in London am Ende des neunzehnten Jahrhunderts«, sagte sie bedeutsam.

»Und warum machst du das?« Ich war neugierig. Vorurteile und Verurteilungen versuchten, in den Vordergrund zu drängen, aber ich brachte sie zum Schweigen und ließ mich mit meinen Fragen von Neugier lenken. Neugier, die sinnvoll und notwendig war, wenn ich reisen und dabei verschiedenen Leuten zuhören und von ihnen etwas lernen wollte.

»Erstens brauche ich Geld«, sagte sie. »Die Studiengebühren an der Sorbonne sind teuer. Zweitens habe ich kein Problem damit, mit fremden Menschen zu schlafen. Nach allem, was mir fremde Menschen, als ich noch ein Kind war, angetan haben ... Glaub mir, es gibt nichts, was ich nicht schon gesehen habe. Drittens, indem ich sexuelle Gelüste von Fremden befriedige, verhindere ich direkt oder indirekt, dass sie diese Bedürfnisse irgendwo anders befriedigen, mit Personen, die das nicht wollen. Wie zum Beispiel mit einer unschuldigen Neunjährigen, irgendwo in Tunesien.«

»Scheiße«, rief ich spontan. »Tut mir leid.«

»Das muss dir nicht leid tun.« Sie sprach mit Leichtigkeit über schmerzhafte Dinge. »Ich hatte es noch gut.«

»Wie meinst du das?«

»Als Elfjährige«, begann sie, »war ich Zeugin einer Vergewaltigung eines kleinen Mädchens, das jünger als ich war. Ich war im gleichen Zimmer, als sie von drei Männern vergewaltigt wurde. Einer der Gegenstände, die sie dabei verwendet haben, war eine Bierflasche. Eine zerbrochene Bierflasche.«

Es wurde dunkel vor meinen Augen. Ich stand auf der Straße, stützte die Hände auf die Knie und mir war sehr schlecht. Melissa blieb ein paar Schritte weiter stehen und aß ihre Snacks, die sie eine Minute zuvor gekauft hatte. Sie stand aufrecht in ihren Absätzen und starrte mich so intensiv an, dass ich in ihren Augen fast die Szene sehen konnte, von der mir schlecht geworden war.

»Ich bin mir nicht sicher, ob ich noch mehr solcher Geschichten hören kann.«

Wir gingen weiter die Straße entlang, nachdem ich mich wieder ein wenig gefasst hatte.

»Du hast gefragt, ich habe geantwortet«, meinte sie knapp. »Aber ich denke, dass Menschen wissen sollten, welche Grausamkeiten in dieser Welt geschehen. Und wenn sie eine solche Abscheulichkeit hören, und glaub mir, es gibt noch viel Schlimmeres, tun sie vielleicht etwas dagegen. Es nützt nichts, wenn sie davon hören und daraufhin feststellen, dass das wirklich schlimm ist, sich dann aber umdrehen und ihren beschissenen Cheeseburger aufessen.«

Ich konnte nur beschämt zuhören.

»Vor Kurzem habe ich einem Bekannten eine meiner Lebensgeschichten erzählt. Er hat ähnlich wie du reagiert. Nach ein paar Tagen hat er sich gemeldet und gesagt, dass er mehr hören möchte. Er lebte zwei Wochen bei mir und jeden Tag sprachen wir über Sachen, die ich erlebt habe. Es war hart für ihn zuzuhören, und für mich, es zu erzählen. Jetzt ist dieser Mann irgendwo in Afrika, gräbt Brunnen, hilft Menschen. Er versucht Dinge zu verbessern.

Wir haben alle eine Geschichte zu erzählen oder die Fähigkeit, sie zu hören. Wenn wir sie haben, müssen wir sie erzählen, und wenn wir sie hören, müssen wir sie weitergeben. Sonst schließen wir die Augen vor der Wahrheit und verlassen die Welt so, wie wir sie gefunden haben. Beschissen.«

Ich bewunderte dieses junge Mädchen, das wesentlich mehr Lebensweisheit besaß als ich und die meisten Menschen, die ich kannte. Diese Weisheit hatte sie, leider, auf die schlimmste Art entwickelt. Und sie teilte ihre harte Lebensgeschichte mit Bekannten, in der Hoffnung, dass sie das wachrütteln würde.

Hatte ich eine Geschichte? Hatte ich Lebenserfahrung, die ich mit anderen teilen konnte, die, egal wie dumm das klingen mag, die Welt verbessern konnte?

Nein. Wie konnte ich auch, ich war ein Kind, das in einem Märchen aufgewachsen war und erst in seinen frühen Zwanzigern angefangen hatte, das Leben zu leben.

Aber vielleicht konnte ich ein guter Geschichtenerzähler sein? Erfahrungen sammeln und sie weiterleiten? War es das, worin ich gut war? Würde ich dabei meinen inneren Frieden finden?

Es gab nur einen Weg, das herauszufinden. Ich musste leben, Erfahrungen und Geschichten sammeln. Dann sehen, was passierte.

Diesen Abend verbrachten wir in der Gesellschaft ihrer Freunde, wir grillten in einem der Parks und ließen die Essensreste vor dem Zelt eines Obdachlosen zurück. Wir gingen danach zu einem Club in der Nähe und ich erinnerte mich daran, warum ich nicht gerne in solche Läden ging: Hitze, Gedränge, Rauch, zu laute Musik. Wir gingen erst kurz vor der Dämmerung und machten im Bus ein kurzes Nickerchen.

»Gute Nacht«, sagte ich, während wir in die Wohnung gingen. »Danke für das wunderbare Abendessen.«

»Nichts zu danken«, antwortete sie und ging ins Bad, ohne mich zu umarmen, ohne einen Blick, ohne ein Lächeln.

Nach ein paar Minuten kam sie ins Zimmer, sie zog sich ganz aus und legte sich ganz nah neben mich.

»Mach dir keine Sorgen, ich nutze Männer nie beim ersten Date aus«, flüsterte sie und gab mir einen Gutenachtkuss.

# Tag 294

Vom Drehen des Türgriffs wachte ich auf. Ein älterer Mann kam ins Zimmer, schaute auf das Bett, stellte den Blickkontakt mit einem Fremden her, der neben seiner nackten, aber bedeckten Nichte lag, nahm etwas von dem Regal, drehte sich um und verschwand dorthin, wo er hergekommen war.

»Jemand war gerade im Zimmer«, flüsterte ich Melissa zu und schüttelte sie leicht, um sie aufzuwecken. »Und ich glaube, er bringt mich um, wenn ich rausgehe.«

»Mm, entspaaann dich«, antwortete sie im Halbschlaf. »Das ist mein Onkel.«

»Ich weiß nicht, wie tunesische Onkel so sind!«, ließ ich nicht locker. »Ich verlasse dieses Zimmer nur in deiner Begleitung.«

Sie stand kurz darauf auf, wir gingen zusammen in die Küche, wo sie mich allen vorstellte, der Tante und dem Onkel, die mich anständig, aber vorsichtig auf Englisch begrüßten.

Während des Frühstücks hörte ich ihrem Gespräch, das sie in einer merkwürdigen Sprache führten, zu, in der Annahme, dass alles viel aggressiver verlaufen würde, wenn ich nicht dort wäre. Ich hob den Blick nicht vom Teller, bedankte mich anständig und verließ die Wohnung, zusammen mit Melissa.

»Ich habe ihnen gesagt, dass wir Freunde sind, die gestern nebeneinander eingeschlafen sind, als wir einen Film geschaut haben«, sagte sie, als wir das Gebäude am Stadtrand verließen.

»Hat er dir geglaubt?«

»Ich glaube ja«, antwortete sie völlig gelassen. »Aber er hat mir einen Vortrag darüber gehalten, dass ich nicht mit Männern in einem Zimmer schlafen dürfe, insbesondere jetzt, da mein Mann in ein paar Wochen aus Tunesien kommt.«

»Ehemann?« Die Überraschungen nahmen kein Ende.

»Ja, Ehemann«, sagte sie ein wenig traurig. »Das ist eine lange Geschichte, und jetzt bin ich nicht in der Stimmung. Auf mich wartet ein langer und anstrengender Tag an der Uni.«

Wir stiegen in die U-Bahn und vereinbarten, dass wir uns am Abend wieder am selben Ort treffen würden, wenn sie keine Verpflichtungen mehr hätte.

Melissa ging in Richtung Sorbonne und ich zum Montmartre.

Der Tag war grau und regnerisch – untypisch für das romantische Paris, das ich erwartet hatte. Die Straßen, die zum Montmartre führten, waren voll von verdächtigen Typen, die ahnungslosen Passanten mit dem Hütchenspiel Geld abnahmen und die in kürzester Zeit flohen, wenn die Polizei sich näherte.

Ich beobachtete die Innenausstattung der schicken Cafés, die teuren Restaurants mit weißen Tischdecken, die duftenden Bäckereien und die bunten Konditoreien auf der Suche nach einer hübschen Brünetten mit Ponyfransen, die unter einem roten Regenschirm mit weißen Pünktchen darauf saß, verträumt in die Wolken schaute und auf eine liebenswerte Art und Weise darüber nachdachte, wie sie jemandes Leben verändern konnte.

Ich fand sie nicht.

Ich beobachtete die Straßenmusiker, Maler, Karikaturisten, Unterhalter. Ich sah die Müdigkeit in ihren Gesichtern und den Wunsch, an so einem grauen Tag zu Hause zu bleiben und nicht einen Teil von sich an unzählige Touristen verkaufen zu müssen.

Ich besuchte Souvenirläden, Geschäfte, Gebäudeeingänge, wo einst Dalí, Monet, Picasso, van Gogh gelebt hatten. Ich wusste, dass ich auf Straßen spazierte, auf denen Geschichte geschrieben worden war, Straßen, die heute noch einen künstlerischen Charme hatten. Aber heute war alles so grau. Und grau deprimierte mich immer, egal wo ich war.

Ein wenig enttäuscht ging ich zur Basilika Sacré-Cœur, einer der berühmtesten Sehenswürdigkeiten von Paris, die im Norden über der Stadt aufragte. Ich positionierte mich am Fuße des gewaltigen weißen Gebäudes und beobachtete alles, was um mich herum geschah. Die Touristen, eine Straßenband, die sich aufs Spielen vorbereitete, dunkle Typen am Ende der Treppe, die versuchten, den Passanten Armbänder zu verkaufen. Da gab es einiges. Am meisten von dem eintönigen Grau.

Aber in einem Moment veränderte sich alles. Die Wolken ließen die Sonne durch und alles um mich herum wurde lebendiger, in der Ferne konnte man Pariser Dächer in ihrer ganzen Pracht sehen, der Lärm der Touristen wurde durch eine unsichtbare Kraft gedämpft, und die Band begann mit dem Akkord eines meiner Lieblingslieder, *Imagine*.

Paris verwandelte sich aus einem traurigen und langweiligen Grau in eine wunderschöne bunte Stadt mit fröhlichen Fassaden, lebhaften Touristen, die an einem sonnigen Nachmittag auf den Treppen der Basilika standen und sangen, wie schön es wäre, sich vorzustellen …

Ich wusste, dass ich den Moment erlebt hatte, der mich für immer an Paris erinnern würde.

Ich spazierte am Ufer der Seine entlang, besuchte Notre Dame und kam genau pünktlich zurück zur Metrostation.

Melissa war nicht da, aber ihr Onkel. Er kam nicht, weil er mich schlagen oder töten wollte, sondern um mich nach Hause zu begleiten. Melissa hatte ihm Bescheid gesagt, dass sie sich verspäten würde und er mich abholen sollte.

Wir gingen schweigend zur Wohnung, einerseits wegen der Tatsache, dass wir nicht dieselbe Sprache sprachen, aber auch wegen der unangenehmen Begegnung am Morgen. Wir gaben uns Mühe, die Peinlichkeit zu überspielen, aber wir waren darin nicht allzu erfolgreich.

Sobald ich in der Wohnung war, flüchtete ich in das Zimmer. Dort erwartete mich ein E-Mail von Maaike aus Amsterdam:

*Ich denke oft an dich, seit du gegangen bist.*
*Das überrascht mich, weil mir Menschen sonst nicht fehlen. Doch dieses Mal fühle ich, dass etwas anders ist, dass du einer von den Menschen bist, von denen ich viel lernen könnte und deren Gesellschaft ich genießen würde. Du bist die einzige Person, in der ich Weisheit sehen kann, und nicht, dass sie im Arsch ist. Die Tatsache, dass du nicht versucht hast, mich ins Bett zu kriegen (und du hattest Chancen), wie jeder andere Mann, den ich kennengelernt habe, hat mich zusätzlich davon überzeugt.*
*Ich weiß, dass du ein Reisender bist und deinem Weg folgst, aber gleichzeitig denke ich, dass wir nicht so verschieden sind. Die Situationen sind nur anders. Du reist irgendwo hin, ich nicht. Obwohl ich das gern würde, mehr als alles andere.*
*Also, was hältst du von dieser Idee: Komm zurück nach Amsterdam, mach jeden Tag Liebe mit mir, erzähle mir bei Abendessen und Kerzenlicht über das Leben, lass uns zusammen durch die Stadt spazieren, lass uns irgendwo hingehen, vielleicht nach Spanien. Dort wollte ich schon immer einmal hin. Und mit dir wäre das wunderschön ...*
*Sag ja. Genau wie du mir erklärt hast, dass das Akzeptieren von allem Neuen dein Leben verändert hat, lass zu, dass das Universum dein Leben auch jetzt verändert.*
*M.*

Ich wollte nicht nach Amsterdam zurückgehen, ich brannte nicht darauf, mit ihr Liebe zu machen, und auch nicht darauf, nach Spanien zu gehen. Das war mir klar. Aber mir war nicht klar, warum ich das Angebot nicht einfach ablehnen, mich bedanken und weiter meinen Weg gehen konnte.

»Was soll ich machen?«, fragte ich Melissa, als sie am Abend zurückkam, und erklärte ihr schnell die Situation.

»Wovor hast du Angst?«, antwortete sie mit einer Gegenfrage und wiederholte das Ritual des vorherigen Abends, bevor sie sich in mein Bett legte. Dieses Mal hatte sie jedoch ein paar Klamotten an.

»Wahrscheinlich davor, dass ich sie verletzen werde«, sagte ich und versuchte, meinen Blick von dem Laptop abzuwenden und mich darauf zu konzentrieren, was ich sagte. »Ich weiß mit Sicherheit, dass sie mir nicht gut genug gefällt, um wegen ihr nach Amsterdam zurückzugehen und meine Reise mit ihr weiterzuführen. Ich möchte ihr keine falsche Hoffnung, keine Versprechen machen. Ich weiß, wie weh das tut.«

»Alle wissen das«, erklärte sie. »Ich bin sicher, dass sie das auch weiß. Ich bin ebenso sicher, dass sie ein großes Mädchen ist, das damit umgehen kann. Sei nicht selbstsüchtig, erfüll ihr den Wunsch, du siehst, dass sie dich will. Dass sie dich braucht.«

Sollte ich in solchen Situationen vielleicht gegen mich selbst spielen und nicht an meine Wünsche und Bedürfnisse denken? Sollte ich ein Therapeut und vor allem ein Freund für die Menschen sein, die ich während der Reise traf? Mich nach ihnen richten, ihre Wünsche respektieren, ihnen mit meiner Anwesenheit helfen, sodass sie ein wenig Ordnung in ihr Leben bringen konnten?

»Du hast recht«, antwortete ich nach kurzem Nachdenken. »Aber wenn ich nach Amsterdam zurückgehe, verliere ich einen Haufen Zeit, die ich im Süden des Kontinents mit Trampen verbringen wollte. Ich kann zurückgehen, weil sie das will, aber wie lange soll das so gehen? Wenn ich mich ausschließlich nach den Bedürfnissen anderer richte, bedeutet das langfristig nur eins: meinen Untergang. Es ist unmöglich, sich nur um andere zu kümmern. Zumindest die ganze Zeit.«

»Finde einen Weg«, meinte Melissa, ohne den Blick vom Laptop zu heben. »Flüge sind nicht teuer. Du kannst ihr vorschlagen, dass sie das Ticket kauft, im Austausch für sexuelle Gefälligkeiten, die du ihr geben wirst.« Sie lachte schallend. »Und dann wirst du zu dem, was du am Vortag noch verurteilt hast, bis du mich kennengelernt hast.«

Ich war nicht sicher, wie viel Spaß und wie viel Ernst in dieser Aussage steckte, aber ich beschloss, über den Vorschlag nachzudenken.

Tatsache war, dass das Ticket bis Spanien aus den Niederlanden oder aus Belgien wirklich nicht teuer war, ungefähr dreißig Euro. Aber diese dreißig Euro bedeuteten fast eine Woche länger auf der Straße. Eine Woche mehr Abenteuer, Erfahrungen, Bekanntschaften.

Ich konnte nicht zu lange nachdenken, ich nahm meiner halb nackten Freundin den Laptop aus der Hand und schrieb eine E-Mail, in der ich ehrlich erklärte, was mich bedrückte:

*Ich könnte zurück nach Amsterdam kommen, aber es gibt zwei Probleme. Ich werde viel Zeit verlieren, die ich mit Trampen in den Süden verbringen wollte, und das Flugticket kann ich mir nicht leisten. Auch wenn ich ein Ticket hätte, kann ich dir nicht garantieren, dass ich dir die Gefühle, die du in der E-Mail beschrieben hast, erwidern kann, und ich bin mir auch nicht sicher, ob ich meine Reise in deiner Gesellschaft fortführen möchte.*

Die Antwort kam ein paar Minuten später.

*Ich habe dir ein Ticket von Brüssel nach Barcelona gekauft. Mir selbst, auch. Den Rest werden wir uns überlegen, wenn du kommst.*
*M.*

»Oh, Kumpel!«, rief Melissa, als ich ihr die Antwort vorlas. »Ich bin stolz auf dich!«

Sie legte ihren Laptop weg, schmiegte sich an mich und schaute mir tief in die Augen.

»Denk dran«, flüsterte sie, »wer nie etwas wagt, findet nichts heraus.«

# Tag 299

Nachdem ich wieder in Amsterdam angekommen war, landete ich sogleich im Bett meiner neuen/alten Gastgeberin.

Mit hohem Fieber und unerträglichen Bauchschmerzen.

»Wo genau hast du Schmerzen?«, fragte sie mich, während sie neben mir lag und sich wieder einen Joint rollte.

»Hier.« Ich zeigte auf den Teil unterhalb des Bauchnabels, mit einer Grimasse im Gesicht. Die letzte Nacht war furchtbar gewesen. Ich hatte sie in der fötalen Position verbracht und war jede halbe Stunde zur Toilette gegangen. Die Tatsache, dass gerade an diesem Tag meine Krankenversicherung, die ich noch in Zagreb bezahlt hatte, abgelaufen war, erschwerte die Situation. Was, wenn es der Blinddarm war? Was, wenn es ein Leistenbruch war? Die Hündin Lola kam mitten in der Nacht zu mir, sie spürte wahrscheinlich, dass ich gesundheitliche Probleme hatte, und legte sich direkt neben meinen schmerzenden Bauch. Aus dem kleinen Hundekörper kam eine Wärme, die mir unglaublich guttat und mir half, die Nacht zu überstehen.

»Hier, das wird dir helfen.« Maaike gab mir einen Joint und fing an, sich selbst auch einen vorzubereiten.

»Danke, aber momentan kann ich nicht kiffen«, antwortete ich.

»Du vergisst, dass Marihuana auch ein Arzneimittel ist«, antwortete sie.

Tatsächlich! Wie konnte ich das vergessen? Wie oft hatte ich über die heilenden Eigenschaften dieser Pflanze gesprochen, als ich über die Legalisierung diskutierte?

Ich rauchte keine Zigaretten, trank keinen Kaffee, trank nicht oft Alkohol, aber rauchte seit Jahren ab und zu einen Joint. Hauptsächlich als Belohnung nach einem anstrengenden Arbeitstag. Oder einem weniger anstrengenden. Unwichtig! Das entspannte mich, beeinflusste mein Hirn auf eine seltsame Weise. Es funktionierte dann anders als sonst, es war freier, nicht eingegrenzt von der üblichen Denkweise, die ich von der Gesellschaft gelernt hatte.

Einige der besten (und dümmsten) Ideen hatte ich gerade in solchen Zuständen. Am nächsten Morgen überdachte ich dann die Machbarkeit der Ideen aufs Neue. Die meisten ignorierte ich sofort wieder, aber ab und an waren welche dabei ... Die waren unbezahlbar.

Außer der Tatsache, dass sie mir als Eintrittskarte in die Welt des alternativen Denkens oder als Heilmittel für Schlaflosigkeit und Einsamkeit diente, wusste ich von ihren medizinischen Eigenschaften aus dem Internet oder aus Geschichten anderer Fans dieser Pflanze. Und jetzt war ich in Amsterdam und bereit, ihre heilende Wirkung an mir selbst zu testen.

Obwohl ich die Schmerzen im Bauch immer noch spürte, nahm ich den ersten Zug. Dann den zweiten. Das bekannte Gefühl floss durch meinen Körper und Geist. Nach einigen Minuten löschte ich den Joint im Aschenbecher meiner Gastgeberin und versuchte aus dem Bett zu steigen.

Nach einigen unsicheren Schritten bis zur Küche und zurück war der Schmerz in meinem Bauch fast weg. Ich war geheilt! Und bekifft. Na, zwei Fliegen ...

Da die Bauchschmerzen meinen Körper und Geist nicht mehr störten, konnte ich mit dem beginnen, weswegen ich gekommen war: mich mit Maaike zu beschäftigen.

Dieses Mal war sie anders als während meines ersten Besuchs. Wahrscheinlich wegen der E-Mail, die sie mir geschickt hatte, als ich in Paris war. Darin hatte sie viel von sich preisgegeben und das enthüllt, was ihr am kostbarsten war – ihre Gefühle. Es war ihr nicht wichtig gewesen, mich zu schockieren oder mit verschiedenen Unterbrechungen und sexuellen Konnotationen zu provozieren, sie hatte einfach nur über ihr Leben gesprochen.

Und das war schockierend.

Sie hatte ihre Kindheit damit verbracht, vor ihren Eltern zu fliehen, sie wurde von ihrem Vater missbraucht und hatte drei verschiedene Stiefmütter. Ihre Teenagerjahre hatte sie in gewalttätigen Beziehungen mit älteren Männern verbracht, sie wurde vergewaltigt, und mit zwanzig hatte sie mit Unterstützung ihres damaligen Freundes in Stripbars und als Escort-Lady gearbeitet.

Heute lebte sie diesen Lebensstil nicht mehr, doch die Folgen waren immer noch da: Schüchternheit, Misstrauen, Angst vor offenen Räumen und Menschenmengen, und um das alles zu überwinden, konsumierte sie täglich fünf Gramm Marihuana. Sogar für große Jungs wie mich war das zu viel.

Der Grund, weshalb Maaike wollte, dass ich zurück nach Amsterdam kam, war unsere Gegensätzlichkeit: Ich hatte einen Lebensstil, der ihr Angst einjagte. Reisen, von der Gnade fremder Menschen abhängig sein, nicht zu wissen, wo man hinkam und wo man schlafen würde. Sie musste alles unter Kontrolle haben, was für mich überhaupt nicht wichtig war. Sie wollte Ratschläge, sie wollte, dass ich sie mit mir nahm, als eine Art Rehabilitation, eine Art Heilung. Und sie wollte von meinem Leben hören, welches im Vergleich zu ihrem langweilig schön war.

Ich konnte natürlich gar nicht traumatisiert sein, da ich immer die Liebe meiner Eltern um mich gehabt hatte und noch dazu zwei zusätzliche Mütter in Form von zwei Tanten, die meinen Bruder und mich über alle Maßen verwöhnt hatten. Ein gebrochenes Herz war das größte Problem in meinem Leben gewesen.

Die Schlussfolgerung war, dass Maaike nach allem, was sie erlebt hatte, sehr viel im Leben erreicht hatte. Aber jetzt hatte sie keine Kraft mehr, um weiterzumachen. Das Einzige, was sie konnte, war, in ihrer Wohnung zu leben, Sozialhilfe zu erhalten und Lebensmittel und ein paar Gramm Amnesie oder Afghan Haze zu kaufen.

Während ich allein durch meine geliebten Amsterdamer Straßen spazierte, dachte ich viel über ihre Lebensgeschichte nach. Ich war sicher, dass ich ihr helfen konnte, dass ich ihre Hand nehmen und sie ans andere Ende Europas führen, sie langsam an meinen Lebensstil gewöhnen, ihr die Schönheit der Freiheit und Ungewissheit zeigen konnte.

Ich konnte es. Aber ich war nicht sicher, ob ich es wollte.

Ich war dabei, mich selbst zu finden, vom ehemaligen Börsenmakler wurde ich zu dem, was ich wirklich sein wollte. Ich war nicht bereit, jemanden zu führen, ein Lehrer oder Liebhaber zu sein. Ich hatte noch viel Arbeit mit mir selbst vor mir – und mit ihr müsste ich das alles beiseitelegen.

Außerdem fühlte ich nicht dasselbe für sie, was sie für mich fühlte. Ich war nicht in sie verliebt. Ich sah in ihr nicht jemanden, neben dem ich wachsen und Sachen lernen konnte, die ich in diesem Moment brauchte.

Ich kam zurück nach Amsterdam, war von Anfang an ehrlich ihr gegenüber, und jetzt musste ich wieder ehrlich sein und eine Entscheidung treffen.

»Ich denke, dass ich allein nach Spanien gehen möchte«, sagte ich ihr drei Tage, bevor wir zusammen nach Barcelona fliegen sollten. Es war nicht einfach, diesen Satz zu sagen. Ich hatte Angst, dass ich sie verletzen würde. Aber ich hatte die Entscheidung getroffen, und Ehrlichkeit war für mich sehr wichtig. Obwohl ich mich immer wie ein aufrichtiger Mensch gefühlt hatte, realisierte ich, dass ich doch ziemlich berechnend war. Ich versuchte Situationen zu vermeiden, in denen jemand verletzt werden konnte. Das war Feigheit getarnt durch gute Absichten.

»Ja, ich hatte das Gefühl, dass das deine Entscheidung sein würde«, sagte sie nach einer kurzen Pause. »Ich nehme dir nichts übel, du warst von Anfang an ehrlich zu mir, ich wusste, was das Risiko ist. Vielen Dank dafür.«

Und das war's. Sie hatte verstanden, was ich ihr sagen wollte, akzeptierte es, machte kein Drama daraus. Ehrlichkeit funktionierte. Ich hätte mich schuldig fühlen können, weil sie die Flugtickets gekauft hatte. Ich hätte es in die Länge schieben, einen Umweg suchen oder versuchen können, sie davon zu überzeugen, nicht auf die Reise mitzukommen, sodass ich mich nicht schuldig fühlen musste. Aber das tat ich nicht. Und darauf war ich stolz. Andererseits war das relativ einfach. Die Frage war, was ich gemacht hätte, wenn ich die Person länger als ein paar Tage gekannt hätte. Wäre ich dann auch so ehrlich gewesen, ohne mich um die Folgen zu kümmern?

Ich hatte die erste Stufe der Aufrichtigkeit gemeistert. Jetzt musste ich das aber auch weiter fortführen.

Rose hat mich eingeladen, sie ihn Prag zu besuchen, und ich denke, dass ich das machen werde!

So lautete die SMS, die ich auf dem Weg zum Flughafen in Brüssel bekam.

Das waren tolle Neuigkeiten. Rose war ein Mädchen, das ich während meines ersten Besuches in Amsterdam kennengelernt und das ich Maaike vor ein paar Tagen vorgestellt hatte. Sie hatten sich innerhalb weniger Minuten gut verstanden und wurden Freundinnen, und jetzt lud Rose sie ein, sie in Prag zu besuchen.

Das Universum hatte die Karten in seine Hände genommen, sie neu gemischt und den Kurs des Spiels bestimmt. Am Ende hatten alle gewonnen.

Einige Stunden später legte ich meinen Schlafsack lächelnd auf den Boden des Flughafens, weil ich einige Stunden Schlaf ergattern wollte, bevor ich nach Barcelona flog.

# Tag 305

Die Spanier sprachen nicht wirklich Englisch. Das bekam ich bereits kurz nach dem Ausstieg aus dem Flugzeug mit, und es wurde mir bestätigt, als ich vom Flughafen in die Stadt per Anhalter fuhr. Ein Taxifahrer hielt an. Er murmelte etwas auf Spanisch und ich antwortete, allerdings auf Englisch.

Er schaute mich verwirrt an.

»*No dinero*!«, sagte ich mit einem Lächeln und entfernte mich vom Wagen. Kein Geld.

»... murmel ... murmel ... *peaje*«, erwiderte er und erwähnte eines der seltenen Wörter, deren Bedeutung ich kannte. *Peaje*. Ich hatte es in Frankreich gehört, als ich auf der Autobahn trampte, und dort sagten sie *péage*. Obwohl es ein bisschen anders klang, musste es dasselbe bedeuten: Mautstellen.

Ich schlussfolgerte – logisch, wie ich fand –, dass mich der gute Taxifahrer vom Flughafen in Girona bis zu den nicht so weit entfernten Mautstellen fahren würde, von wo ich einfacher bis ins hundert Kilometer entfernte Barcelona trampen konnte.

Ich bedankte mich und setzte mich ins Taxi.

Nach ein paar Minuten kamen wir an die Mautstellen, aber wir fuhren weiter. Im Fahrzeug herrschte völlige Stille, und ich sagte nichts. Ich dachte, dass er mich zu einem noch geeigneteren Ort fahren wollte, wo es leichter sein würde, eine Fahrgelegenheit zu finden. Allerdings hatte ich keine Möglichkeit, mir meine Vermutung bestätigen zu lassen.

Ich blieb still und genoss meine ersten Eindrücke von dem neuen Land, das ich aus dem Fenster beobachtete. Er war auch still und fuhr.

Erst kurz vor Barcelona kam mir die andere Option in den Sinn: Was, wenn er erwartete, dass ich die Maut bezahlte als Tausch für seine Fahrt nach Barcelona? Es war möglich, dass die Wörter Maut und Mautstellen auf Spanisch gleich waren.

Ich bekam meine Bestätigung hundert Meter vor den Mautstellen.

»... murmel ... murmel ... dinero«, sagte der Fahrer und machte mit Daumen und Zeigefinder das international bekannte Zeichen für Geld.

»No dinero!« Ich wiederholte, was ich beim Einstieg in den Wagen bereits gesagt hatte. Gleichzeitig versuchte ich, ihm mit Hilfe meines Gesichtsausdrucks zu vermitteln, dass mir das Missverständnis leid tat.

Er war mit meiner Antwort und mit meinem Gesichtsausdruck aber nicht zufrieden, sondern beharrte darauf, dass er die sechs Euro für die Maut bekam.

Da ich von Natur aus keine Konflikte mochte, nahm ich meine Tasche, in der ich mein Geld aufbewahrte, und sammelte alle Münzen, die mir noch geblieben waren. Es waren etwa drei Euro. Ich bot sie ihm an.

Als er den Haufen Münzen und den Blick in meinen Augen sah, murmelte er noch etwas, drehte sich um und fuhr weiter. Bis zu dem Ort, an dem ich ausstieg, um meine nächsten CS-Gastgeber zu suchen.

Es war die elfte Stadt, die ich auf meiner Reise besuchte und in jeder hatte ich CS-Gastgeber. Die vielen Monate, in denen ich Gäste aufgenommen hatte, hatten sich gelohnt.

Meine Gastgeber lebten in einem Vorort von Barcelona, in einer großen Villa mit Pool und Tennisplatz. Es war eine Villa, die sie an Touristen vermieteten, aber in der sie außerhalb der Saison, wenn es nicht viele Gäste gab, CouchSurfer aufnahmen. Diese konnten wiederum bei Hausarbeiten helfen, ihre stinkenden Sachen waschen und sich an den Resten aus dem Kühlschrank bedienen, für wenig Geld. Ein fairer Tausch.

Da meine Gastgeber mit ihrer Arbeit sehr beschäftigt waren, hatten sie keine Zeit für das Wichtigste: dem Gast die Stadt zu zeigen, etwas mit ihm Trinken zu gehen, ihm das Gefühl zu geben, dass er ein Einheimischer ist und nicht nur einer der vielen Touristen.

Ich erforschte Barcelona allein, wie einst Paris. Ich hörte Straßenmusikanten zu, ging zum Meer, bewunderte den Kran über der Sagrada Familia und wunderte mich darüber, dass um die zwei Dutzend Euro für den Eintritt in das Gotteshaus verlangt wurden. Ich spazierte über die Märkte, durch den Gaudi-Park, lag auf dem Touristenstrand mit einer großen Bierflasche.

Ich mochte die Stadt, aber ich genoss es nicht, dort allein zu sein.

Als ich zurück in die Villa kam, schaute ich, wie schon so oft zuvor, auf die Europakarte und wählte das nächste Ziel – Valencia!

Es blieb mir nur noch ein Monat bis zur unvermeidlichen Rückkehr in die Heimat aufgrund von Prüfungen, und ich war mir ziemlich sicher, dass ich es schaffen würde, einen billigen Flug von Spanien oder Portugal nach Mitteleuropa zu kriegen.

Während ich meine Rückkehr in die Heimat plante, erhielt ich die Antwort von einem potenziellen Gastgeber in Valencia. Sie war negativ. Die zweite Absage auf dieser Reise. Nach der ersten in Kopenhagen hatte es mich nach Amsterdam verschlagen, von wo aus ich letztlich hierher gekommen war. Aber dieses Mal wollte ich meine Route nicht ändern. Ich schickte noch eine Anfrage in dieselbe Stadt und ging dann mit meinen Gastgebern und ihren Gästen etwas trinken.

Am Morgen erwartete mich eine Antwort:

*Ich komme gerade von einer Anhalter-Tour aus Skandinavien zurück, wie könnte ich einem Tramper-Kollegen absagen? In meiner Wohnung habe ich kein Sofa, sondern nur einen Platz auf dem Boden, aber ich habe das Gefühl, dass du keinen Komfort suchst. Versuch, so früh wie möglich zu kommen, da ich und meine Freunde einen Ausflug zu einem nah gelegenen Berg vorhaben, wo wir klettern werden. Es wäre schön, wenn du mit uns kommen könntest!*
*Bis bald in Montpellier, B.*

Moment mal. Montpellier? Das war im Süden von Frankreich. Gestern hatte ich eine E-Mail nach Valencia geschickt.

Ich durchsuchte meine Mails und erinnerte mich an alles. Nachdem ich mich letzte Nacht mit meinen Gastgebern betrunken hatte, war ich in mein Zimmer zurückgekommen und hatte gesehen, dass mir die zweite Person aus Valencia, der ich geschrieben hatte, auch abgesagt hatte. Enttäuscht und verletzt, dass mich zwei Personen aus derselben Stadt nicht als Gast empfangen wollten, schaute ich trotzig auf die Karte und wählte impulsiv eine ganz andere Richtung – Frankreich! Ich schickte der ersten Person in der ersten Stadt, auf die mein Blick gefallen war, eine E-Mail und das war's.

Jetzt hatte ich eine Unterkunft in Montpellier. Und nicht nur das, ich wurde von meinen Gastgebern eingeladen, mit ihnen klettern zu gehen, wenn ich es schaffte, blitzschnell in die dreihundert Kilometer entfernte Stadt im Süden Frankreichs zu kommen. Das war schwierig, weil ich wusste, dass ich für ein solches Unternehmen mindestens fünf, sechs Stunden brauchte. Es sei denn, ich startete gleich. Dann schaffte ich es sicher.

Ich packte meinen Rucksack, verabschiedete mich von meinen Gastgebern, verließ mit dem Zug die Stadt und fand einen perfekten Ort, um mit dem Trampen zu beginnen: eine Tankstelle auf der Straße nach Osten. Ach, diese Entscheidungsfreiheit.

An diesem Abend, nach fünf Stunden auf der Straße und drei verschiedene Fahrzeuge später, trank ich Rotwein mit meinen neuen französischen Freunden.

# Tag 309

»Du hast einen großen Vorteil: Du bist ein Mann«, sagte Caroline, während wir zu dem nahe gelegenen Berg gingen, auf dessen Felsen wir bald klettern sollten. Sie hatte dickes rotbraunes Haar, voller Locken, eine Menge Sommersprossen im Gesicht und wunderschöne hellbraune Augen. Ich hatte sie gestern beim Willkommens-Abendessen kennengelernt, bei dem wir ein paar Blicke wechselten. Jetzt war sie, im Gegensatz zu gestern Nacht, ganz ohne Make-up, was sie mindestens doppelt so schön machte.

»Ich würde es nie wagen, alleine zu reisen.«

»Würde ich auch nicht, wenn ich wie du wäre.« Ich versuchte, humorvoll und verführerisch, aber nicht schleimig rüberzukommen. »Aber du musst bedenken, dass du nur allein bist, während du auf eine Mitfahrgelegenheit wartest. Danach bist du in Gesellschaft von den Fahrern, und sobald du am Ziel angekommen bist, genießt du die Gesellschaft der Gastgeber und ihrer Freunde. Genau wie ich jetzt mit euch.«

»Hast du schlechte Erfahrungen gemacht?«, fragte sie.

»Keine«, antwortete ich wie aus der Pistole geschossen. »Aber, wer weiß, ich habe erst vor Kurzem begonnen.«

»Und du hast keine Angst?«, fuhr sie neugierig fort.

»Nicht wirklich«, sagte ich selbstbewusst. »Bevor ich Menschen traf, die auf diese Art reisen, kam mir das wirklich unglaublich und unmöglich vor. Aber alle diese Menschen versicherten mir, dass ich nur Mut bräuchte, einfach starten sollte. Später würde sich alles von alleine regeln. Ich denke aber, dass die Tatsache geholfen hat, dass ich ziemlich leichtsinnig war, dass ich nicht über negative Situationen nachgedacht habe, die mir widerfahren könnten. Negative Gedanken führen in der Regel nirgends hin, sie entmutigen einen nur.«

Sie hörte zu und ich erzählte. Ich beschrieb ihr die interessantesten Situationen, die ich beim Reisen erlebt hatte, außer einer. Ich genoss es, und man konnte ihr ansehen, dass auch sie es genoss.

Während ich Menschen in meiner gemieteten Wohnung empfangen hatte, war ich derjenige gewesen, der Geschichten anderer verschlungen und davon geträumt hatte, mich eines Tages auf ein ähnliches Abenteuer einzulassen. Jetzt war ich derjenige, der reiste, in fremden Häusern schlief und den interessierten Zuhörern unglaubliche Geschichten erzählte. Letztere sahen nun in mir das, was ich in den Menschen gesehen hatte, die auf mein blaues Sofa gekommen waren. Motivation. Ermutigung. Inspiration. Und als Gegenleistung erhielt ich unglaublich viel – ihre Zeit, Aufmerksamkeit, Gesellschaft. Freundschaften, wohin ich auch kam. Als ob ich schon immer dorthin gehört hätte.

So war es auch während des Bergsteigens, womit wir den ganzen Nachmittag verbrachten. Wir kletterten, sprachen miteinander, hatten Spaß. Ich verbrachte die meiste Zeit mit Caroline, und zwar nicht allein wegen der Tatsache, dass wir uns sofort wohl miteinander fühlten, sondern auch, weil sie am besten Englisch sprach.

Allerdings war sie die Schlechteste im Umgang mit dem Seil. In einem Moment hätte mich das fast mein Leben gekostet, weil sie das Seil nicht gut genug gesichert hatte. Ich kam mit einer kleinen Wunde an meinem rechten Schienbein davon, die eine Narbe hinterlassen würde. Wahrscheinlich für immer.

»Vielen Dank hierfür«, spaßte ich mit ihr auf dem Rückweg und zeigte ihr die blutige Wunde. »Narben sind meine Lieblingssouvenirs, sie kosten nichts und brauchen keinen Platz in meinem Rucksack.«

»Es tut mir wirklich leid«, antwortete sie voller Reue. »Du kannst heute Abend zum Abendessen kommen, als Wiedergutmachung. Du kannst auch bei mir schlafen, wenn du willst.«

Ich sah sogleich vor meinem inneren Auge, wie dieser Abend enden könnte. Und es war ein sehr verlockender Gedanke.

»Danke für die Einladung, aber ich muss ablehnen«, antwortete ich sanft, denn ich wollte nichts anfangen, das bald enden musste. »Morgen muss ich früh weiter, auf die Straße.«

»Viel Glück!«, sagte sie und umarmte mich fest und lange.

»Falls dich der Weg jemals nach Zagreb führt, melde dich«, sagte ich und küsste sie auf die linke Wange. »Wenn ich dort bin, wird es mir eine Freude sein, für dich ein Abendessen zu machen.«

»Sei vorsichtig mit deinen Wünschen, sie könnten wahr werden«, antwortete sie mit einem Lächeln, so typisch französisch, und küsste mich auf meine rechte Wange.

# Tag 318

Vor mir lag der bisher längste Abschnitt der Reise, achthundertdreißig Kilometer von Draguignan bis nach Zürich. Die Route durch Italien war um etwa hundert Kilometer kürzer, aber ich entschloss mich gegen sie, weil Italien einen schlechten Ruf unter Trampern besaß: Dort brachte man ihnen nicht viel Sympathie entgegen.

Hinter mir lag eine wundervolle Tour durch Frankreich. Nach Montpellier hatte ich Marseille, Aix-en-Provence und Nizza besucht und ein paar Tage in einem Wohnwagen inmitten eines Waldes in der Nähe von Draguignan verbracht.

Diese Reiseetappe war geprägt von wunderbaren Menschen und schönen Orten, aber auch von einem Gedanken: Ich war bereit, nach Hause zu gehen.

Es war so vieles in den letzten paar Wochen passiert, seit ich Zagreb verlassen hatte. Ich brauchte Zeit, um alles zu sortieren und sacken zu lassen und mir darüber klar zu werden, was man daraus lernen konnte. Ich hatte mich selbst dabei ertappt, dass ich mehr über das nachdachte, was geschehen war, als über das, was vor mir lag. Und das ist immer ein verlässliches Anzeichen dafür, dass man eine Pause gebrauchen kann. Das gilt nicht nur fürs Reisen.

Meine Energie war aufgebraucht, von all den vielen Kilometern, die mir in den Beinen steckten, von der Menge neuer Menschen und den Geschichten, die ich mit ihnen geteilt hatte, aber auch von all den Gesprächen, die ich mit den freundlichen Fahrern, die mich mitnahmen, geführt hatte. Und von der Tatsache, dass ich fast zehn Kilogramm abgenommen hatte. Wenn man sich jeden Tag viel bewegt und dabei noch sparsam ist, schmelzen die Kilos.

Ich hatte die Route für die nächsten zehn Tage geplant, durch die Schweiz, Österreich, Slowenien, wo ich ein paar Freunde besuchen würde, die meine Gäste in Zagreb gewesen waren. Ich würde pünktlich nach Hause kommen, um für die Prüfungen zu pauken.

Ich begann früh am Morgen mit dem Trampen, ich hatte eine gute Durchschnittszeit und schnelle Fahrer und hegte deshalb die Hoffnung, dass mein Plan funktionieren und ich noch am selben Tag Zürich erreichen würde. Aber die Hoffnung schwand, nachdem ich gute zwei Stunden verlor, weil ich vergessen hatte, dem Fahrer zu sagen, an welcher Autobahnausfahrt ich aussteigen wollte.

Ich kam mit Einbruch der Dunkelheit an die französisch-schweizerische Grenze und hatte noch viele Kilometer vor mir. Und die Nacht war einer der größten Feinde der Tramper. Mein ungepflegtes Aussehen machte die Situation nicht einfacher; ich hatte die dumme Entscheidung getroffen, mich vor der Rückkehr nicht mehr zu rasieren. Das Wetter war auch nicht hilfreich, es war frostig kalt.

Die Schweiz war äußerst ungemütlich im November. Das realisierte ich, als ich auf der Autobahn bis zur Grenze zu Fuß ging und meine wärmsten Klamotten aus dem Rucksack nahm und sie anzog. Ich überquerte die Grenze ohne weitere Probleme, obwohl mich der Polizist auf eine Nebenstrecke schickte und mir erklärte, dass ich neben dem Grenzübergang nicht trampen durfte, obwohl alle Autos langsamer fuhren und ihre Reise auf der Autobahn fortsetzten, was genau das war, was ich brauchte. Auf der Nebenstrecke waren meine Chancen minimal.

Unerwarteterweise waren die Schweizer Fahrer einem verwildert wirkenden Tramper gegenüber sehr gnädig, mehrere nahmen mich einige Kilometer mit. Schlussendlich war ich wieder auf der Autobahn nach Zürich. Es war allerdings schon neun Uhr am Abend, ich war in Nyon und hatte noch mehr als zweihundert Kilometer nicht sehr befahrene Straße vor mir.

Bald musste ich eine Entscheidung treffen – entweder verbrachte ich die Nacht irgendwo neben der Straße, in einem Sommerschlafsack, bei Temperaturen um null Grad, oder ich versuchte zu Fuß auf der Autobahn bis zur nächsten Tankstelle zu kommen, wo es eine Chance gab, dass ein Auto in meine Richtung fuhr und mich mitnahm oder ich ein Restaurant fand, in dem ich übernachten konnte. Bei der zweiten Option gab es aber das Risiko, auf die stets wachsame Schweizer Polizei zu stoßen.

Rucksack auf den Rücken, Kopfhörer in die Ohren und ab Richtung – Autobahn!

Ich spazierte am Rand, auf der Grünfläche, in zügigem Tempo, und hoffte, den wenigen vorbeifahrenden Fahrern nicht aufzufallen. Ich war nicht überrascht, als ich nach etwa hundert Metern eine Polizeisirene hinter mir hörte.

»Steig ein!«, wurde ich auf Englisch mit starkem französischen Akzent aufgefordert.

Ich setzte mich ohne Widerworte in das Polizeiauto und versuchte, das Positive an der Situation zu sehen: Mir war nicht mehr kalt und wir fuhren in die Richtung, in die ich wollte, um nach Zürich zu kommen. Vielleicht würden sie mich, wie einmal am Anfang meiner Reise in Österreich, nur bis zur ersten Tankstelle fahren und mir den Gesetzesverstoß vergeben.

»Bist du lebensmüde?«, fragte der Polizist auf dem Fahrersitz und schaute mich an. »Es ist unglaublich gefährlich, mit Kopfhörern auf der Autobahn zu spazieren, ist dir das klar?«

»Ja«, antwortete ich, »aber ich hatte keine Wahl. Ich bin getrampt und ein Fahrer hat mich mitten auf der Autobahn aussteigen lassen, so musste ich weitergehen und nach einem sicheren Hafen suchen.«

»Das interessiert mich nicht«, beendete der Beamte das Gespräch und verstummte dann. Er startete den Wagen und fuhr nach Osten.

»Wir müssen dich für die Verkehrsbehinderung bestrafen«, sagte der Beifahrer nach einiger Zeit. »Hast du Geld?«

Ich griff in die Tasche und zeigte ihm, was ich hatte, einen Euro und zwanzig Cent. »Das ist alles, was ich habe.«

»Was ist hier los, bist du ein Dieb?«, donnerte der Polizist. »Wo schläfst du, was isst du?«

»Wissen Sie, es gibt eine Webseite, CouchSurfing ...«

»Das interessiert mich nicht«, unterbrach er mich, sichtlich frustriert. »Hast du Geld auf deiner Kreditkarte?«

»Ich habe eine Bankkarte, aber ich bin nicht sicher, ob sie in der Schweiz funktioniert«, antwortete ich leise.

Wir schwiegen und fuhren weiter.

Ich war noch nie in einem offiziellen Polizeiauto gefahren, zumindest nicht, wenn es im Dienst war. Sie vergaßen mich und erledigten ihre Arbeit. Sie prüften die Geschwindigkeit anderer Verkehrsteilnehmer, leuchteten mit Scheinwerfern auf einige Autos und überprüften, ob es verdächtige Typen gab, erledigten ein paar Anrufe über Funk und erklärten der Zentrale irgendetwas, lauter solche Sachen.

Wir fuhren an einer Tankstelle vorbei. Ich hatte gehofft, dass sie mich dort rauslassen würden nach einer Ermahnung, dass ich so etwas nicht mehr machen durfte, doch wir fuhren weiter, in derselben Richtung.

Nach ein paar Dutzenden Kilometern war die Autobahn gesperrt. Der gesamte Verkehr wurde durch ein kleines Dorf geleitet, wo sogar jetzt noch, so spät am Abend, viele Autos langsam hintereinander her fuhren. Meine Fahrer brachten mich zu einem Geldautomaten und sagten, dass ich zwanzig Franken für die Strafe zahlen müsse.

Ich hatte zwei Optionen im Kopf: Zwanzig Franken abzuheben und wieder zu trampen, während so viele Autos langsam neben mir herfuhren, oder zu zocken und zu behaupten, dass meine Karte nicht funktionierte, wofür ich auf der Polizeiwache enden konnte. Das wäre eigentlich gar nicht so schlecht gewesen – ich hätte eine warme Zuflucht, vielleicht sogar etwas zu essen gehabt, aber als ich zu dem Geldautomaten ging, erinnerte ich mich, dass ich in meinem Rucksack ein Souvenir aus Amsterdam hatte; zehn Samen von einer Pflanze, über die die Polizisten sich bestimmt nicht freuen würden. Die Erklärung, dass das gegen meine Magenschmerzen war, würde mir auch nicht helfen.

Ich hob das Geld von dem Geldautomaten ab, nahm das Stück Papier, auf dem die Strafe von zwanzig Franken geschrieben stand, hörte auf den gut gemeinten Vorschlag des Polizisten, zum nahe gelegenen Bahnhof zu gehen, ging fröhlich bis zur Straße und hob, lächelnd, meinen Daumen.

Die Autos fuhren an mir vorbei, die Minuten vergingen. Die Kolonne wurde immer kleiner und es waren nur noch wenige Autos übrig. Wenn ich mich nur rasiert hätte!

Es war ein Uhr in der Nacht. Ich spürte, dass die Hilflosigkeit wieder zurückkehrte. Die Kälte nicht, denn sie war eh nie weg. Das Lächeln, das ich an die Fahrer richtete, wurde immer künstlicher.

In diesem Moment, wie immer wenn es am notwendigsten war, hielt fünf Meter weiter ein Auto an. Ich schaute auf das Nummernschild: Bern. Das war zwar nicht Zürich, lag aber auf halbem Weg. Ich rannte zum Auto, der Fahrer öffnete die Beifahrertür.

»Sprechen Sie Deutsch?«, fragte mich mein liebenswürdiger Retter.

»Nein«, antwortete ich und fragte mich, was ich eigentlich während der vier Jahre auf dem Sprachengymnasium gemacht hatte, als ich drei Stunden pro Woche Deutsch hatte. »English?«

»Yes, okay«, antwortete er. »Where are you from?«

»Croatia.«

»Aus Kroatien?«, antwortete der Herr auf Kroatisch. »Anfang der Siebziger habe ich in Kroatien studiert.«

Und so kommunizierten wir in einer Sprache, die er nach so vielen Jahren nicht vergessen hatte. Er hatte slawische Sprachen studiert. Er erinnerte sich noch an die Studentenproteste von 1971. Nun, mein Herr, dachte ich mir, die Studenten sind auch nicht mehr, was sie mal waren. Sie kämpften nicht einmal für sich selbst, geschweige denn für ihre Kollegen oder die Situation im Land. Luc war Franzose, aber er arbeitete in der Schweiz als Kulturattaché für die französische Botschaft.

Während wir uns Bern näherten, mehr oder weniger auf leerer Straße, begann ich darüber nachzudenken, was als Nächstes zu tun war. Bis zu meinem Ziel waren es noch weitere hundert Kilometer, aber auch wenn ich es bis Zürich schaffte, schlief mein Gastgeber, Tom, sicherlich schon. Es war zwei Uhr morgens.

Als ob er meine Gedanken gelesen hätte, fragte mich Luc, wo ich schlafen wollte.

»Wahrscheinlich irgendwo neben der Straße, ich habe einen Schlafsack und werde auf den Morgen warten und dann weitergehen«, sagte ich, in der Hoffnung …

»Auf keinen Fall!«, unterbrach er mich und erfüllte mir meinen unausgesprochenen Wunsch. »Heute Abend bist du mein Gast.«

Und so landete ich, nach fast zwanzig Stunden auf der Straße, in der Wohnung eines französischen Kulturattachés, der in der Schweiz arbeitete. Er gab mir ein Zimmer, ein bequemes Bett, ein Handtuch und entschuldigte sich, weil er mich am nächsten Tag früh wecken musste, da er zur Arbeit gehen musste.

»Luc, mein Freund, entschuldige dich nicht«, sagte ich und schaute ihn an wie meinen besten Freund. »Ich kann dir für alles gar nicht genug danken.«

Er weckte mich am Morgen, machte mir Frühstück, gab mir seine Visitenkarte und fuhr mich bis zum Stadtausgang. Er wünschte mir Glück, das ich nicht brauchte, solange es Menschen wie ihn auf dieser Welt gab.

# Tag 331

»Verdammt, was hast du denn da im Gesicht?«, waren die ersten Worte, die Filip sagte, als er mich im Stadtzentrum von Zagreb abholte. Ich setzte mich ins Auto, und er fuhr mich nach Hause zu unseren Eltern. Es waren genau sechzig Tage seit unserem Abschied vergangen. Ich war durch neun Länder mit einem Budget von dreihundert Euro gereist, war rund sechstausend Kilometer getrampt, aber das Erste, das alle interessierte, war die Frage, warum ein Zweimonatsbart mein Gesicht zierte.

Mir war klar, dass ich zu Hause war. In einer anderen Welt. Mit anderen Regeln.

Die folgenden Monate waren sehr schwierig. Ich fiel wieder in den Trott des Zagreber Lebens – aber viel schlimmer als vor meiner Reise. Nach drei Jahren lebte ich wieder bei meinen Eltern, konnte keine CouchSurfer empfangen und war gezwungen, für meine letzten Prüfungen zu lernen.

Nichts ergab Sinn. Zagreb war nach der intensiven Europaerfahrung irgendwie klein und langweilig und das Lernen für uninteressante Prüfungen brachte mich an den Rand des Wahnsinns. Ich war auf der Suche nach einer Fluchtmöglichkeit, aber ich konnte keine finden.

Ich war gefangen, dachte ständig über das vergangene Abenteuer nach, das mir gezeigt hatte, wie das Leben sein sollte, jeden Tag. Voller Intensität, verschiedener Ereignisse, neuer Freunde, verschiedener Orte.

Monate vergingen. Nichts Sensationelles passierte, außer dass ich ein paar Prüfungen bestand und mich dem Ende eines Lebenskapitels näherte. Nur eine Prüfung trennte mich von meinem Diplom, die im Fach Marketing. Ich dachte immer noch über eine Flucht ins Ausland nach und die Suche nach Arbeit, mit der ich meine Schulden zurückzahlen konnte.

Das Problem war, dass ich einen kroatischen Pass hatte, der es mir nicht leichter machte, Arbeit in den Ländern zu finden, die mich interessierten, im Gegenteil. Ich konnte als Tourist nach Australien, in die USA, Skandinavien reisen und versuchen, ohne Papiere eine Arbeit zu finden. Illegal dort zu leben.

»Komm und leb mit mir in Paris, ich wüsste einen Job für dich«, sagte eines Tages Melissa, die selbst einen Riesenberg Schulden hatte, wer weiß weswegen, allerdings zahlte sie sie langsam, aber sicher zurück, auf ihre Art und Weise.

»Ich habe ein paar Freunde, die dir behilflich sein könnten, du hast alles, was du brauchst, und du würdest sogar mehr als ich verdienen.«

Ich fühlte mich niedergeschlagen und hatte keine Ideen, was ich mit meinem Leben anfangen und wie ich meine ganzen Schulden loswerden sollte, und dachte deswegen ernsthaft über diese Option nach. Dass ich nach Paris gehe, mit Melissa leben und auf dieselbe Art und Weise wie sie arbeiten sollte. Dass ich ein Gigolo werden sollte.

Ich dachte nächtelang über die moralische Seite der ganzen Geschichte nach. Wie hätte ich mich danach gefühlt? Wie hätte ich alte und faltige Kundinnen behandelt? Rechtfertigte das Ziel die Mittel in solchen Situationen?

Und was, wenn ich einfach eine Bank ausraubte? Die Vorstellung war jedenfalls deutlich leichter zu ertragen.

# Tag 794

»Wie groß ist Ihr Budget auf Reisen?«, fragt Daniela.

»Weniger als zehn Euro pro Tag.«

»Was können Sie sich mit diesem Budget leisten?«

»Alles, was ich brauche. Ich nutze das Trampen als Transportmittel, CouchSurfing für die Unterkunft, kaufe Lebensmittel in Supermärkten oder koche mit meinen Gastgebern ...«

Ich will ihr sagen, dass es nicht immer einfach war. Aus dieser Perspektive sieht es wie ein Abenteuer aus, wie das beste Abenteuer. Konstante Aufregung, Glück, Zufriedenheit.

Aber die Wahrheit ist, dass man auch Momente der Einsamkeit hat – und manchmal auch einfach Hunger. Ich fand mich auf meiner Reise in herausfordernden Situationen wieder, dachte über die Richtigkeit meiner Handlungen nach, wünschte mir, die gegenwärtige Situation gegen eine sozialere, wärmere, sattere tauschen zu können. Reisende sind nicht gegen Melancholie, Trauer und Nostalgie geimpft.

In diesen Momenten war der positive Faktor, egal wie seltsam das klingen mochte, der Mangel an Auswahlmöglichkeiten. Freunde, die Wärme des Heims, Essen, alles war weit weg. Es war unmöglich, zu alledem zu gelangen. Deswegen hat man keine andere Wahl, als die Zähne zusammenzubeißen und zu überleben. Und wenn man überlebt, bekommt man ein bisschen Stolz, Einfallsreichtum, Erfahrung auf das Konto seines Lebens, die sich im Bedarfsfall als nützlich erweisen.

»Ist Ihnen jemals das Geld ausgegangen?«

»Ja, das ist passiert. Im Süden von Spanien, auf meiner zweiten Reise, landete ich in einem Hippie-Dorf nördlich von Gibraltar ...«

# Tag 528

»Mein Sohn, ich gebe dir keine weiteren Ratschläge, sei bitte einfach vorsichtig!«, sagte meine Mutter, als sie mich zum Hauptbahnhof begleitete, von wo aus ich mit dem Zug nach Venedig fuhr. »Und vergiss nicht, dich jeden Tag zu melden.«

»Keine Sorge, Mama!« Ich umarmte sie fest. »Glaub mir, das alles wird eines Tages viel mehr Sinn machen.«

Meine Eltern liebten mich unendlich, das wusste ich. Aber sie verstanden mich nicht. Schon seit längerer Zeit, vor allem, als ich ihnen vor ein paar Jahren, zu Beginn meines dritten Studienjahres, meinen Wunsch offenbarte, auszuziehen.

»Wenn du gehst, musst du gar nicht mehr zurückkommen«, lautete eine der Drohungen meines Vaters, als ich meine Absichten kundgab. Meine Mutter richtete, wie immer in solchen Situationen, nur ihren traurigen Blick auf den Boden.

»Du hast dein eigenes Zimmer, mit dem Zug sind es nicht einmal zwanzig Minuten bis zum Zentrum, du kannst das Auto immer benutzen, wenn du möchtest, aber du willst noch mehr.«

»Was hast du bloß, du bist auch gleich nach der Mittelschule von zu Hause weggegangen!«, konterte ich. »Und zwar nach Zagreb, fünfhundert Kilometer weit von deiner Familie entfernt.«

»Verdammt, ich ging, weil ich gehen musste«, erwiderte er offensichtlich verärgert. »Jeden Monat habe ich meiner Mutter Geld geschickt, sodass sie meine fünf Geschwister ernähren konnte. Deine Mutter und ich haben unser ganzes Leben wie Verrückte gearbeitet, wir sind nie in ein Restaurant oder mit Freunden in eine Bar gegangen, nur um euch alles, was ihr brauchtet, geben zu können. Und so bedankst du dich bei uns!«

Er hatte recht, aber ich war stur, hartnäckig und stolz, und dann war mir das egal. Ich hatte mich genauso wenig um das geschert, was er zu sagen hatte, als er mich dazu angehalten hatte, mit den Aktien und dem Geld, das mir Menschen geborgt hatten, sorgfältig umzugehen. Ich war überzeugt, dass ich mehr wusste als er, dass ich es besser als alle anderen wusste.

Und das wollte ich immer beweisen.

Schlussendlich war ich weggezogen, aber ich fädelte die Sache sehr gerissen ein und sie hatten es ein Jahr lang gar nicht bemerkt. Ich hatte nämlich mit meinem Mitbewohner eine Wohnung gemietet, wir beide hatten die Hälfte von der Miete und den Nebenkosten gezahlt, ich hatte ihm gesagt, dass er dort leben konnte, nur, dass ich immer Zugang zu der Wohnung haben musste.

Jede zweite Nacht hatte ich eine andere Erklärung für meine Eltern parat, entweder war ich lange an der Uni geblieben, hatte mit Freunden gelernt oder den Zug verpasst – alles, um so oft wie möglich in unserer gemieteten Wohnung bleiben und tun zu können, was ich wollte.

Nach einem Jahr, vielleicht ein wenig früher, hatten sie mein Spiel durchschaut, ganz zivilisiert mit mir gesprochen und danach war ich wirklich umgezogen. Zwei Jahre lang lebte ich mit meinem Mitbewohner, und meine Eltern besuchten mich ein einziges Mal. Sie blieben zehn Minuten.

»Wenn wir nur wüssten, nach wem du geraten bist ...«, bekam ich damals sehr häufig von ihnen zu hören.

»Wenn wir nur wüssten, nach wem du geraten bist ...«, war auch in jenen Tagen, als ich meine Reise ans andere Ende des Kontinents begann, die beliebteste Aussage.

Vergeblich hatte ich versucht, ihnen mein neues Reisebericht-Geschäftsprojekt zu erklären und beteuert, dass ich unter anderem auch mein Spanisch perfektionieren würde und außerdem diesen Sommer in Kroatien sowieso nichts zu tun hätte. Sie wussten, dass das Unsinn war, weil ich zum einen für meine letzte Prüfung lernen und zum anderen eine Arbeit finden sollte, mit der ich meine Schulden, an die ich nicht einmal denken durfte, abbezahlen konnte.

Ich wusste, dass ihnen meine Lebensführung wehtat. Ich wusste, dass sie ihr eigenes Leben dafür geopfert hatten, mir und meinem Bruder ein besseres Leben zu bieten, als sie es gehabt hatten. Mir war bewusst, dass sie immer für mich da waren und dass ich immer, wirklich immer auf ihre elterliche Liebe zählen konnte. Ich wusste, dass sie mit mir viel Geduld gehabt hatten und meine Sturheit seit meiner frühen Kindheit eine Herausforderung für sie war. Ich wusste, dass sie meinen Lebensstil nicht verstehen konnten, weil er sich komplett von dem unterschied, woran sie gewöhnt waren, dass sie, während ich trampte und in fremden Häusern und Wohnungen schlief, sehr große Angst um mich hatten.

Aber letztendlich, nachdem ich jedes Detail bedacht hatte, wusste ich, dass ich von meinem Weg nicht abkommen durfte. Denn er war nun einmal genau das – mein Weg. Ich wusste, dass ich immer von meinen Fehlern gelernt hatte, obwohl andere oft recht hatten, wenn sie mich vor etwas warnten, aber ich wusste auch, dass mir diese Lektionen nie leid taten. Ich war immer bereit, allein gegen alle zu gehen, nicht wissend, was kam, und ich kümmerte mich nicht wirklich darum.

Es gab nur einen Weg, um festzustellen, was einen an der nächsten Ecke erwartete: Man musste dorthin gehen und es selbst erforschen.

Meine Eltern taten mir leid. Wenn ich die Wahl gehabt hätte, hätte ich ihnen einen anderen Sohn ausgesucht, einen nachgiebigeren. Dieser brachte ihnen nur Kummer, obwohl er sich danach sehnte, dass sie eines Tages stolz auf ihn sein würden.

»Gefällt dir Venedig?«, fragte mich Sarah, als wir uns kennenlernten.

Sarah war ein Mädchen, das ich über CS gefunden hatte, aber da ich nicht beabsichtigte, in Venedig zu übernachten, lud ich sie nur auf einen Drink und einen Spaziergang durch die romantischste Stadt der Welt, in der sie lebte und studierte, ein. Ich flog erst am nächsten Tag von Mailand nach Sevilla, was möglich war, weil mein Bruder Filip mich sponserte und mir ein Ticket gekauft und mich davon überzeugt hatte, dass ich nicht durch ganz Europa trampen sollte, um bis nach Spanien zu kommen.

»Nicht wirklich.« Ich war ehrlich. »Ich bin schon zum zweiten Mal hier, es ist immer voller Touristen. Und es stinkt.«

Meine Aussage brachte sie zum Lachen. Sie wechselte das Thema und führte mich durch die Stadt. Wir sprachen miteinander, lachten, benahmen uns, als ob wir uns schon monatelang und nicht erst seit einer Stunde kannten. Ich war glücklich, vor mir lag ein neues Abenteuer und hinter mir die alltägliche Düsternis Zagrebs. Während meines Gesprächs mit Sarah realisierte ich, dass ich voller Energie, dass alles bunter war, dass ich Details bemerkte, die ich vergessen hatte, und dass ich ständig lachte.

Und das war erst der erste Tag meiner Reise.

Wir passierten die Rialtobrücke, die voller Menschen war, bogen aber schnell in Straßen ab, in denen keine Touristen waren. Ich hatte sofort das Gefühl, in einer anderen Stadt zu sein, in einer viel schöneren, ruhigeren, entspannteren Stadt. Ich hatte nicht mehr das Gefühl, in einer Stadt voller unzähliger Touristen zu sein, sondern in einer Stadt, in der Menschen lebten, zur Schule und zur Arbeit gingen, sich verliebten, Bier auf der Bank tranken. Venedig strahlte.

Und der Hauptgrund dieses Wandels spazierte neben mir.

Ich erinnerte mich an Sofia und die Erkenntnis, dass jede Stadt so schön war wie die Menschen, die man dort traf und mit denen man seine Zeit verbrachte. Venedig fand ich jetzt wunderschön.

Sarah führte mich an den Ort, wo es ihre Lieblingssandwiches gab, durch kleine venezianische Gässchen, wir lagen auf dem hölzernen Pier, beobachteten den blauen Himmel und suchten eine Bedeutung in den Formen der Wolken. Schließlich landeten wir in einem kleinen Park.

»Ich hatte keine Ahnung, dass es Parks in Venedig gibt!«, sagte ich begeistert. »Ich fange an, diese Stadt mehr und mehr zu mögen.«

Wieder lächelte sie unschuldig, küsste meine Wange und sagte, dass sie schnell für eine Stunde zur Uni müsste, weil sie eine Vorlesung hätte.

Ich setzte mich auf das weiche grüne Gras gleich neben dem Klee.

Es wäre echt cool, wenn ich jetzt ein Kleeblatt mit vier ..., dachte ich und sah es schon, ich pflückte es und bewahrte es als Geschenk für Sarah auf.

Ich legte mich auf den Rasen und kam zu dem Schluss, dass das Leben voller kleiner Zeichen war, wenn man sich die Mühe gab, sie zu sehen. Und nach ihnen zu suchen. Ich nahm mein kleines Notizbuch, um die Gedanken dieses Tages aufzuschreiben und bemerkte auf dem schwarzen Einband des Notizbuchs einen Aufkleber, den ich ganz vergessen hatte. Nina hatte ihn mir geschenkt, kurz vor meiner Abfahrt. Auf dem Aufkleber war ein Schaf und – ein vierblättriges Kleeblatt.

Ich lächelte, griff nach meinem Rucksack und zog ein kleines plüschiges Schaf heraus. Noch ein Geschenk von Nina.

»Ich weiß, dass heute nicht dein Geburtstag ist, aber ich musste es dir kaufen!«, hatte sie gesagt und mir das Stofftier gegeben. »Es erinnerte mich an dich.«

»Wirklich?« Ich schaute mir dieses kleine Plüschtier mit dem zufriedenen Ausdruck und den halb geöffneten Augen an, das so aussah, als ob es etwas von hoher Qualität geraucht hätte. »Inwiefern?«

»Wegen deines Sternzeichens, Gesichtsausdrucks, Lebensstils«, meinte sie.

»Lebensstil?« Ich verstand die ersten zwei Assoziationen, aber die dritte ...

»Ja«, antwortete sie. »Es ist ein Schaf, aber nicht von der Herde eingegrenzt. Es hat seinen Hirten und den Wachhund verlassen, und jetzt reist es mit einem Lachen im Gesicht durch die Welt und tut, was es will. Genau wie du.«

»Sollte ich dann nicht ein schwarzes Schaf sein?« Die Geschichte hatte mir gut gefallen. Sehr gut.

»Überhaupt nicht«, hatte sie erwidert. »Schwarze Schafe bemühen sich so sehr darum, anders als andere zu sein, dass sie das am Schluss überfordert und es ihnen zur Last wird. Es wird ihnen wichtiger, dass sie anders,

Lieblingswand in unserer Wohnung in Zagreb

Zum ersten Mal Trampen, Rückkehr aus Sofia

Ankunft in Ričice, Mamas Geburtsort

Gespräch mit Gott

Eine spritzige Fahrt

Lieferwagen eines Auftragskillers

Frühstück im Bett, Hamburg

Amsterdam

Verzweifelter Tramper, auf dem Weg nach Paris

Nizza

Trampen Richtung Zürich

Gut gelaunt, mit Bart

Venedig



Vierblättriges Kleeblatt

Strand in Punta Umbria

Nacht unter Sternen in der Nähe von Sevilla

Gitarre spielen in Castellar de la Frontera, Südspanien

Big Lodge, Tipi in der Aussteigerkommune Beneficio, Südspanien

Mit Lukas auf dem Weg zur Höhle

Letztes Nachtlager in Andalusien

Čiči – Gewinner des Tramper-Wettbewerbs
(Foto: Marina Damjan)

Meine liebe Maria Juana
(Foto: Marina Damjan)

Erste Eindrücke in Bangladesch

Mein Zimmer in Kushtia

Auf dem Weg nach Shilaidaha

Eine Straße in Kumilla

Essen auf lokale Art

Im Zug

Wäschewaschen in Kushtia

Rikscha-Fahrt in Kushtia

Eine Küche in Bangladesch

Auf dem Weg zu Chloe

alternativ sind, ohne darüber nachzudenken, was gut für sie ist, und was nicht. Du bist nicht so. Du bist manchmal wie die Mehrheit, aber manchmal auch wie die Minderheit. Und deswegen ist das Schaf weiß. Du unterscheidest dich von den anderen nicht durch dein Äußeres, sondern dein Inneres. Und das wird dir dabei helfen, dich zu tarnen.«

»Ich verstehe.« Ich warf Nina einen innigen Blick zu. »Danke.«

»Nichts zu danken«, hatte sie mit noch innigerem Blick geantwortet. »Gib Acht auf das Schaf. Das wird es auch für dich machen.«

Ich hatte also mein Plüschschaf und das vierblättrige Kleeblatt. Ich suchte nicht nach einem Sinn darin, aber es schien mir ein sehr gutes Zeichen für den ersten Tag der Reise zu sein!

# Tag 546

Zwei Wochen vergingen und ich war nicht zufrieden mit dem, was ich erlebt hatte. Ich erinnerte mich an Sevilla, Huelva, Punta Umbria und Quarteira, einen kleinen Ort im Süden von Portugal. Ich kontaktierte einige CouchSurfer, lernte ihre Freunde kennen, die Freunde ihrer Freunde, lebte bei dem einen, zweiten, dritten. Wir verbrachten Tage an Sandstränden, unter Palmen, mit Tapas, Cerveza und marokkanischer Schokolade. Die Zeit verging, es war lustig, es ereignete sich viel, aber es war auch irgendwie gleich, mit einer Vielzahl von neuen Menschen, aber niemandem, mit dem ich wirklich in Kontakt kam.

Das störte mich. Ich war nicht an das andere Ende Europas gekommen, um zu feiern. Das konnte ich auch an der Adria. Ich war hierhergekommen, um etwas Neues zu erleben, Spanisch zu lernen, interessante Geschichten zu erfahren, mich selbst in neuen Situationen auf die Probe zu stellen. Aber das machte ich nicht.

Deswegen beschloss ich eines Morgens, als ich in einem portugiesischen Dorf aufwachte, dass ich mein Verhalten ändern musste.

Ich wählte eine Richtung – Osten – und außer einigen Menschen, die ich auf dem Weg besuchen wollte, gab es keinen Plan. Ich nahm mir vor, die Straße entscheiden zu lassen, wohin sie mich führen wollte. Und abzuwarten, was geschah.

Also, schon am ersten Tag habe ich dir eine neue Erfahrung geschenkt, teilte die Straße mir an jenem Nachmittag mit, während ich sie und meine Entscheidung verfluchte.

Ich stand bereits seit fünf Stunden unter der glühenden Junisonne und hatte mich keine fünfzig Kilometer weiterbewegt. Ich war hungrig und durstig, weit weg von irgendeinem Dorf, in dem ich meine körperlichen Grundbedürfnisse befriedigen konnte.

Was, denkst du etwa an Erfahrungen wie Dehydration, an Verhungern oder etwas in der Art?, machte ich mich über die Straße lustig.

Heulsuse, gab sie im gleichen Ton zurück. Negativität wird dich nie irgendwohin bringen, das weißt du. Eine positive Einstellung, ein hoch ausgestreckter Daumen und ein Lächeln im Gesicht. Lass mich das sehen!

Ich hörte widerwillig auf sie. Aber ich war auf ihrem Gebiet, auf dem Asphalt, ich musste eine Art Respekt zeigen. Genau wie ich das in den Häusern anderer Menschen tat.

Siehst du?, flüsterte die Straße zehn Minuten später, als endlich das erste Auto stehen blieb.

Der Fahrer war ein fröhlicher Mann mittleren Alters mit einem Joint im Mund. Er verstand kein Wort Englisch, aber ich betrachtete das, dank meiner neuen Einstellung, als positiv, als gratis Privatunterricht in Spanisch. Oder wenigstens als eine Übung der universalen Körpersprache.

Und ich fand mich gut zurecht. Als Erstes rauchte ich ein bisschen von dem Joint, den er mir anbot.

Ich versuchte, dem Fahrer auf Anfänger-Spanisch, das ich mittels Audioaufnahmen, die ich bei mir trug, lernte, zu erklären, woher ich kam und was ich hier machte. Es schien, als ob ich erfolgreich war, weil er begeistert war und sich entschloss, mich auf ein Bier einzuladen und seinen Freunden vorzustellen.

Obwohl das bedeutete, dass ich ein paar Stunden von meiner kostbaren Zeit verlieren würde, versprach ich der Straße, mich auf das Spiel einzulassen.

Er zeigte mir all die umliegenden Sehenswürdigkeiten, Sandstrände, rollte noch einen und fuhr mich zu seinen Amigos auf ein Cerveza. Er erzählte ihnen meine Geschichte und es kam eine Runde nach der anderen. Es waren sogar köstliche Schnecken im Spiel. Ich entspannte mich einfach.

Ich bin nicht sehr beeindruckt, ließ ich die Straße zwischendrin wissen. Das ist eine schöne Erfahrung, aber nicht neu. Ich hatte solche wunderbaren Erfahrungen schon früher.

Das ist nicht die Erfahrung, die ich im Sinn hatte, antwortete sie ruhig. Du musst geduldig sein.

Ich trank geduldig noch ein Bierchen und ging zurück zum Auto, sodass mich ein Freund noch ein bisschen weiter bis zur Grenze Spaniens fahren konnte.

»Willst du eine Coca-Cola?«, fragte er mich. Dachte ich zumindest.

»Nein, danke«, antwortete ich.

Ein paar Augenblicke später hielt er an einem Parkplatz an, nahm seine Brieftasche und holte weißes Pulver in einer kleinen Aluminiumfolie hervor. Er zog eine Linie auf einer Kreditkarte mit der Hilfe einer anderen Kreditkarte.

Aha, er fragte, ob ich Koks wollte.

Na, du bist gut!, sagte ich zur Straße, nachdem ich direkt neben der unsichtbaren Grenze ausgestiegen war und mit weit geöffneten Augen auf das nächste Auto wartete. Aber dies ist auch keine völlig neue Erfahrung. Denk daran, wen du mir beim ersten Trampen geschickt hast.

Das ist nicht das, was ich im Sinn hatte, antwortete sie. Du musst geduldig sein.

Soll mir recht sein, gab ich ruhig zurück. Aber beeile dich, es wird bald Nacht.

Hihi, glaubte ich sie sagen hören, irgendwo in der Ferne.

Es gelang mir, noch ein paar Autos anzuhalten, aber alle fuhren nur wenige Kilometer weiter und ich machte keine neue Erfahrung. Ich war in die Irre geführt worden.

Es wurde langsam Nacht, ich war Meilen weit entfernt von der nächsten Stadt, in der ich jemanden kannte, den ich anrufen und wo ich eine Unterkunft auf einem Sofa finden konnte. Entweder hatte jemand von den vorüberkommenden Fahrern Erbarmen und lud mich zu sich ein, oder …

Aha, Straße! Ich verstand es endlich. Das hast für heute geplant? Schlafen unter den Sternen? Na, vielen Dank!

Wieder bist du eine Heulsuse, erwiderte sie enttäuscht. Ich habe alles getan, was in meiner Macht stand, um dir nur Menschen zu schicken, die nicht weit gehen, sodass du eine neue Erfahrung machen kannst, wie ich versprochen habe, doch du jammerst nur.

Aber was, wenn mich Wölfe töten?, ließ ich nicht locker.

Du mit deiner negativen Einstellung! Es schien so, als ob die Straße aufgeben würde. Betrachte das von der Sonnenseite. Sie betonte das Wort Sonne. Ich wusste nicht, warum, aber ich beschloss, mit dem Jammern aufzuhören. Sie hatte recht, das führte nirgendwo hin.

Knapp eine Stunde bis zum Einbruch der Dunkelheit, ich gab das Trampen auf und fing an, nach einem sicheren Schlafplatz zu suchen. Zum Glück hatte ich ein Zelt von einem Mädchen geschenkt bekommen, das ich in den ersten paar Tagen in Spanien kennengelernt hatte.

Aber ich fühlte mich nicht wohl. Egal wie mutig ich (oder nur leichtsinnig?) das Trampen und CouchSurfing durch Europa anging, die Nacht auf der Straße zu verbringen, machte mir Angst. Die Nacht im Dickicht auf Pag lag schon lange hinter mir. Würde mich jemand sehen, angreifen, ausrauben? Tatsache war, dass ich mich neben der Autobahn befand, weit weg von besiedelten Orten. Die Tatsache, dass ich einen Kopf größer als alle war und keine wertvolle Sachen bei mir hatte, tröstete mich. Wer sich mit mir anlegte, würde nicht davon profitieren.

In Wirklichkeit hatte ich am meisten vor wilden Tieren Angst, die in der Nähe sein könnten. Ich fand einen Platz mit hohem Gras, der mich vor unerwünschten Blicken verstecken würde, ideal für ein Zelt, umgeben von einer Straße auf allen drei Seiten. Das sollte auch wilde Tiere abschrecken, falls es überhaupt welche gab.

Ich stellte das Zelt auf, aß mein Abendessen, das aus einer Banane und einem Keks bestand, die ich in einem Dorf zuvor gekauft hatte, hörte eine australische Band, zündete mir einen Joint an und beobachtete einen traumhaften Sonnenuntergang.

Doch das wirklich Traumhafte sollte noch folgen – mit dem Sonnenuntergang zeigten sich die Sterne, einer nach dem anderen. Bis sie, nach etwa einer Stunde, den ganzen Himmel bedeckten.

Freiheit hatte soeben eine neue Dimension bekommen.

Danke, sagte ich, dankbar für die Erfahrung, die die Straße mir am letzten Tag meiner Reise ermöglicht hatte. Ich kann es kaum erwarten zu sehen, was du bis zum Ende der Reise noch für mich hast.

Lass dich überraschen, erwiderte die Straße. Hab Vertrauen.

# Tag 558

Nach der Sternennacht in der Nähe von Sevilla verbrachte ich ein paar Tage mit einem CouchSurfer auf einem Bauernhof in Facinas, schlief auf dem Strand in Cádiz, ging zu einer CS-Sitzung am südlichsten Punkt von Europa, Kap Tarifa, traf einen Freund aus Sofia in La Linea und hing mit den Affen bei Gibraltar ab.

»Wenn du nach Norden gehst, kommst du zu einem interessanten Ort«, riet mir der erste Fahrer, nachdem ich Gibraltar verlassen hatte. »Ein kleines Dorf auf der Spitze eines Berges, mit einem alten Schloss in der Mitte, und drin und drum herum leben Hippies. Ich denke, du würdest es mögen.«

Ich achtete nicht auf ihn oder seine Vorschläge. Ich war entschlossen, noch an diesem Tag an mein Ziel, das ich ausgesucht hatte, zu gelangen, eine kleine Stadt etwa hundert Kilometer weiter östlich, wo ich einer Dame mit den Arbeiten rund ums Haus helfen würde im Austausch für Unterkunft und Essen. Ich hatte mir sogar eine Herausforderung überlegt. Ich wollte kein Geld vom Geldautomaten abheben und versuchen, mit den zehn Euro, die ich hatte, wieder von ihr wegzugehen.

»Verdammt!«, schrie ich, eine Minute, nachdem ich an der Kreuzung ausgestiegen war, an der sich mein Weg und der des Fahrers trennten. Im Auto hatte ich die Straßenkarte von Spanien vergessen!

Ich hatte die einzige Möglichkeit der Orientierung verloren.

Warum jetzt das?, fragte ich die Straße wütend.

Sie antwortete nicht. Vielleicht war auch sie, aus irgendeinem Grund, wütend auf mich. Vielleicht wollte sie mir nur keine Antworten servieren, vielleicht wollte sie, dass ich mir von Zeit zu Zeit Gedanken machte, dass ich mich fragte, woher das schlechte Karma kam.

Hab Vertrauen. Das war es, was ich von ihr zuletzt gehört hatte, vor etwa einer Woche, als ich versprochen hatte, mich überraschen zu lassen. Als ich versprochen hatte, dass ich nicht blind meine Pläne verfolgen würde, sondern den Weg, den sie mir zeigte.

Hatte ich Vertrauen? Hatte ich mich an die Vereinbarung der Spontaneität gehalten? Hatte ich die Augen weit offen gehalten für die Zeichen, die um mich waren?

»Wohin?«, fragte mich die Frau aus dem weißen Auto, in perfektem Englisch, als sie neben mir anhielt, obwohl ich auf dem Bürgersteig saß und nachdachte.

»Ich weiß nicht«, antwortete ich.

»Du weißt es nicht?«, wunderte sie sich. »Was machst du auf der Straße, wenn du nicht weißt, wohin du gehst?«

»Ich denke nach.« Ich zuckte mit den Schultern. »Und wohin gehen Sie?«

»Castellar de la Frontera.« Sie nannte den Namen einer mir unbekannten Stadt. »Zwanzig Kilometer von hier entfernt, auf einem kleinen Berg …«

»Auf dem ein Schloss ist, in dem Hippies leben?«, beendete ich ihren Satz und fühlte eine Veränderung meiner Herzfrequenz.

»Ja, woher weißt du das?«, wunderte sie sich.

»Ah!« Ich atmete tief auf, als ich verstand, weshalb ich meine Landkarte verloren hatte. »Kann ich mit Ihnen kommen?«

»Natürlich.« Sie öffnete die Beifahrertür.

Während wir zum Ziel in einem Automobil fuhren, das uns die ganze Zeit signalisierte, dass es zu steil war, erzählte sie mir einige Details über den Ort, in dem sie lebte. Ich fand heraus, dass das Schloss von den Mauren gebaut worden war, die während der Eroberung Spaniens Spuren dieser Art in Form von Gebäuden hinterlassen hatten.

Die Stadt war in den Siebzigerjahren des letzten Jahrhunderts völlig verlassen gewesen, denn alle Bewohner waren in das nahe gelegene, modernere Dorf Nuevo Castellar gezogen. Gleichzeitig waren Hippies, die meisten aus Deutschland, in das Dorf gekommen, wegen der Schönheit des Ortes, des angenehmen Klimas, der entspannten Gesetze und der Nähe Marokkos. Sie waren in die verlassenen Häuser eingezogen und hatten das Dorf zu einer Hippie-Oase gemacht. Heute waren allerdings nur noch wenige Spuren davon zu sehen und das Schloss war wie ein Zeuge einer anderen Zeit.

»Sei vorsichtig«, warnte mich die Fahrerin, als ich an einer Ecke des Dorfes ausstieg. »Wir haben uns weit vom Hippie-Ideal entfernt, sei vorsichtig, wem du glaubst. Nicht alle meinen es gut.«

Ich bedankte mich für ihren Ratschlag und fing an, alles zu erforschen.

Es war ein ganz gewöhnliches Dorf. Ich ging an einem Café, Geschäft, Kinderspielplatz, Hotel in der Nähe des Schlosses vorbei … Ich sah nichts, was an ein Hippie-Dorf erinnert hätte. Die Menschen waren wie überall in Andalusien, ohne bunte Kleider, Joint im Mund und Blumen im Haar.

Durch den Zaun eines Hauses bemerkte ich einen alten Mann, der aussah, als stamme er nicht von hier – groß, hellhäutig, mit langem grauen Haar und ungepflegtem Bart. Ich näherte mich ihm, begrüßte ihn höflich und fragte, ob er Hilfe bei etwas benötigte, da ich zu jeder Arbeit bereit sei im Austausch für Essen und Unterkunft.

Er sah mich ein wenig verächtlich an, arbeitete weiter und sah nach unten, ohne mir eine Antwort zu geben.

Ich war ein bisschen enttäuscht und bezweifelte meine Entscheidung, hierher zu kommen, setzte mich auf die Straße und fing an, Armbänder zu machen. Diese Fähigkeit hatte ich ein paar Monate zuvor gelernt und machte das manchmal, wenn ich allein war. Manchmal machte ich sie als Souvenirs für Freunde, die ich auf dem Weg kennenlernte oder die mich in ihren Heimen empfingen. Vielleicht könnte ich sie jetzt verkaufen, versuchen, etwas Geld für Lebensmittel zusammenzukriegen?

Es war früh am Nachmittag, zu früh, um nach einem Platz für das Zelt zu suchen.

»Hey!«, sprach mich in dem Moment ein Mann an und kam auf mich zu. Er war alt, oder sah jedenfalls so aus, dünn, hatte faltige, eingesunkene Augen, ausgeprägte Wangenknochen, einen Schnurrbart, glasige blaue Augen und eine heisere Stimme. Seine unordentlichen Haare hingen ihm bis zu den Schultern. Am Arm führte er ein hinkendes, blindes Mädchen, dessen einst schönes Gesicht von einigen tiefen Narben gezeichnet war. Wahrscheinlich die Folge eines Verkehrsunfalls.

»Hey!«, grüßte ich zurück und versuchte das Gefühl des Unbehagens, das durch meinen Körper strömte, zu ignorieren.

»Woher kommst du?«, fragte er schablonenhaft, ohne besonderes Interesse, während das Mädchen immer noch regungslos neben ihm stand und die Augen hinter der Sonnenbrille versteckte.

»Aus Kroatien«, gab ich Auskunft.

»Was machst du hier?«, wollte er weiter wissen.

»Momentan bastele ich Armbänder. Sonst reise ich durch Andalusien, habe zufällig von diesem Ort gehört und beschlossen, ihn zu besuchen.«

»Aha.« Er seufzte nachdenklich, als ob er eine andere Antwort erwartet hatte.

»Kennen sie vielleicht einen Ort, wo ich ein Zelt aufstellen könnte?« Ich beschloss, mich zu erkundigen. Seinen Augen und der Körpersprache nach zu urteilen, war er ungefährlich, obwohl sein Äußeres einen anderen ersten Eindruck hinterließ. Er schien unendlich in Raum und Zeit verloren zu sein.

»Hmm, Zelt«, sagte er nachdenklich. »Du suchst einen Ort, wo du übernachten könntest?«

»Nun, ja.«

»Vielleicht kann ich dir dabei helfen, aber ein wenig später«, sagte er. »Wenn du mir jetzt helfen kannst.«

»Wie?«

»Indem du mir zehn Euro gibst«, sagte er leise. »Und ich dir das hier gebe.«

Aus seiner Tasche zog er ein paar grüne Brösel. Ich bemerkte den missbilligenden Blick eines Passanten. Der Mann verkaufte Gras mitten auf der Straße, am helllichten Tag vor den Augen der Öffentlichkeit.

»Ob Sie es glauben oder nicht, ich habe nur noch zehn Euro in meiner Tasche.« Ich lächelte höflich. »Wenn ich das kaufe, werde ich kein Geld für Essen und Trinken haben. Bis ich einen Geldautomaten finde, den es in diesem Dorf nicht gibt.«

»Das ist wahr«, gab er zu. »Aber du wirst wenigstens etwas zu rauchen haben!«

Er fing an zu lachen, das erste Mal seit unserer Begegnung, und ich lachte mit ihm mit. Das Mädchen ließ er nicht los, und sie ihn auch nicht.

»Hör mal«, sagte er entspannt. »Ich brauche sie wirklich, wir brauchen diese zehn Euro. Mehr als du, glaub mir.«

Aus irgendeinem Grund glaubte ich ihm nicht.

»Und keine Sorge, heute Abend wirst du etwas zu essen und trinken haben, und einen Platz zum Schlafen«, sagte er. »Ich, Manitu, verspreche dir das.«

Er sagte das mit großem Stolz. Ich nahm an, dass ein intensives Leben voller Abenteuer hinter diesem Mann lag, dass er aber auch kein einfaches Leben hatte. Und jetzt stand er vor mir und bot mir verzweifelt ein paar Gramm Gras für zehn Euro an.

»Bitte.« Ich gab ihm das letzte Geld, das ich hatte.

»Vielen Dank«, sagte er und nahm das Geld ungeschickt, während er mir gleichzeitig die Ware überreichte. »Wir treffen uns in genau zwei Stunden im Café.«

»Welchem Café?«

»Dem einzigen im Dorf.«

Sie gingen weiter, und ich auch, unter einen Baum mit Blick auf einen großen Felsen in der Ferne – Gibraltar. An klaren Tagen konnte man von hier aus den Norden des afrikanischen Kontinents sehen.

»Hola!«, rief eine Frau, während sie die Blumen vor ihrem Haus goss, als ich durch das Dorf spazierte und auf mein Treffen mit Manitu wartete.

»Hola!«, antwortete ich.

Sie sagte etwas auf Spanisch.

»Queeee?«, rief ich und ließ sie wissen, dass mein Spanisch schlecht war.

Sie hörte mit dem Gießen auf und kam an den Zaun. Sie hatte einen dunklen Teint, langes schwarzes Haar, war in ein Kleid mit Blumen gekleidet und barfuß. Eine Zigeunerin. Sie schaute mich von Kopf bis Fuß an und setzte ein Lächeln auf.

»Haschisch?«, fragte sie direkt.

Ich hatte kein Geld, aber Zeit zu verschwenden. Nach langem Sitzen unter dem Baum hatte ich auch Lust auf neue Bekanntschaften. Und die einer Zigeunerin hatte ich noch nie gemacht. Die Übung im Spanischen würde mir auch nur guttun.

»Puedo probar?«[11] Ich schaffte es immerhin, zwei Wörter zu verbinden und war sehr stolz.

»Claro.«[12] Sie grinste und zeigte ihren Goldzahn.

Ich folgte ihr und ging in einen großen Garten, in dem alle Arten von Pflanzen wucherten. Es waren auch einige indische Cannabispflanzen sichtbar. Sie öffnete die Tür einer alten Holzbaracke und ich ging herein.

Der Raum war dunkel. Es gab eine Lampe, die das Innere spärlich beleuchtete. Es war ein Werkzeugraum, in dem ein Haufen altes rostiges Werkzeug verstreut lag. An einem Tisch saßen zwei Männer.

Ich fühlte ihre Blicke auf mich gerichtet und meine bisherige Lust, neue Menschen kennenzulernen, verschwand langsam. Auf dem Tisch waren verschiedene Requisiten: Aluminiumfolie, Waagen, Behälter, Pfeifen, Bongs und ein scharfes Messer.

Meine Begleiterin fing an, mir etwas auf Spanisch zu erklären, und die beiden Männer hörten aufmerksam zu, erledigten jedoch weiter ihre Arbeit: Sie rissen etwas von der Aluminiumfolie ab, bogen das Stück in der Mitte und legten ein gelb-braunes Pulver darauf. Ich verstand, dass sie ihnen gesagt hatte, dass ich Haschisch probieren gekommen war, den ich vielleicht auch kaufte. Was eine Lüge war, wenigstens die zweite Hälfte ihrer Geschichte.

Sie boten mir an, mich zu setzen und ein bisschen zu warten.

Einer der beiden Männer, der mir wie der Boss, Chef, das Alphatier schien, nahm die Alufolie in die linke Hand, ein Feuerzeug in die rechte, und im Mund hatte er eine Art Plastikrohr. Es sah wie ein Strohhalm aus, war aber größer und fester.

Er nahm das Feuerzeug, hielt es an die Unterseite der Aluminiumfolie und erwärmte so das Pulver darauf. Das Pulver verwandelte sich innerhalb

---

11 Spanisch: Kann ich probieren?

12 Spanisch: Klar.

weniger Sekunden zu einer schwarzen Flüssigkeit und Rauch entstand, den er geschickt mit dem Strohhalm direkt in die Lungen einatmete. Als die schwarze Flüssigkeit zum anderen Ende der Folie floss, gab er seinem Freund das ganze Zubehör, der das Gleiche wiederholte. Das tat auch meine Zigeunerin.

Ich sah ihnen hypnotisiert zu und hatte keine Ahnung, was da vor meinen Augen ablief. Ich wusste nur, dass ich mich nicht sehr wohl fühlte und allmählich Schiss bekam. Gleichzeitig war ich aber neugierig und wollte sehen, wie sich die Situation weiter entwickeln würde.

»Möchtest du auch?«, fragte die Zigeunerin, als sie meine Neugier bemerkte, und bot mir die nächste Runde an.

»Was ist das?«, stotterte ich.

»Heroin«, antwortete der Chef mit einem Lachen.

»Nein, danke«, lehnte ich schüchtern ab.

In diesem Moment fühlte ich, dass meine Paranoia in eine höhere Dimension gelangt war. Ich war in einem kleinen andalusischen Dorf, in einem Häuschen mit drei Menschen, Heroinabhängigen. Um mich herum war altes Werkzeug und auf dem Tisch ein großes Jagdmesser.

Ich war in Trainspotting, verdammt!

Ich wartete mit schweißnassen Händen ab, bis sie fertig waren, und schließlich kam der Moment, weshalb ich gekommen war, das Probieren der Ware.

»Gibt es hier irgendeine Arbeit zu tun?«, fragte ich in schlechtem Spanisch, während ich den ersten Zug nahm. »Ich habe nicht wirklich viel Geld.«

»Was möchtest du arbeiten?«, fragte der Chef.

»Das spielt keine Rolle. Etwas, womit ich mir Essen, Trinken und eine Unterkunft leisten kann. Und etwas zu rauchen!«

Alle lachten. Das entspannte mich.

»Vielleicht können wir etwas für dich finden«, sagte der Chef wichtig und sprach einen Satz, in dem ich vier Wörter verstand: Tourist, Straße, Gras und Geld. Ich verstand erst, was er wollte, als er ein Blatt Papier nahm und auf eine Seite einen Preis schrieb und auf die andere Seite einen anderen. Die Sprache der Zahlen verstand ich.

Der Mann bot mir einen Job als Dealer an.

Ich sollte meine Zeit auf der Straße verbringen, mit den Touristen kommunizieren, die manchmal kamen, um Opiate zu kaufen, und ich würde von jeder Transaktion zwanzig Prozent bekommen, in Form von Bargeld oder Waren. Während dieser Zeit könnte ich in ihrem Hinterhof schlafen. Oder neben der Zigeunerin, die mich die ganze Zeit anstarrte.

Ich nahm das Angebot eifrig an und sagte, dass ich gleich mit meiner neuen Arbeit anfangen wollte. Die Wahrheit war, dass ich nur nach einer Ausrede suchte, um von dort wegzugehen. Ich fühlte mich in ihrer Gesellschaft nicht sehr wohl.

Als wir zu Ende geraucht hatten, gaben mir meine neuen Arbeitgeber letzte Anweisungen und ich ging auf die Straße. Davor hatte ich beschlossen, noch einmal mein Glück zu versuchen.

»Wenn ich Marihuana und Haschisch verkaufen soll, wäre es sinnvoll zu wissen, von welcher Qualität es ist«, sagte ich vor dem Ausgang. »Haschisch habe ich probiert, könnt ihr mir auch ein bisschen Marihuana geben?«

Der Chef fing an zu lachen.

»Kein Problem, mein Freund«, sagte er und gab mir mehr als genügend. »Lass uns wissen, wie die Arbeit läuft, du kannst uns immer hier finden.«

Ich ging auf die Straße und setzte mich auf den Bürgersteig. Ich wusste, dass sich Dealer normalerweise in Ecken aufhielten, aber im ganzen Dorf gab es keine. Das Dorf war, zum Glück, leer. Kein Tourist, an dem ich mein Verkaufstalent hätte testen können.

Nachdem ich eine halbe Stunde auf der Straße gesessen hatte, erinnerte ich mich an meinen Deal mit Manitu und ging in das Café, in dem ein Kellner, ein Fernseher und ein einziger Gast waren. Und das war nicht der, den ich erwartet hatte.

Ich bestellte ein Glas Wasser und setzte mich an einen Tisch in der Ecke. Ein Fußballspiel lief, ich nahm an, dass es die Weltmeisterschaft war. Ich achtete nicht darauf, sondern nahm mein kleines Notizbuch, um alle Details zu notieren.

»Willst du eine Zigarette?« Ich sah auf und bemerkte den einzigen Gast im Café, der nun vor mir stand, mit einer offenen Zigarettenschachtel in der Hand.

»Danke!« Ich nahm eine Zigarette und stellte mich ihm vor. Normalerweise sah ich keinen Sinn im Zigarettenrauchen, aber heute war definitiv nicht einer der normalen Tage.

»Was machst du hier?« Er hielt offenbar nichts von unnötigen Einführungen. Er war etwa dreißig, hatte einen Dreitagebart und gelbe, ungepflegte Zähne.

»Ich warte auf einen Freund«, antwortete ich kurz.

»Freund?«, meinte er nachdenklich. »Wie heißt dein Freund?«

»Manitu.« Ich war ehrlich, und aus seinem Gesichtsausdruck konnte ich schlussfolgern, dass sie sich kannten.

»Und was hast du mit den Menschen vor einer Stunde gemacht?«, fragte er wie ein Detektiv. »Ich habe gesehen, wie du in ihren Garten gegangen bist.«

»Sie boten mir an, Haschisch zu kaufen«, sagte ich ganz ruhig, während ich die Zigarette rauchte.

»Aha.« Jetzt schien ihm alles klarer zu sein. »Manitu kommt nicht. Aber ich bin Robi, du kannst mit mir kommen.«

Ich weiß nicht, warum, aber in der Gesellschaft dieses Mannes fühlte ich mich wohl. Ich hatte das Gefühl, dass er die Wahrheit sagte und mich nicht ausnutzen wollte.

Ich stand vom Tisch auf, ohne Fragen zu stellen, setzte meinen Rucksack auf den Rücken, bedankte mich beim Kellner und ging mit Robi.

Nach ein paar Hundert Metern blieb er stehen, vor dem Haus meiner Trainspotting-Freunde, schaute mir in die Augen, lächelte und ging in den Hof.

Ich blieb kurz stehen, folgte ihm dann aber.

Wir passierten die Holzbaracke, in der ich ein paar Stunden vorher gewesen war, und gingen in ein anderes Haus, zwanzig Meter weiter weg. Drinnen saß Manitu!

Ich verstand nichts mehr. In welchem Film war ich denn? In den vergangenen paar Stunden hatte ich einige Menschen in drei verschiedenen Situationen kennengelernt und musste am Schluss feststellen, dass sie alle im gleichen Hof lebten.

»Hallo, Freund!«, begrüßte ich Manitu, der nur seinen glasigen Blick heben konnte, kaum merklich lächelte und seine Hand nach dem Feuerzeug, der Aluminiumfolie und dem Strohhalm ausstreckte.

»Nimm es ihm nicht übel, Manitu ist momentan nicht ganz bei uns.« Robi klopfte auf meine Schulter. »Jetzt weißt du, warum er nicht in das Café gekommen ist.«

Ich sah es. Und ich wusste, dass er meine zehn Euro dafür gebraucht hatte. Ich nahm es ihm nicht übel.

»Bis er wieder zurückkommt, kann ich für uns das Abendessen vorbereiten.« Er nahm fünf Kartoffeln, eine große Zwiebel, Knoblauch und eine kleine Schüssel voll mit Tomaten.

Er kochte, ich sah ihm dabei zu, und Manitu saß, komplett weggetreten, auf dem Bett. Schnell war das Abendessen fertig, er kam zu sich und setzte sich an den Tisch. Da es keine Teller gab, aßen wir aus der gleichen Schüssel, in der zuvor gekocht worden war. Vielleicht war es, weil ich den ganzen Tag nichts gegessen hatte, oder wegen der ganzen Atmosphäre, aber es war eines der köstlichsten Abendessen, das ich je gegessen hatte. Wir teilten das Essen, das Trinken, die Geschichten. Die meiste Zeit erzählten sie von den Ereignissen, die sie in dieses Dorf im Süden Spaniens geführt hatten.

Manitu war das erste Mal 1977 nach Castellar gekommen, er hatte die letzten vierzig Jahre verschiedene Drogen genommen, zwanzig davon Heroin. In den Achtzigerjahren war er auf der Kolumbien-Deutschland-Route »tätig« gewesen. Aus Kolumbien war er ursprünglich gekommen, von dort aus hatte er reines Kokain geschmuggelt und damit fabelhaftes Geld verdient. Einmal hatte er von einem Kilogramm nur achtundzwanzig Gramm verkauft und den Rest allein konsumiert. Aber selbst daran hatte er verdient.

Bald hatten alle auf den Straßen von Berlin mitbekommen, dass Manitu das beste Koks in der Stadt besaß, und das hatte der russischen Mafia nicht gefallen. Sie besuchten ihn einige Male, nahmen ihm alles, was er besaß, hielten ihm ein Messer an den Hals, schlugen ihn mit Baseballstöcken zusammen und ließen ihn auf der Straße liegen, um ihn wie einen Hund krepieren zu lassen. Deutsche Ärzte hatten ihn gerettet und nach zwei Monaten im Krankenhaus war er mit zwölf Schrauben und drei Metallplatten im Kopf entlassen worden. Seitdem hat er Probleme mit Metalldetektoren in Flughäfen.

Schlussendlich hatte er beschlossen, zurückzukehren und hierzubleiben, wo er alte Freunde hatte, die nach den Kokain- und Krankenhauseskapaden in Deutschland dachten, er wäre tot. Und jetzt war er hier, überlebte von Tag zu Tag, verdiente Geld, indem er Touristen Gras verkaufte, und das meiste von seinem Gewinn ging drauf für das gelbe Pulver, das er im Nachbarhaus kaufte.

»Wie fühlt sich das Rauchen von Heroin an?«, fragte ich ihn am Morgen, während ich noch schläfrig beobachtete, wie er die Morgendosis vorbereitete. Nach dem Abendessen erlaubten sie mir nicht, mein Zelt aufzustellen, sondern improvisierten einen Liegeplatz und bestanden darauf, dass ich im Haus schlief.

»Was soll ich dir sagen?«, antwortete er und hielt das Zubehör in den Händen, während der Strohhalm aus seinem halb offenen Mund hing. »Ich kann ohne das Zeug nicht schlafen, essen, laufen, leben. Heroin kontrolliert mein Leben.«

Ich beobachtete ihn und dachte über seinen Lebensweg nach und darüber, welche Situationen und Erlebnisse ihn hierher geführt haben mochten, in ein Dorf im Süden von Spanien, mit nur einem Gedanken im Kopf: Woher kommt das Geld für den nächsten Schuss, damit ich vergessen kann.

Wenn ich andere Lebenskarten zugeteilt bekommen hätte, wer weiß, wo ich jetzt wäre und was ich machen würde. Vielleicht hätte ich in Paris meinen jungen Körper verkauft. Jedenfalls halfen mir Situationen wie diese, zu verstehen, dass ich ein Glückspilz war und dass ich im Gegensatz zu anderen wie in einem Märchen aufgewachsen war.

Sein Feuerzeug zündete nach dem vierten Versuch und er näherte es der Folie. Er wurde nachdenklich und blickte auf. Das war vielleicht der einzige Blick, der nicht glasig war. Er schaute mich an und sagte: »Denk daran, bitte. Das was ich hier mache ... Probiere es nie. Es gibt kein Entkommen.«

Ich hatte gerade die beste Anti-Heroin-Werbung, die es gab, gesehen. Falls ich es je hätte probieren wollen, war ich mir nun sicher, dass das nie geschehen würde.

Ich ging in den Hof hinaus und hörte hinter mir die Frage: »Wie läuft das Geschäft?«

Ich sah nach links und da stand doch tatsächlich der Chef von gestern neben einem Baum, in einem kurzärmligen T-Shirt und mit runtergezogener Hose. Er war dabei, seinen Darm zu entleeren.

»Noch nichts!«, antwortete ich und sah ihm in die Augen. »Ich gehe jetzt zu meinem Arbeitsplatz, um zu sehen, wie die Situation ist!«

Ich ging auf die Straße und mir wurde bewusst, dass mich in diesem Dorf nichts mehr überraschen konnte.

Das Dorf war tot, es gab nichts zu tun. Da ich kein Geld hatte und ich nicht wollte, dass sie mich durchzogen, ich aber auch nicht wie ein Dealer arbeiten wollte, entschloss ich mich, weiterzugehen. Ich ging zurück in die Zivilisation und zu den Geldautomaten und dann weiter nach Osten.

Ich ging bis zum Schloss, traf einige Touristen und kehrte zurück zu Manitu, um meine Sachen zu holen. Er saß vor dem Haus und spielte mit dem Hund. Ich setzte mich still neben ihn.

»Ich glaube, ich gehe weiter«, sagte ich nach ein paar Minuten der Stille. »Wenn ich nur eine Arbeit hier finden könnte, um das Essen zu verdienen. Oder eine Gitarre, sodass ich neben dem Schloss für Touristen spielen kann ...«

Er sah mich an, ging ins Haus und gab mir eine alte Gitarre mit fünf Saiten. Ich nahm sie in die Hände und zu meiner großen Überraschung war sie gestimmt. Sie klang toll, sogar mit ein, zwei Saiten weniger. Manitu schrieb mir ein Stück Pappe mit einer Aufschrift auf Spanisch, um den Menschen im Vorbeigehen zu erklären, dass ich aus Kroatien kam, reiste und Geld für Lebensmittel brauchte.

*Soy Tommy de Croacia, necesito un poco dinero para comer. Gracias.*

Ich umarmte ihn, vorsichtig, um keinen Knochen in seinem zerbrechlichen Körper zu brechen, nahm die Gitarre und ging zum Schloss.

Da war niemand. Das fand ich gut, wenigstens bis ich ein bisschen Übung und den Rhythmus in den Fingern hatte. Ich war kein besonderer Sänger und auch kein großer Gitarrist. Meine ganze Hoffnung lag in der Aufschrift, durch die die Menschen einige Informationen über mich bekommen und mir mit einem kleinen Beitrag sehr helfen konnten.

Ich fand einen Platz am Eingang in das Schloss, legte eine Plastikschüssel vor mich hin, daneben die Pappe, legte das einzige Geld, das ich bei mir hatte, eine Münze im Wert von einer kroatischen Kuna, darauf und spielte den ersten Akkord. G-Dur. Das war mein Lieblingsakkord.

Mein Repertoire bestand aus nicht mehr als zehn Liedern und die waren meistens auf Kroatisch. Es war kein allzu guter Start, aber ich hoffte, dass Menschen, falls ich je jemanden traf, meine Mühe zu schätzen wüssten, unabhängig von der Sprache.

Mit geschlossenen Augen spielte ich mein Lieblingslied von meinem Lieblingssänger, den mein Onkel für mich entdeckt hatte, während wir Bier getrunken und Käse aus Herzegowina gegessen hatten und er mir Ratschläge für das Leben gegeben hatte. Wegen dieser Ratschläge war ich heute, indirekt und zu seinem Bedauern, da, wo ich war.

»Suerte!«[13] Gegen Ende des ersten Liedes kam ein Mann vorbei. Er hatte eine Plastiktüte in der Hand und gab mir eine Eineuromünze.

Das war ein großartiges Gefühl. Die Akkorde wurden lauter, meine Stimme stärker und selbstbewusster. Mit der ersten verdienten Münze wurde ich offiziell zum Straßenmusiker. Ich war einer von den Menschen, die solche Straßenmusiker immer bewunderten, wegen ihres Mutes, sich auf die Straße zu stellen und den Passanten einen Teil von sich zu offenbaren.

Ich spielte ein Lied nach dem anderen, einige Touristen kamen zum Schlosseingang, schossen ein paar Fotos und lasen, was auf meinem Karton stand. Fast jeder warf eine Münze in die Schüssel. Wenn nicht beim Hineingehen, dann beim Hinausgehen. Ich bekam auch ein Sandwich und einen Saft, weshalb ich eine Pause einlegte.

Das war's. Ich war glücklich, erfüllt. Ich hatte den Passanten einen Teil von mir gegeben, in Form eines Liedes, und sie hatten mir das mit einem

13 Spanisch: Viel Glück.

Lächeln oder ein paar Münzen zurückgegeben. Mehr als das brauchte ich nicht.

»Mama, Mama, schau! Dieser Onkel singt auf Englisch!« Ein kleines Mädchen, das sieben, acht Jahre alt war, rannte zu mir, und sie hatte einen charmanten englischen Akzent. Sie stand vor mir, schaute mir direkt in die Augen, lächelte und setzte sich ohne eine Spur von Scham zwei Meter vor mir auf den Boden.

Ihre Mutter und ihr Vater lachten nur und fingen an, das Schloss zu besichtigen. Die Kleine blieb bei mir, auf einem Privatkonzert.

Ich sang alle englischen Lieder, die ich kannte, und genoss ihre Gegenwart, die unschuldig und kindlich fokussiert war.

Weil sie das beste Publikum war, das ich je hatte, gab ich ihr die einzige Kuna-Münze, die ich hatte, und sagte ihr:

»Das ist meine Glücksmünze. Gib auf sie Acht. Falls du jemals in mein Land kommst, kannst du dir mit ihr einen Kaugummi kaufen.«

Sie nahm sie in die Hand, schaute mich mit ihren tiefen dunklen Augen an und gab mir die festeste Umarmung der Welt. Viel fester, als ich es von einer Siebenjährigen je erwartet hätte.

Ein wunderbares kleines Wesen namens Nikita. Sie war aus Neuseeland und reiste mit ihrer Mutter und ihrem Vater durch Spanien. Ich spielte noch ein Lied für sie, und in der Zwischenzeit kamen ihre Eltern zurück. Sie machten ein Foto von mir und Nikita, warfen ein paar Münzen in die Schüssel und gingen. Sie hinterließen mir eins meiner Lieblingsfotos von der Reise und eines meiner schönsten Erlebnisse.

Ich spielte noch ungefähr eine Stunde und sah in den Plastikbehälter. Ich hatte in diesen zwei, drei Stunden etwa fünfzehn Euro verdient. Wenn man bedachte, dass gar nicht so viele Menschen vorbeigegangen waren, war das nicht schlecht! Noch eine halbe Stunde und das war's für heute.

Als ich die letzten Lieder sang und schon die ermüdeten Finger meiner linken Hand spürte, sah ich zwei Mädchen, die Häuser in der Nähe besichtigten. Irgendwann setzten sie sich etwa zehn Meter entfernt von mir hin, hörten mir aufmerksam zu und machten ab und zu ein Foto.

Sie näherten sich und warfen ein paar Münzen in den Behälter, stellten sich vor und fragten, wer ich sei und was ich hier mache. Ich sagte ihnen, dass ich reise, trampe, in fremden Wohnungen schlafe, erzählte ihnen, wie es dazu gekommen war, dass ich Gitarre vor dem Schloss in dem andalusischen Dorf spielte.

Meine Geschichten interessierten sie sehr, mehr als die Lieder, die ich im Repertoire hatte.

»Wir reisen auch durch Spanien«, sagten sie. »Wir fahren bald nach Hause, du kannst mitkommen, wenn du möchtest.«

»Und wo ist zu Hause?«, fragte ich.

»Bilbao.«

»Das ist am anderen Ende des Landes, nicht wahr?«

»Ja, ganz im Norden, bis dort sind es etwa tausend Kilometer. Wir planen, in ein paar Tagen dort zu sein.«

Ich brauchte ein paar Minuten, um über das Angebot nachzudenken, während die Mädchen das Schloss besichtigten. Schlussendlich lehnte ich ab, obwohl ich gern Ja sagte. Ich hatte das Gefühl, dass mich noch wichtige Dinge in Andalusien erwarteten, und ich wollte nicht nach Norden gehen, nur weil ich die Möglichkeit dazu hatte. Immerhin war es dort nicht so warm und es regnete oft. Ich bedankte mich bei den Mädchen für ihr tolles Angebot, spielte noch ein Lied und verabschiedete mich mit einer Umarmung.

Nach diesem guten Arbeitstag kaufte ich meinen Mitbewohnern Lebensmittel, aus denen wir das Abendessen kochten.

Am nächsten Morgen entschloss ich mich, den erfolgreichen Tag zu wiederholen, nahm die Gitarre und ging zum selben Ort. Auf dem Weg zum Schloss traf ich auf zwei Personen mittleren Alters. Sie sprachen Deutsch. Ich grüßte sie, sie grüßten zurück, und als ich mich zehn Meter weiter entfernte, sagten sie etwas, das ich aber nicht verstand.

»Wie bitte?«, fragte ich und drehte mich um.

»Spiel bitte etwas«, baten sie mich höflich.

Ich setzte mich neben sie und spielte zwei Lieder. Sie hörten aufmerksam zu und am Schluss bekam ich meinen ersten Applaus. »Du singst toll! Und jetzt komm mit uns ein kaltes Bier trinken!«

Obwohl das bedeutete, dass mein Arbeitstag beendet war, nahm ich das Angebot an. Sie führten mich bis zu dem Garten vor ihrem Haus. Das war, zu meiner großen Überraschung, nicht dasselbe wie in den letzten Tagen …

Bierdosen und Geschichten folgten. Sie erzählten mir von der Geschichte dieses Ortes, von Manitu, warnten mich vor einigen Menschen, von denen ich mich fernhalten sollte (der Chef war einer von ihnen) und erklärten mir, dass sie einige Menschen mochten und einige nicht.

»Kennst du diese Maschine, an die kranke Menschen im Krankenhaus angeschlossen werden?«, fragten sie. »Stell dir lebende und gesunde Menschen vor, die an diesem Apparat hängen. Diejenigen, die Lebenszeichen zeigen, die manchmal glücklich, manchmal traurig sind, die keine Angst vor einer Niederlage oder vor dem Sieg haben, die ihr ganzes Wesen in das, was sie tun, investieren, deren Linie im Apparat auf und ab springt, diese mögen wir. Diejenigen, die eine gerade Linie an diesem Apparat haben würden, mögen wir nicht. Diese riskieren nie etwas, widersetzen sich niemandem, ihnen ist alles egal, sie wollen keine Niederlagen und Verluste spüren, aber sie werden deswegen auch nie atemberaubende Siege erleben.«

»Intensität«, nannte ich das.

Sie nickten. Wir waren auf derselben Wellenlänge. Die Leidenschaft, mit der du dieses Leben lebst, ist wichtig. Lebst du es wirklich oder gehst du an ihm vorbei und hast keine Zeit für kleine Dinge, Wunder. Du kannst ein passiver Beobachter anstatt eines Hauptdarstellers sein.

Nach vielen Stunden der Geselligkeit boten sie mir an, bei ihnen zu übernachten, in einem alten Hippie-Van, der nicht mehr fuhr, in dessen Innerem aber ein großes Bett war, das ich nur für mich hatte.

Nach zwei weiteren Nächten in meiner neuen Unterkunft und noch einigen verdienten Euros zog ich weiter. Ich kam nach Alhaurín el Grande, bekam vier Euro von einem Fahrer und ging zu meiner neuen Unterkunft, einem riesigen Haus mit Pool, umgeben von Grün und allerlei Luxus. Hier blieb ich ein paar Tage, half meiner Gastgeberin bei der Hausarbeit im Tausch für Essen und Unterkunft.

Doch zuerst tat ich etwas, von dem ich während der letzten vier Tage in dem Hippie-Dorf geträumt hatte: Ich ging duschen.

# Tag 565

*Hey, Perko!*
*Bis wann bist du in Spanien? Es wäre toll, wenn du in unser Reisebüro kommen könntest, vielleicht können wir einander irgendwie helfen. Du trampst nur, kaufst keine Flugtickets, oder?*
*Wenn du beispielsweise eine Reiseversicherung brauchst, können wir deine Sponsoren sein, du trägst ein T-Shirt, oder etwas in der Art ... Ich schicke dir nur ein wenig Nachdenk-Material, und wenn du zurück bist, treffen wir uns auf jeden Fall.*
*Maja*

Maja war eine Kommilitonin von der Universität, die vor Kurzem begonnen hatte, in einem Reisebüro zu arbeiten.

Mein neues Reisebericht-Geschäftsprojekt begann sich zu lohnen. Ich antwortete ihr, dass wir uns definitiv treffen würden, griff nach meinem Rucksack und ging auf die Straße.

Nach ein paar Tagen Ruhe in dem wunderschönen Haus mit Pool wanderte ich wieder nach Osten. Ich wollte einen Ort besuchen, von dem ich viele wunderbare Geschichte gehört hatte: Beneficio, eine Hippie-Kommune innerhalb eines Nationalparks, im Alpujarras, einer Gebirgsregion.

Bis dorthin waren es nur fünfzig Kilometer, die ich noch am selben Tag schaffen wollte. Insbesondere, weil ich für die ersten hundert nur zwei Stunden gebraucht hatte. Als ich nach sieben Stunden allerdings immer noch am selben Ort stand, betäubt von der andalusischen Sonne, begann ich, an der Richtigkeit meiner Entscheidung zu zweifeln.

Was ist heute mit mir los?, fragte ich mich selbst, während ich das x-te Auto vorbeifahren sah. Es gelang mir, den zwei Mädchen im Auto ein Lächeln zu entlocken, was aber nicht genug war, um sie zum Anhalten zu bewegen. Kein Auto hielt an, nicht einmal, um mich zu fragen, wohin ich wollte. Nicht eins. Ich hatte sicher irgendeinen Rekord gebrochen.

Das Quietschen von Bremsen. Ich schaute nach links, ein Auto mit zwei Mädchen blieb hundert Meter von mir entfernt stehen, vor der Auffahrt auf die Autobahn und machte einen U-Turn. Mein Herz schlug höher. Sie näherten sich, wurden langsamer und öffneten das Fenster.

»Hallo!«, grüßte das blonde Mädchen hinter dem Steuer, das einen Badeanzug trug.

»Hallo!«, antwortete ich, voller Hoffnung.

»Was machst du da?«, wollte die Beifahrerin, eine Brünette in derselben Kleidung, wissen. »Wir haben dich hier schon vor fünf, sechs Stunden gesehen, als wir zum Strand gingen. Jetzt fahren wir nach Hause. Wo willst du hin?«

»Beneficio, nach Osten«, antwortete ich. »Und ihr?«

»Málaga, nach Westen«, antworteten sie gleichzeitig.

Das war ein schlimmes Gefühl, diese Enttäuschung, wenn du so nah dran warst, und dann doch so weit weg. Ich hätte alles gegeben, nur dass diese beiden Schönheiten in meine Richtung gingen. Alles.

»Na, dann war es das nicht«, sagte ich schließlich. »Danke fürs Anhalten und Nachfragen.«

Beide warfen mir ein Lächeln zu, schlossen das Fenster und fuhren bis zum Kreisverkehr, der sie wieder auf die Autobahn zurückführte.

Warte mal, dachte ich. Bald wird es Nacht und du wirst sie am Strand verbringen. In Beneficio wartet niemand auf dich. Vielleicht könntest du mit diesen beiden nach Málaga, obwohl es nicht auf dem Weg liegt? Wenn du Glück hast, sind sie vielleicht auch bei CouchSurfing!

»Wartet mal!«, rief ich und signalisierte mit der Hand, dass sie anhalten sollten, was sie auch taten. »Kennt ihr vielleicht eine billige Unterkunft in Málaga, wo ich schlafen könnte, wenn ich mit euch gehe? Es wird bald Nacht und ich möchte nicht am Strand schlafen.«

Sie schauten sich an, tauschten zwei Sätze in schnellem Spanisch und sagten: »Hüpf rein, du kannst bei uns schlafen!«

Zum x-ten Mal in meinem Leben auf der Straße war ich der glücklichste Mensch auf der Welt!

Ich machte es mir auf dem Rücksitz bequem und kam zu dem Schluss, dass mein Gesicht, wegen meines konstanten Lachens, vorzeitig Falten bekommen würde.

»Wir sind Studentinnen und haben eine eigene Wohnung im Zentrum von Málaga«, sagte Amanda und nahm etwas aus ihrem Rucksack. »Das ist alles, was du über uns wissen musst.«

Sie lachten laut. Sandra drehte das Lied im Radio auf und begann laut zu singen, und Amanda rollte, nachdem sie alles Erforderliche im Rucksack gefunden hatte, einen Joint.

Und so brachten mich die zwei fröhlichen Mädchen in ihre Wohnung, gaben mir ein sauberes Handtuch und ließen mich allein zu Hause, während sie einkaufen gingen.

»Ich hoffe, es ist kein Problem, dass du auf dem Sofa schläfst«, sagte Amanda nach dem Abendessen.

»Keineswegs«, winkte ich ab. »Das steht quasi in meiner Arbeitsplatzbeschreibung: Ich reise und schlafe auf den Sofas anderer Menschen.«

Sie nahmen mich an die Hand, jede an einer Seite, und führten mich in die Stadt. Zuerst hörten wir einem Flamenco-Sänger zu, dann tranken wir in ein paar Bars etwas und am Schluss waren wir in Salsa-Clubs, wo meine Mädchen in ihren bunten, leichten Kleidern berauschend tanzten.

»Genug für heute Abend«, sagte Sandra, als sie zu mir herüberkam, während ich, wie so oft, nach ein paar Bier fast eingeschlafen war. »Gehen wir?«

»Ja!« Ich stand blitzschnell auf. »Und Amanda?«

»Sie will noch tanzen«, antwortete sie mit einem Lächeln. »Ich nicht. Und du auch nicht, habe ich bemerkt.«

»Schlau bist du«, antwortete ich ihr mit einem Lächeln und nahm ihre Hand.

Auf dem Weg zur Wohnung gab sie mir Spanisch-Unterricht. Es war mir nicht so wichtig, es zu lernen, sondern ich wollte zuhören, wie sie die Buchstaben c und z wundervoll aussprach. Mit der Zungenspitze berührte sie ihre Vorderzähne, pustete gleichzeitig Luft aus und generierte so ein Luftkissen und diesen wunderschönen Klang. Sie bemerkte das, wahrscheinlich, als ich sie das fünfte Mal bat, das Wort *cerveza*[14] zu wiederholen.

Sie lachte. Das war noch schöner.

»Lass uns einen Film schauen, so kannst du noch mehr Spanisch lernen«, schlug sie vor, während wir in die Wohnung gingen. Obwohl meine Lider schon schwer waren, folgte ich ihr gehorsam in ihr Zimmer, zu ihrem Bett, auf das sie ihren Laptop stellte und einen Film von Almodóvar laufen ließ.

Wir kuschelten uns aneinander und taten so, als ob wir uns auf den Film konzentrierten.

»Ich hoffe, dass unsere Mitbewohnerin kein Problem damit hat, auf der Couch zu schlafen«, sagte ich müde, als mir bewusst wurde, dass ich die Nacht in ihrem gemeinsamen Bett verbringen würde.

»Weswegen soll sie auf dem Sofa schlafen?« Sie schaute mich durchdringend an, während ihre Augen und Lippen leicht lächelten.

»Sag cerveza«, sagte ich nach ein paar Augenblicken der Stille.

»Cervez…«

14 Spanisch: Bier.

# Tag 567

»Mach dir keine Sorgen, wir fahren dich!«, schlugen die Mädchen vor, als ich beschloss, Málaga zu verlassen. »Es sind nur etwa hundert Kilometer bis dorthin, und wir möchten auch sehen, was in Beneficio los ist.«

Vor ein paar Tagen hatten sie mich mitgenommen, mich in ihrer Wohnung untergebracht, mich versorgt, mir die Stadt gezeigt und mich mit ihren Freunden bekannt gemacht, mir erlaubt, ihnen beim Salsa-Tanzen zuzusehen, und jetzt wollten sie mich sogar noch bis zu meinem nächsten Ziel fahren.

»Wenn ihr je nach Kroatien kommt, verwöhne ich euch, wie ihr mich verwöhnt habt!« Wir umarmten uns und starteten unseren Ausflug.

Nach einer kurzen Fahrt gelangten wir nach Órgiva, fuhren noch ein paar Kilometer über nicht asphaltierte Straßen bis Beneficio, parkten und suchten nach der Kult-Hippie-Gemeinschaft, die sich in der Mitte des Nationalparks angesiedelt hatte.

Entlang der Straße bemerkten wir viele Vans, Wohnmobile und sogar einen roten Londoner Doppeldecker-Bus aus den Fünfzigerjahren des letzten Jahrhunderts, der in ein vollwertiges Heim verwandelt worden war. Wir bemerkten auch eine Bar, in der Menschen waren, die keineswegs wie Hippies aussahen. Da wir wussten, dass in der Gemeinde die Regel herrschte, dass kein Alkohol oder harte Drogen konsumiert werden durften, war das also die letzte Station, um ein kaltes Bierchen zu trinken.

Der kleine Weg sah nicht so aus, als ob wir uns einem Nationalpark nähern würden. Es war ein Haufen Sand, Steine, völlig unpassierbar. Aber nach der Überquerung eines kleinen Baches verwandelte sich der unauffällige Wanderweg in einen Waldweg, umgeben von Grün.

»Wir sind da!«, sagte ich den Mädchen, als ich ein großes indianisches Tipi und zwei Mädchen mit Dreadlocks und in Kleidern in Regenbogenfarben sah.

Wir besichtigten das Tipi, das Big Lodge hieß und das den Mitteilungen nach, die wir aus seiner näheren Umgebung bekamen, das Zentrum der Gemeinde und der Haupttreffpunkt war. Drinnen waren Menschen, die verschiedene Instrumente spielten, schliefen oder einen rauchten.

Wir gingen den Weg bergauf, bemerkten noch ein paar kleine Tipis, Zelte, Lehmhäuser, ein paar Hunde und spielende kleine Kinder, halb nackte und nackte Menschen, die ihre täglichen Aufgaben erledigten. Niemand achtete auf uns drei neugierige Touristen.

Wir fanden die Quelle, aus der die Menschen frisches Bergwasser holten, und den Wasserfall, unter dem die Bewohner dieses interessanten Ortes duschten und dessen Strahl sie für eine richtig starke Massage benutzten. Es gab keinen Strom, keine Kanalisation, keinen Fernseher oder Satellitenschüsseln, und alle Behausungen waren aus natürlichem Material gebaut, ohne die Umwelt zu beeinträchtigen.

Die Mädchen halfen mir, mein Zelt aufzubauen, in dem ich die nächsten paar Nächte verbringen sollte. Ich fragte die Menschen in der Nähe um Erlaubnis, und sie lachten nur und sagten, dass ich machen könne, was ich wolle.

»Danke für alles, meine Liebsten!« Ich begleitete meine beiden Engel zum Ausgang. »Ich hoffe, dass wir uns wiedersehen werden.«

Wir umarmten und küssten uns und jeder ging seiner eigenen Wege.

»Hast du Tabak?«, fragte mich ein blonder Passant und unterbrach mich in meinen Erinnerungen an die wunderschönen Tage in Málaga.

»Hast du Blättchen?«, lautete meine Gegenfrage.

Er hatte welche, ich hatte welchen, die Situation schien ideal, um neue beste Freunde zu werden.

»Ich bin seit acht Monaten hier«, begann Lukas seine Geschichte, nachdem wir uns am Wegesrand hingesetzt und die Blättchen, den Tabak und was wir sonst noch an Zutaten brauchten, herausgeholt hatten. »Ich lebe in einer Höhle auf dem Gipfel des Berges, aber mir ist der Tabak ausgegangen und deswegen bin ich runtergekommen.«

»Was hat dich nach Beneficio gebracht?« Ich war neugierig.

»Die Suche nach Frieden, Meditation, Isolation«, sagte er. »Ich hatte die Welt, in der ich aufgewachsen bin, satt und deswegen habe ich mich entschlossen, etwas anderes zu probieren. Etwas ganz anderes.«

»Was ist hier so anders als in der Welt da draußen?« Ich war ganz in die Rolle des Interviewers geschlüpft. Es schien, dass mein Gesprächspartner eine ähnliche Lebensgeschichte hatte, er hatte nur beschlossen, einen anderen Weg zu gehen, an einer Stelle zu bleiben, anstatt zu reisen.

»In erster Linie die Umgebung.« Er schaute irgendwo hinter mir in die Ferne. »Da, schau nach oben.«

Ich drehte mich um und bemerkte einen nackten weiblichen Körper, der langsam den Weg herunterkam. Er gehörte einem etwa zwanzigjährigen Mädchen mit kurzem hellbraunen Haar, grün-gelben Augen und großen Brüsten, das übersät war mit bunten Tattoos, die seinen ganzen linken Arm bedeckten und einen Großteil seines Rückens. Ein wunderschönes Gesicht, ein wunderschöner Körper, ein wunderschöner Anblick.

»In der Außenwelt«, fuhr er fort, als ob er diesen unvergesslichen Moment gar nicht wirklich wahrgenommen hätte, »würde man sie als unmoralisch oder zumindest als verrückt, vulgär oder wahnsinnig bezeichnen.«

»Oh ja«, sagte ich, davon überzeugt, dass das auch an diesem Ort jemand denken konnte, wenn er nur mit dem Denken der Außenwelt kam.

»Und warum?«, fragte Lukas und nahm den ersten Zug. »Sie ist nur nackt. Aus irgendeinem Grund, der dich und mich nichts angeht. Sie schadet damit niemandem, und wieder würden ihr die Menschen Vorwürfe machen, weil ihr Verhalten nicht in ihr Konzept passt. Hier können Menschen buchstäblich und metaphorisch komplett nackt sein. Ohne Angst, dass sie jemand deswegen verurteilen oder aus der Gemeinschaft ausgrenzen wird. Und wenn sich Menschen von diesem Druck lösen, dieser Angst, nicht dazuzugehören, und von der Verurteilung durch andere«, sagte er und gab mir den Joint, »dann können sie sich auf sich selbst konzentrieren, herausfinden, woher sie kommen, was sie mögen, wohin sie gehen wollen. Weit weg von der Umgebung, die ihnen die Antworten aufgezwungen hat, weit weg von allem, das sie definiert hat oder von dem sie dachten, dass es sie definiert.«

Seine Geschichte erinnerte mich an die Weisheiten, die Mungo mir vor vielen Monaten offenbart hatte. Das Bedürfnis nach Abstand. Das Bedürfnis nach einer Umgebung, die man nicht kannte, die einen nicht kannte. Nach einer Umgebung, in der andere Regeln galten. Nach Antworten, die man finden konnte, indem man alles vergessen musste, was man zu wissen glaubte.

Lukas ging bald wieder seiner Wege und ich meiner, ins Zentrum des Geschehens: Big Lodge.

In dem größten Tipi im Dorf waren schon fünfzehn Menschen. In der Mitte brannte ein Feuer, um das einige saßen und manche tanzten im Rhythmus von Djembe, Didgeridoo, Gitarre. Ein Mann stand plötzlich auf, begann, in einer merkwürdigen Sprache zu sprechen, und zeigte mit der Hand auf die Versammelten. Er sah aus, als ob er seine Freizeit mit schwarzer Magie verbrachte und Übel auf uns warf, weil wir ihn nicht beachteten. Links und rechts reichte man sich ununterbrochen zahlreiche Joints und flache Tonpfeifen.

Diese Nacht, was untypisch für mich war, sagte ich kein Wort. Ich beobachtete die Feuerzungen, die immer anders waren, bis tief in die Nacht. Ich betrachtete den berauschenden Rauch, die Menschen und ihre unbeschwerten, ruhigen Bewegungen, den Tanz halb nackter Mädchen. Ich beobachtete meinen inneren Kampf. Einerseits sagte mir mein Verstand, dass das alles Freaks waren, bekiffte Nichtsnutze, Menschen, von denen man nichts lernen konnte. Andererseits sagte mir mein jetziges Ich, dass es ihm hier gefiel, dass es nicht urteilen und analysieren wollte, sondern nur beobachten.

Und ich bemerkte eine saubere Einfachheit, die pure Einheit der Versammelten, unabhängig von allen Unterschieden. Ich vermutete, dass niemanden eine langjährige Freundschaft verband, sondern eine gemeinsame Energie, der ich mich auch selbst hingeben konnte, und mit dem Rhythmus der Trommeln fühlte ich die Magie der Gemeinsamkeit meiner neuen, mir unbekannten Familie.

Am Morgen ging ich, nach einem wunderschönen Aufwachen inmitten des Waldes, umgeben vom Gezwitscher der Vögel zur morgendlichen Erfrischung: zum ersten Duschen unter einem Wasserfall.

Als ich ihn gefunden hatte, bemerkte ich einen bekannten Körper: das wunderschöne Mädchen mit dem hellbraunen Haar und den grün-gelben Augen, genau wie gestern, bekleidet nur mit ihren bunten Tattoos. Sie stand unter dem Wasserstrahl, fuhr sich mit den Händen durch ihre Haare und schaute durch die Augenlider zum Himmel.

Ein paar Sekunden später kam sie aus dem Wasserfall heraus, wischte sich mit den Händen über ihre Augen, und schaute mich im nächsten Augenblick an, so als ob sie meinen Blick auf sich spüren könnte. Sie wandte ihren Blick von meinem nicht ab, machte ein paar Schritte und blieb vielleicht einen Schritt vor mir stehen. Der exponierteste Teil ihres Körpers hätte mich fast berührt.

Sie war einen Kopf kleiner als ich und so schön, dass man ihretwegen den Kopf hätte verlieren können. Ein hinreißendes Lächeln erschien auf ihrem Gesicht, sie hob ihre rechte Hand und berührte mit ihrem Zeigefinger meine Nase.

Sie stand noch ein oder zwei Sekunden so, schenkte mir noch ein Lächeln und ging ihrer Wege.

Ich blieb einige Momente wie angewurzelt stehen und wartete, dass mein Herz wieder auf zweihundert Schläge pro Minute kam, sodass ich mich unbekümmert unter den Wasserfall stürzen konnte, wo sie bis vor Kurzem gestanden hatte.

Ich blieb eine kleine Ewigkeit dort, ohne mir Sorgen darüber machen zu müssen, dass die Dorfbewohner wegen mir eine höhere Wasserrechnung bekommen würden. Ich ging auf die andere Seite des Wasserfalls, schaute zur Außenwelt und beobachtete einen Regenbogen, der sich von dem Spiel der Tropfen und Strahlen gebildet hatte. Ich dachte über das Mädchen mit den grün-gelben Augen und ihre sanfte Berührung nach. Ich dachte über das Leben nach und darüber, wie glücklich ich war, es zu leben.

In Beneficio existierten, obwohl die Grundidee der Gemeinschaft ursprünglich die einer Tauschgesellschaft war, Menschen, die sich dafür entschieden hatten, ein kleines Geschäft zu gründen und sich so einige Vorteile der Zivilisation leisten zu können. Ich fand eine kleine Bäckerei, ein Haus, in dem sie Käse von Ziegen verkauften, die vor dem Haus lebten, und auf der Spitze des Hügels fand ich Benewifio, ein Internet-Café!

Da es sich in einem Hippie-Dorf befand, war das Internet-Café im gleichen Stil: Es bestand aus einer überdachten Bank vor dem Haus eines Hippies mit nacktem Hintern, den obligatorischen Dreadlocks und einem dicken Joint in der Hand. Auf der Bank stand ein Mini-Laptop, der an zwei Sonnenkollektoren angeschlossen war.

Ich mochte diese Kombination von Alternativem und Modernem. Tatsache war, dass die meisten Menschen extrem lebten oder ausschließlich die Vorteile der heutigen Technologie genossen, Autos fuhren, Computer und Mobiltelefone, Fernseher, Waschmaschinen und Geschirrspüler benutzen oder, wie an diesem Ort, fast vollständig auf die Zivilisation verzichteten und im Einklang mit der Natur lebten, ihre eigenen Lebensmittel produzierten und Arbeiten verrichteten, die jemand für sie hätte erledigen können.

Weshalb musste die moderne Welt auf das Zusammenleben mit der Natur verzichten – und die alternative Welt auf die Technologie? Warum konnte man nicht das Beste aus beiden Welten nehmen und in Harmonie mit der Natur und mit Hilfe der Technologie leben? Ein fröhlicher Hippie mit nacktem Hinterteil auf dem Gipfel eines Berges mit Solarenergie war ein guter Indikator dafür, dass das möglich war.

»Schöne Sandalen«, warf ich einem Typen zu, der vom Berg kam, als ich bemerkte, dass wir die gleichen hatten. Er war gerade dabei, seine Tonpfeife vorzubereiten. Er sah nur auf, schaute auf meine Füße, lachte sanft und lud mich mit einer Kopfbewegung ein, mich ihm anzuschließen.

Ich saß schweigend neben ihm und wollte ihn bei seiner Arbeit nicht unterbrechen, denn er erledigte sie gewissenhaft, sorgfältig und feierlich. Er kniete, saß auf seinen Fersen mit geradem Rücken und einem gleichmäßigen Atemrhythmus, er sog die Luft so tief ein, als ob das sein letzter Atemzug wäre, und atmete sie auf dieselbe Art aus, als ob er alles Schlechte aus seinem Körper herausatmen würde.

»Bom Shiva!«, sagte er mit geschlossenen Augen, lehnte die Pfeife mit beiden Händen an seine Stirn und senkte sie zu seinem Mund, mit denselben konzentrierten Bewegungen.

Ich nahm die Streichhölzer und zündete die Mischung von Tabak und Ganja an, die er mit demselben tiefen Atemrhythmus und mit voller Kraft einatmete. Der dunkle Rauch kam aus ihm heraus, genug, um den ganzen Raum, in dem wir waren, auszufüllen. Er lehnte sie noch einmal an seine Stirn und reichte sie mir, ich wiederholte dieselben Schritte, aber viel ungelenker.

»Das Rauchen des Shillums ist eine heilige Handlung«, sagte er und leerte die Asche aus der Pfeife, entnahm den steinernen Filter mit ungewöhnlicher Form und begann, das ganze Zubehör zu reinigen. »Da er aus Indien stammt, wohin du zweifellos auch gehen wirst, gibt es Regeln, die du befolgen solltest.«

Ich spitzte die Ohren und schloss die Augen. Ich spürte die Wirkung der heiligen Handlung.

»Bom Shiva ist die Ehrerbietung an Shiva, den Gott, den man schon lange durch zahlreiche Legenden mit der Pflanze in Verbindung bringt«, fuhr er ruhig fort. »Man zeigt es, indem das Shillum am Anfang an die Stirn gelehnt wird. Wenn man mit dem ersten Einatmen fertig ist, schickt man es nach rechts, ausschließlich mit der rechten Hand. Man kann ihn nach links weitergeben, aber dann spricht man zu Bom Kali und ehrt die anwesende weibliche Energie.«

Ich merkte mir die Informationen und realisierte, dass ich das Rauchen von Gras nie als eine religiöse Handlung erlebt hatte. Da ich in Amsterdam aber die heilende Wirkung dieser Pflanze erlebt hatte, war ich auch auf andere Sphären vorbereitet.

Mein Gesprächspartner und spiritueller Lehrer hieß Raya, gebürtig aus England. Seinen Geschichten nach reiste er schon achtzehn Jahre, verbrachte seine meiste Zeit im fernen Osten und war ein regelmäßiger Teilnehmer der Rainbow-Versammlungen auf der ganzen Welt. Beneficio war ein Dorf, in dem die gleichen Regeln und der gleiche Lebensstil galten wie bei diesen Versammlungen. Zurzeit arbeitete er an einem größeren Projekt und sammelte ein Team zusammen, das sich mit Schiffen auskannte und sich ihm anschließen wollte.

»Schiffe?«, fragte ich. »Warum brauchst du Schiffe?«

»Die Erde ändert sich«, erklärte er überzeugt. »Zum Schlechten. Bald werden wir Zeugen von Naturkatastrophen werden, wie Feuer, Erdbeben, Eruptionen. Die elektromagnetische Strahlung der Sonne wird immer stärker, das ist eine Tatsache. Viele werden das nicht überleben«, fuhr er pessimistisch fort. »Aber Afrika und Südamerika werden von diesen Änderungen am wenigsten betroffen sein und deswegen suche ich nach einem Team und einer Ausrüstung, um mich für eine transatlantische Evakuierung in ein oder zwei Jahren vorzubereiten.«

Der Plan klang gefährlich. Ich entschloss mich, mir kein Urteil zu erlauben und hörte seinen Prognosen aufmerksam zu. Ich erinnerte mich sogar an den Namen der Stadt, in dem die Basis des Projektes sein würde. Die Chancen, dass seine Geschichte eine enorme Dummheit war, waren groß. Doch es gab eine 0,1-prozentige Chance, dass er recht hatte. Denn wenn seine Prognosen wahr würden, würden wir, die restlichen 99,9 Prozent, wie Narren dastehen.

»Und was ist mit dir?«, fragte er mich auf einmal. »Was möchtest du von deinem Leben?«

Ich erzählte ihm meine Lebensgeschichte in Kurzversion. Ich sprach über mein Leben in Zagreb, die Schulden, erste Reisen und Zukunftspläne, die sich vor allem ums Reisen drehten.

»Jetzt arbeite ich daran, ein Reiseschriftsteller zu werden«, sagte ich stolz. »Aber im Gegensatz zu den anderen werde ich über interessantere und merkwürdigere Dinge schreiben. Und ich denke, dass die Menschen das zu schätzen wissen werden.«

»Dir gefällt nicht, wie andere Reiseschriftsteller über ihre Reisen schreiben?«, erkundigte er sich neugierig.

»Nicht wirklich«, gab ich zu. »Für die meisten dieser Reisen braucht man viel Geld. Es ist einfach zu reisen, wenn man Geld hat.«

»Ego, mein Freund.« Er schaute mir tief in die Augen. »Du hast ein Problem mit der Größe deines Egos.«

»Aber ...« Ich versuchte, mich zu rechtfertigen.

»Lass mich ausreden!«, unterbrach er mich. »Du kritisierst andere, die einen anderen Ansatz als du haben. Gleichzeitig sagst du, dass du alternativ bist, anders, du nimmst dir das Recht, zu denken, dass nur du den richtigen Weg, die Wahrheit kennst. Du versuchst, anders als andere zu sein, dort, wo es keinen Wettbewerb geben sollte.«

»Das ist der Weg in den Ruin«, schlussfolgerte er, während ich nach einem Weg suchte, mich gegen seinen Angriff zu verteidigen. »Mach dein Ding, auf faire Art und Weise, gib dein Bestes. Beobachte die anderen, lerne von ihnen, aber denk nie, dass du größer oder besser als jemand bist. Du kannst nur größer und besser als du selbst sein. Weil du nur deine eigene ganze Wahrheit kennst.«

Er lächelte, stand auf und ging in eine unbekannte Richtung.

Ich blieb lange an derselben Stelle sitzen und dachte über seine Worte nach und über meine Reaktion auf dieselben. Die Worte von diesem Fremden hatten mich erstickt, mich nervös gemacht, mich zu Rechtfertigungen gezwungen, mich motiviert, eine Debatte mit mir selbst zu führen.

Er hatte recht. Warum konkurrieren, mich mit anderen vergleichen in dem, was ich in meinem Leben erreichen wollte?

Als es dunkel wurde, ging ich in die Big Lodge, um den Abend mit dem Rest des Dorfes zu verbringen. Alles war wie in der Nacht zuvor, ein Feuer brannte, Menschen spielten, tanzten, rauchten. Das Einzige, was anders war, war eine etwa fünfzig Jahre alte Frau, die neben mir saß, auf einer Gitarre spielte und hinter dieser, wie viele in Beneficio, ihren nackten Körper versteckte.

Sie war in ihrer eigenen Welt, zupfte an den Saiten und sang eine entspannende Melodie. Dann stand sie plötzlich auf, drehte sich zu einer kleinen Gruppe von Menschen und begann ihren Monolog.

Da sie Spanisch sprach, verstand ich fast nichts von dem, was sie sagte, doch sie klang genervt. In ihrem Auftreten war etwas Theatralisches, und die ganze Szene hinterließ einen großen Eindruck, ich konnte nicht wegschauen und genoss die Vorstellung, die einige Hollywood-Schauspieler neidisch gemacht hätte. Ihre Bewegungen, Worte, Energie, die sie an den Tag legte, es war überhaupt nicht wichtig, was sie sagte, sondern wie sie es tat.

»Ich weiß nicht, um was es ging, aber es war wunderschön«, flüsterte ich ihr zu, als sie sich völlig außer Atem wieder neben mich setzte.

Sie schaute mir tief in die Augen und lächelte mich an. »Nichts Neues, ich hatte das Gefühl, dass ihnen mein Spielen nicht gefällt.«

»Mir gefällt es.« Ich erwiderte ihr Lächeln.

»Dann komm mit mir, wir können in Ruhe spielen«, sagte sie und gab mir ihre Hand.

Obwohl ich in dieser Situation über vieles hätte nachdenken können, kümmerte es mich nicht, wie der Rest der Anwesenden reagieren würde, wenn ich die Hand einer nackten Frau, die meine Mutter sein könnte, hielt und mit ihr das Tipi verließ. In diesem Moment war mir das nicht wichtig, ich konnte machen, was ich wollte. Niemand kannte mich. Außerdem wusste ich, dass an diesem Ort Klatsch und Tratsch keine häufigen Aktivitäten waren.

Wir gingen zusammen in die dunkle Nacht, ohne Mondlicht oder eine andere Lichtquelle. Ich ließ ihre Hand los, um eine Taschenlampe zu nehmen und beleuchtete für uns den Weg.

»Leg das weg, du brauchst das nicht«, sagte sie sanft und blieb neben mir stehen. »Folge mir einfach.«

Ich hörte auf sie, legte die Taschenlampe weg und folgte ihr blind. Buchstäblich. Die Nacht war dunkler als je zuvor. Obwohl meine Pupillen geweitet waren, mitten im Wald, half mir nichts. Sie war einige Schritte vor mir, sagte ab und zu etwas, sodass ich mich orientieren konnte. Ich fragte mich, wie sie überhaupt etwas sehen konnte und wohin sie mich denn führte. Ich spürte Aufregung, Neugier, aber auch Angst. Vor allem, als ich einen Bach hörte und wusste, dass wir eine Brücke überqueren mussten, um auf die andere Seite zu kommen.

»Hab keine Angst«, sagte sie kurz und ging auf die andere Seite.

Ich lauschte auf den Bach, der in dieser stillen Nacht schrecklich laut war, was meinen Respekt, den ich sowieso schon vor ihm hatte, nur noch verstärkte. Ich sah immer noch absolut nichts.

Ich tastete mit meinem rechten Fuß die Holzbrücke ab und begann mit beispielloser Langsamkeit, Millimeter für Millimeter, das Abenteuer des Überquerens. Sie bestand aus zwei dicken Ästen, die nebeneinander gelegt worden waren, mit einer kleinen Lücke in der Mitte. Ich erinnerte mich an Filme, in denen Menschen hängende Brücken überquerten, und ich zitterte und fühlte das Adrenalin im ganzen Körper.

Unzählige Augenblicke später war ich auf der anderen Seite!

Ich folgte der Waldfrau weiter bis zu ihrem Wohnplatz. Sie zündete eine Kerze an, die den Raum, in dem wir waren, beleuchtete. In der Mitte gab es ein paar dicke Decken, die als Bett dienten, drei Laken hingen auf Ästen und bildeten eine Wand. An einem Baum hing ein eingerahmtes Bild. Und das war's. Ein paar Kissen, eine Gitarre und einige Kleidungsstücke, die sie offensichtlich manchmal verwendete. Nur heute nicht.

Wir spielten einige Lieder und fingen ein Gespräch an. Ich mochte sie, die Art und Weise, wie sie Worte aussprach, ihre Glaubwürdigkeit, ihr impulsiver Wechsel zwischen den Gesprächsthemen. Sie war verrückt. Aber da sie die ganze Zeit lachte und dieses Funkeln in den Augen hatte, konnte ich nicht umhin, ihre Gesellschaft zu genießen.

Nach einigen wunderbaren Geschichten, vor allem ihren, legten wir uns auf die Decken in ihrem Heim, deckten uns mit einigen weiteren zu und schliefen hauteng beieinander liegend ein.

Am Morgen war die Waldfrau verschwunden. Ich schaute zum Himmel, streckte mich und lächelte wegen des Ausblicks. Ich hatte die Nacht im Wald verbracht, in einer Behausung, die aus ein paar Decken und Laken bestand, mit einem Bild an einem Baum. Neben einer wahnsinnigen Frau, die meine Mutter hätte sein können.

Das Leben war voller Wunder.

Nachdem ich ihr Haus verlassen hatte, kam ich zu der größten Herausforderung der vergangenen Nacht, zu der gefährlichen Holzbrücke, die ich mit wackeligen Schritten überquert hatte. Ich brach in Gelächter aus. Obwohl mir das Unterfangen am Abend zuvor als geradezu unmachbar erschienen war, wurde mir der wahre Stand der Dinge bei Tageslicht klar. Ich hätte die Brücke mit einem einzigen großen Schritt überqueren können. Ohne eine Spur von Anstrengung.

Bald traf ich Lukas, der mich zu der Stelle führte, wo man Kleidung, Schuhe oder irgendetwas abgeben konnte, das man nicht mehr brauchte. So konnten alle kommen und nehmen, was sie brauchten. Ein gratis Warenaustausch. Er sagte, dass es hier keine Lebensmittelreste gab, keinen Abfall oder irgendeine andere Art von Verschmutzung, mit dem die zivilisierte Welt ständig konfrontiert war.

»Hier produzieren die Menschen ihr Essen selbst oder sie gehen donnerstags auf den Markt in Órgiva, sie nehmen, was die Händler dort nicht losgeworden sind«, erklärte er. »Sie schätzen das wie reines Gold, man wirft nie etwas weg.«

»Im Gegensatz zu den westlichen Ländern, wo fast die Hälfte der produzierten Nahrung weggeworfen wird«, fügte ich hinzu.

»Genau«, bestätigte er. »Außerdem bauen hier alle ihre eigenen Heime, Möbel, alltägliche Notwendigkeiten und schätzen sie deswegen und werfen sie nicht leichtfertig weg.«

»Im Gegensatz zur westlichen Gesellschaft, die Sachen in Abhängigkeit von der aktuellen Mode ändert und kauft«, ergänzte ich.

»Bingo!« Er lachte. »Wenn es hier möglich ist, etwas zu recyceln oder wiederzuverwenden, wird das auch gemacht. Und was die Verschmutzung betrifft, das Leben hier hängt von ein paar Trinkwasserquellen ab, und wenn man sie nicht hat, gibt es auch kein Leben in Beneficio. Alle sind über die Wichtigkeit der Umwelterhaltung informiert, weil das das einzige Heim ist, das wir haben. Und wir wissen, dass die Umwelt uns so behandeln wird, wie wir sie behandeln.«

»Und die moderne Gesellschaft vergisst das, weil sich die Menschen zu weit von Mutter Natur entfernt haben«, ergänzte ich.

»Hier gibt es praktisch keinen Handel, keinen Reichtum, keine Armut, die Menschen brauchen keine Mobiltelefone und Kinder brauchen nicht das neueste Spielzeug.« Lukas beendete das Gespräch. »Hier findest du Gemeinschaft und Nachhaltigkeit.«

Wenige Augenblicke später trafen wir meine Begleiterin von letzter Nacht, besser gesagt, sie traf uns. Sie war in einer etwas anständigeren Aufmachung unterwegs als gestern Nacht, sie trug ein Höschen.

»Ich möchte, dass wir heute Abend miteinander schlafen«, sagte sie ohne Umschweife. Lukas beachtete sie gar nicht.

»Na ja, gestern haben wir zusammen geschlafen«, stotterte ich, mit einem gequälten Grinsen. »Nebeneinander.«

»Ja, aber ...« Sie lachte verführerisch.

Kurz darauf ging ich mit Lukas zum Gipfel des Berges, wo die Höhle war, in der er lebte. Ich wollte sein Heim sehen, aber auch meinem neuen Fan entkommen.

Gestern Nacht war wunderbar. Aber in meinem Kopf meldete sich immer wieder der Gedanke, dass sie meine Mutter hätte sein könnte. Und das machte mir die Vorstellung schwer, dass wir mehr als nur Freunde sein könnten. Hatte ich sie wegen ihres Alters diskriminiert? Wenn sie zwanzig Jahre jünger gewesen wäre, hätte ich mich wahrscheinlich nicht von ihr und ihrer Torheit, Nacktheit, ihren warmen Berührungen und ihrem Lächeln trennen wollen.

Nach einem Aufstieg von einer Stunde erreichten Lukas und ich die Höhle. Sie war wie eingehauen in den Felsen des Berges, man konnte sehen, dass sie schon seit Langem von Menschen als Wohnhaus benutzt wurde.

»Diese Höhle gehört niemandem«, sagte Lukas. »Niemand besitzt sie oder hat das Recht, sie zu benutzen. Außer die Natur. Wenn jemand in ihr leben will, kann er das machen. Es ist nur wichtig, dass man die Person, die schon drinnen ist, nicht stört, aber wenn sie frei ist, kann man einziehen.«

»Es wäre wunderbar hier zu leben«, dachte ich laut.

»Sie gehört heute Abend dir, wenn du möchtest«, antwortete er. »Ich hatte sowieso vor, bei einem Freund zu schlafen.«

Und so wurde ich ein Höhlenmensch.

Ich trug die große Matratze zum Eingang der Höhle, ganz nah an die Klippe. Ich genoss die Wolken, wenn ich schon die Sterne nicht genießen konnte, und das Einzige, das störte, waren Geräusche einer Feier, die aus dem nahen Órgiva heraufdrangen. Ich nahm an, dass die spanische Nationalmannschaft jemanden bei der Fußball-Weltmeisterschaft besiegt hatte.

Obwohl ich noch ein paar Jahre zuvor ein begeisterter Dinamo- und Nationalmannschaft-Fan war, kam mir der Gedanke, dass fast alle Spanier vor dem Fernseher gefangen waren, berauscht von der Feier und Freude, weil ihre Mannschaft unter dem Namen ihres Landes einen sportlichen Erfolg erzielt hatte, absurd vor. Fremd.

Ich erinnerte mich an den Moment, an dem ich mich entschlossen hatte, sportliche Ereignisse nicht mehr zu verfolgen. Das Spiel gegen die Türkei, 2008. Nach dem schockierendsten Abschluss überhaupt konnte ich gar nicht mehr aufhören zu weinen. Selbst Wochen später hatte ich ein mulmiges Gefühl im Bauch. Und alles wegen der Niederlage, die ein Team von elf sehr gut bezahlten Spielern erlitten hatte. Deswegen fühlte ich mich schlecht, depressiv.

In jenen Tagen hatte ich das Rezept für mich gefunden: Wenn sie gewinnen, würde ich mich mit ihnen freuen. Und wenn sie verlieren, was sowieso häufiger passierte, würde ich mich nicht aufregen. Ein perfekter Kompromiss. Die Welt war voll von Dingen, denen wir erlauben konnten, uns und unsere Stimmung zu beeinflussen. Ich wollte nicht länger, dass der Sport dieses Privileg hatte.

Ich überlebte die Nacht am Rand der Klippe und ging am nächsten Tag weiter, nach Nordosten.

Urteile nicht. Vergleiche nicht. Kategorisiere nicht.

Das waren die Lehren, die ich aus diesem kleinen Hippie-Dorf in den Bergen der Alpujarras mitnahm. Und die Notwendigkeit eines Kompromisses, einer Mitte zwischen den zwei Extremen. Das Leben in einer Zwischenkategorie zu leben, kein Hippie und auch kein städtischer Typ zu sein, oder irgendetwas anderes. Alle Welten erforschen, die man erforschen konnte, herausfinden, was man von welcher mochte, und das Beste mitnehmen.

Meinen eigenen Weg gehen, weit weg von Kategorien, Titeln, Gruppen. Ich selbst sein.

# Tag 577

»Wir haben Scheiße gebaut!«, hörte ich den Fahrer zum Beifahrer sagen. »Es ist doch ein Dieselmotor.«

Ich saß irgendwo auf der Autobahn zwischen Granada und Alicante in einem Auto, das mich ein paar Minuten vorher mitgenommen hatte, als aus dem Auspuff des Autos Rauch kam, als ob es mit dem Tipi aus Beneficio verwandt wäre, wenn sich am Abend dort die Menschen versammelten. Fahrer und Beifahrer hatten Benzin anstelle von Diesel getankt.

Wir kamen irgendwie bis zum Automechaniker, verbrachten dort ein paar Stunden, und danach fuhren sie mich zu einem Dorf, das ein paar Hundert Einwohner hatte. Dort verbrachte ich noch ein paar Stunden auf der Straße und wartete, dass jemand von den wenigen Fahrern Erbarmen mit mir hatte und mich weiter mitnahm, bis nach Alicante, von wo aus ich am nächsten Tag einen Flug nach Venedig kriegen sollte, den mein Vater bezahlt hatte.

Diese Stunden war ich die Hauptattraktion im Dorf. Menschen kamen auf mich zu, um ein bisschen mit mir zu sprechen, Kinder boten mir Limonade an, alte Männer beobachteten mich von ihren Balkons aus. Ich war nur für die Fahrer nicht interessant, genau die Menschen, deren Aufmerksamkeit ich wirklich brauchte.

»Hast du Hunger?«, fragte mich eine Gruppe von Kindern, nachdem ich gesagt hatte, dass ich einen Sonnenstich vom Warten in der Sonne hätte.

»Ja«, antwortete ich.

»Komm!«

Sie führten mich zu einem Mandarinenbaum und halfen mir, einige Früchte, noch keine reifen, aber dennoch schmackhafte, zu pflücken. Sie zeigten mir den Weg zu einer Quelle, an der ich leere Flaschen mit Wasser füllen konnte, und als es dunkel wurde, führten sie mich zu einem verlassenen Haus und sagten, dass ich dort schlafen und, wenn ich wolle, vor dem Schlafen mit ihnen Fußball spielen könne. Ich sagte beides zu.

Sie begleiteten mich bis zu meiner Matratze und meinem Schlafsack und sagten, dass ich morgen nicht abreisen sollte, bevor wir uns verabschiedet hätten.

Am Morgen hatte jeder von ihnen eine Plastiktüte, in denen verschiedene Geschenke waren: Kekse, Früchte, Sandwiches, Säfte. Um für den Weg etwas dabei zu haben. Das machte mich sprachlos. Sie wollten mir sogar ein paar Euro von ihren Ersparnissen geben, sodass ich mir einen Bus bis Alicante leisten konnte, aber das lehnte ich mit einer Menge von Worten des Dankes ab.

Wir verabschiedeten uns mit einem gemeinsamen Foto, ich ließ ihnen meine Kartons, die ich für das Trampen und Spielen vor dem Schloss benutzt hatte, zurück, schaffte es an diesem Tag bis zum Flughafen und war ein paar Stunden später in Venedig, bei meiner lieben Sarah, und ein paar Tage später in Zagreb.

Ein weiteres Abenteuer erfolgreich beendet.

Zusätzlich zu alldem, das ich erlebt hatte, waren ein paar Hundert Menschen virtuell mit mir gereist, über meine neue Facebook-Seite. Ich erhielt Worte voller Unterstützung von völlig Fremden, die mich durch Empfehlungen ihrer Freunde oder per Zufall aufgesucht hatten. Sie gratulierten mir zu meinem Mut, ermutigten mich, weiterzumachen, und einige fragten mich, ob ich vorhätte, jemanden mitzunehmen, und dass sie gerne mitkommen würden.

Das erfüllte mich nach der Rückreise mit positiver Energie. Im Gegensatz zu der ersten Reise, nach der ich eher niedergeschlagen nach Hause gekommen war, gestaltete sich die Situation dieses Mal anders. Ich hatte einen Plan. Eine Idee, an der ich gearbeitet hatte.

Jetzt musste ich sie auf ein höheres Niveau bringen.

Ich nahm mein Marketingbuch, nicht weil ich für die letzte Prüfung lernen wollte, sondern um zu sehen, was der nächste Schritt war. Ich brauchte die Aufmerksamkeit der Medien, Menschen, die meine Seite verfolgen würden. Ich brauchte Sponsoren.

Und ich hatte dreißigtausend gute Gründe dafür.

# Tag 794

»Der Mann, bei dem ich in diesem Dorf schlief«, fahre ich fort, »fand eine Gitarre für mich. So spielte ich ein wenig und verdiente etwas Geld, Sandwiches, Säfte.«

Ich hätte ihr auch erzählen können, dass ich als Dealer gearbeitet habe. Oder es wenigstens versucht habe.

Die Öffentlichkeit liebt diese Wow-Geschichten. Diese kleinen ungewöhnlichen Details, mit Hilfe derer die Menschen in ihren Köpfen ein ganzes Szenario aufbauen können, auch wenn dieses oftmals nichts mit der Realität zu tun hat. Und die Reisenden und Geschichtenerzähler lächeln in diesen Situationen nur rätselhaft und lassen der Phantasie der Menschen freien Lauf.

Die Linie zwischen persönlichem Wachstum, Reife und Weisheit, die dir die Straße bringen kann, und einem Egotrip ist fein. Sehr fein. Manchmal überschreite ich sie auch selbst. Manchmal denke ich, ich sei klüger als andere, nur weil ich etwas mehr Kilometer und einige interessante Geschichten hinter mir habe. Ein paar illegale Handlungen, Herzschmerz und Nächte unter dem Sternenhimmel.

Dabei vergesse ich vielleicht die wichtigste Lektion, die uns das Reisen lehren kann: Bescheidenheit. Ich vergesse die Erkenntnis, dass wir so klein, so unwichtig sind, und lediglich auf der Durchreise. Die Erkenntnis, dass jeder von uns eine Geschichte und einen Lebensweg hat und keiner besser oder wichtiger als der andere ist.

*Ich bin ein Reisender. Ich bin ein Tramper. Die Welt ist mein Heim.* Das ist manchmal nur eine andere Art zu sagen: *Ich bin einfach toll und niemand ist wie ich. Eine Einheit, wie keine andere. Einzigartig.*

Genauso wie ich meinen Kollegen an der Universität stolz erzählte, dass ich Broker war. Ich dachte, dass mich das definierte, dass diese Tatsache zeigte, wer ich war. Ich dachte, ich wäre wichtig.

So wie ich eines Tages wahrscheinlich mit Stolz sagen werde: Ich bin ein Schriftsteller.

»Sie reisen allein?«, lautet die nächste Frage von Daniela.

»Ja.«

Ich nehme an, dass sie die Geschichte von dem Schaf, das mich auf allen bisherigen Reisen begleitet und in Andalusien den Namen Maria Juana del Campo bekommen hat, nicht interessiert. Maßgeblich für die Namensfindung war sein süßes Gesicht mit dem sanften Lächeln und den halb geschlossenen Augen, ebenso wie die Opiate mit ähnlichem Namen, die an diesem Abend konsumiert worden waren.

Ich habe das Reisen in Gesellschaft schon vor langer Zeit aufgegeben, schon nach meiner ersten Reise nach Amsterdam. Ich wusste, dass die meisten meiner Freunde nicht den Wunsch hegten, auf diese Art zu reisen, oder, wenn sie ihn gehabt hätten, in letzter Minute abgesagt hätten. Und auf Überzeugungsarbeit und Anpassung hatte ich keine Lust.

»Außer bei meiner vorletzten Reise«, füge ich hinzu. »Ich habe vor Kurzem, nach dem Vorbild von Shale, meine Facebook-Seite eingerichtet ...«

# Tag 501

Eines Tages, als ich noch nicht sicher war, ob ich eine Gigolo- oder doch eher eine Bankräuberkarriere starten sollte und mich für die letzte Prüfung an der Uni vorbereitete, bekam ich eine E-Mail.

*Hallo Tomislav,*
*bald organisieren wir die zweite Konferenz zum Thema Reisen in den Räumen des SZ (Studentenzentrums) in Zagreb. Die reisenden Moderatoren werden jeweils zehn Minuten für ihren Vortrag haben, über irgendein Thema, das mit Reisen in Zusammenhang steht. Das Ziel ist es, beim Publikum (vor allem den Jugendlichen) das Interesse am Reisen zu wecken und ihnen zu zeigen, dass man dafür nur ein wenig Willen und Mut braucht.*
*Wir möchten, dass jemand auch eine Präsentation über das CouchSurfing macht, melde dich, wenn du dieser Jemand sein kannst.*
*Der Plan der Vorträge und die Liste der Moderatoren befinden sich im Anhang.*
*Gruß!*

Ich las die E-Mail noch einmal, warf einen Blick auf die Gastmoderatoren und stieß auf berühmte Namen von Reiseschriftstellern. Unter ihnen war auch – Shale!

Ohne nachzudenken antwortete ich:

*Ihr könnt auf mich zählen!*

Wie konnte ich das Angebot, eine Präsentation über CS, das mich so viel gelehrt hatte und das für all die Veränderungen in meinen Leben in den letzten Jahren weitgehend verantwortlich war, ablehnen? Umso mehr, weil ich in der Gesellschaft von Menschen sein würde, die schon gereist waren, als ich noch in der Grundschule war. Vielleicht würde Shale meine Einladung auf ein Bier dieses Mal nicht ablehnen?

Die nächsten paar Tage war ich mit der Präsentation beschäftigt. Ich investierte Stunden und Stunden, um die Fotos auszuwählen, die Slides in der richtigen Ordnung zu präsentieren, die Menschen zum Lachen zu bringen, Fragen vorzubereiten, die ich meinen Freunden geben wollte, damit sie mich am Ende der Präsentation etwas fragten, falls sonst niemand Fragen stellte.

Ich lud meine Eltern zu dem Vortrag ein und gestand ihnen endlich, dass alle meine Reisen per Anhalter abgelaufen waren. Mein Vater wollte aus Prinzip nicht kommen, weil er mit so einer Art des Reisens und meinem Lebensstil nicht einverstanden war, doch meine Mutter hatte unbemerkt einen Platz in der dritten Reihe gefunden und geduldig auf den Anfang der Präsentation gewartet.

In diesem Moment plante ich, wie ich mich Shale vorstellen könnte, der mit Maja sprach, meiner Bekannten von der Uni und Reisebüromitarbeiterin. Ich wartete einen geeigneten Moment ab, ging zu ihnen, begrüßte Maja und wandte mich dann an Shale: »Tomislav, freut mich.«

»Hallo, Shale.«

»Ich weiß, ich habe vor ein paar Monaten bei dir geklingelt und wir haben schon über deine Sprechanlage miteinander geredet.«

»Das warst du?«, meinte er überrascht, aber gut gelaunt. »Haha, sorry, Alter, ich hatte Probleme mit meiner Freundin, und es kam mir ein wenig seltsam vor, mit einem Fremden ein Bier trinken zu gehen.«

»Kein Problem.« Ich hatte ihm auf der Stelle verziehen. »Es wird eine andere Gelegenheit geben.«

»Wir können gleich nach dem Vortrag gehen.«

»Klar!«

Er war wieder mein Lieblingsautor.

Ich saß da und hörte den Vortragenden zu, wie sie die schönsten und unvergesslichsten Orte, die sie gesehen hatten, beschrieben, wie sie erklärten, warum und wie sie reisten und was sie auf ihren Reisen gelernt hatten. Jeder von ihnen hatte einen bestimmten Stil: Sie flogen mit Flugzeugen, gingen zu Fuß, segelten, gingen an Orte, wo andere nicht gewesen waren. Sie schliefen in Hotels, Hostels, Privatunterkünften. Einer von ihnen sprach über den Tausch von Häusern durch Haustauschferien.com und darüber, dass man auf diese Weise reisen und vorübergehend in wunderschönen Häusern auf der ganzen Welt kostenlos wohnen konnte. Sie hatten über ihre Reisen Bücher geschrieben, Zeitungsartikel, Reportagen, Blogs, hatten Dokumentarfilme gedreht oder die Welt mit einem Kameraobjektiv für die Ewigkeit festgehalten. So finanzierten sie ihren Lebensstil und ihre weiteren Abenteuer.

Ich hörte zu, lernte und dachte nach. Es wäre nicht schlecht, das zu tun, was sie machten: mit dem Reisen Geld zu verdienen. Anstatt nach der Uni ins Ausland zu gehen und dort meine Schulden mit einer langweiligen Arbeit abzubezahlen, konnte ich vielleicht das machen, was ich liebte: reisen und sogar noch Geld dafür bekommen.

Ich war an der Reihe. Ich stand auf und schilderte meine Erfahrungen mit CouchSurfing, als Gastgeber und Gast. Ich erwähnte ein paar Geschichten, die ich während des Trampens erlebt hatte, und versuchte, in zehn Minuten den Anwesenden die Art und Weise, wie ich reiste, zu beschreiben und aufzuzeigen, wie billig das eigentlich war. Aus den interessierten Gesichtern und der Menge an Fragen am Ende des Vortrags schloss ich, dass es mir gelungen war, sie für meine Art des Reisens zu begeistern.

An diesem Abend, wie an jedem Abend, den ich in meinem Elternhaus verbrachte, ging ich auf den Balkon, lehnte mich an das Geländer und dachte über den Tag nach.

Ich hatte einen Vortrag Seite an Seite mit bekannten kroatischen Reiseschriftstellern gehalten und das Gefühl gehabt, dass ich das auch tun konnte: meine Leidenschaft, das Reisen, in eine Einnahmequelle transformieren. Ich wusste, dass es bei ihnen Jahre gedauert hatte, bis ihre Bücher verkauft wurden, bis sie Geld von verschiedenen Zeitungen oder Sendern für Reportagen, für Dokumentarfilme oder Fotografien bekamen. Ich hatte nicht so viel Zeit und auch kein besonderes Talent für das Schreiben und Fotografieren.

Andererseits hatte ich an diesem Tag gesehen, dass ich mich von ihnen in einem wichtigen Punkt unterschied. Ich hatte, wirtschaftlich formuliert, einen Wettbewerbsvorteil. All diese Reiseschriftsteller, Fotografen oder Kameraleute reisten mehr oder weniger konventionell, und das kostete viel Geld. Von mir konnten die Menschen erfahren, für welche Reisen man nicht viel Geld benötigte, wie man trampte, in fremden Häusern schlief, Gitarre auf der Straße spielte, Arbeiten verrichtete.

Alle wollten reisen, doch niemand hatte Geld. Das hieß, dass alle gerne wissen wollten, wie man ohne Geld reisen konnte.

Ich hatte eine Idee!

Doch um die Idee in die Tat umzusetzen, musste ich einen Kanal haben, der mir half, die Menschen zu erreichen. Das Fernsehen, die Zeitungen, das Radio, niemand war so verrückt, einem unbekannten Kerl Geld zu geben, der sich entschlossen hatte, zu reisen und das zu dokumentieren. Ich war mir übrigens sicher, dass schon eine Menge Menschen vor mir diese Idee gehabt hatten. Ich brauchte einen direkten Weg, um das Publikum, wenn möglich gratis, zu erreichen.

Internet!

Heute waren alle die ganze Zeit im Internet, lasen Portale anstatt Zeitungen, Blogs anstelle von Büchern, man traf Freunde in sozialen Netzwerken anstatt zum Kaffeetrinken.

»Meine Reisetexte wurden veröffentlicht, weil ich im Vergleich zu anderen Reiseschriftstellern eine andere Taktik verfolgte«, hatte mir Shale an diesem Tag gesagt. »Ich habe den Zeitschriften Texte gratis angeboten, in denen ich die Sponsoren erwähnte oder ein T-Shirt mit ihrem Logo auf der Brust trug. Andere haben mich deswegen kritisiert, weil man bis dahin nur durch die Texte Geld verdient hat und nicht durch Sponsoren.«

Ich stieg durch das Fenster zurück ins Zimmer und schaltete meinen Computer ein. Ich ging auf Shales Facebook-Seite und schaute sie mir ein wenig an. Der Mann hatte in den letzten paar Monaten einige Tausend Menschen versammelt, die ihm folgten, und Facebook schien eine tolle Plattform für die Übertragung kurzer Texte, Fotos und Videos zu sein.

Facebook und ich hatten eigentlich eine große Ähnlichkeit, wir widmeten uns allem ein bisschen, taten aber nichts vollständig. Das mochte ich. Ich war kein Schriftsteller und auch kein Fotograf, doch nachdem ich einige Fotos veröffentlicht und kommentiert hatte, sagten mir einige Freunde, dass sie das Gefühl hätten, als ob sie mit mir reisen würden.

Ich schaute auf mein Marketingbuch, aus dem ich eigentlich für meine Prüfung hätte lernen sollen, und legte es in die Schublade, sodass es mich nicht von meinem eigenen Marketingvorhaben ablenkte: dem Einrichten einer Facebook-Seite.

Zuerst musste ich einen Namen finden. Etwas, das alle verstanden, auf Englisch, mit einer Geschichte. Etwas, an das man sich einfach erinnern würde.

»Natürlich!« Ich lächelte und erinnerte mich an einen Namen, den mir jemand in einem Berliner Park gegeben hatte. Thomas Love. Und da es auf der Seite über meine Abenteuer gehen würde, lag die Lösung auf der Hand: Thomas Love's Adventures. Es hatte sogar eine doppelte Bedeutung, es konnte Tomislavs Abenteuer, aber auch Thomas liebt Abenteuer bedeuten, wenn man das Apostroph ignorierte.

Ich verbrachte die ganze Nacht damit, Bilder von früheren Reisen zu posten und zweisprachige Kommentare zu schreiben. Gleichzeitig erlebte ich alles ein weiteres Mal und dachte daran, wie schön es wäre, wenn ich alles noch einmal machen könnte. Vielleicht sollte ich das? Wenn ich schon daran arbeitete, ein Reiseschriftsteller zu werden, sollte ich auch reisen, oder? Vielleicht war das mein erster geschäftlicher Schritt?

Ich nahm die ramponierte Karte von Europa und entschloss mich spontan: Spanien! Beim ersten Mal hätte ich es viel besser kennenlernen können, das war meine neue Chance! Morgen würde ich ein Datum festlegen und dann würde es losgehen.

Ich schlief sehr glücklich ein.

# Tag 794

Der Vortrag im Studentenzentrum, das Bier mit Shale (der mit mir im Studio gewesen war und der mich der Redaktion als Gast vorgeschlagen hatte) und das Einrichten meiner Facebook-Seite sind die Hauptgründe, weshalb ich Daniela gegenüber sitze und ihre Fragen beantworte. Wenn es diesen Tag nicht gegeben hätte, hätte ich immer noch meine Reisen, aber niemand würde etwas darüber wissen.

Ich frage mich oft, warum ich so viel Wert darauf lege, dass jemand von meinen Reisen hört. Sollte ich nicht einfach reisen und alles für mich behalten, das Internet, Medienauftritte und erste Sponsoren ignorieren? Wäre das nicht ein echter Reisender? Dieser einzig wahre, dessen Ego nicht reagiert, wenn er einen Artikel über sich auf einem Internetportal sieht, der keine Fotos auf Facebook postet und sich über jedes Like freut, der cool ist und den diese oberflächlichen und unwichtigen Dinge nicht kümmern?

Aber jedes Mal versicherte ich mir aufs Neue, dass ich das Richtige tat. Auch wenn ich den wichtigsten Faktor ignorierte, weswegen ich überhaupt über das Marketing meiner Reisen nachdachte, meine hohen Schulden, war ich stolz auf den Weg, den ich gewählt hatte.

Ich berührte mit meinen Geschichten, indem ich sie im Internet veröffentlichte und mit den Interessierten teilte, wenigstens einige Menschen. Und mit meiner Geschichte wollte ich andere ermutigen, sich ein paar Fragen zu stellen, etwas in ihrem Leben zu verändern, dem Reisen, das mich so glücklich gemacht hatte, eine Chance zu geben. Ich wusste, wie es war, auf der anderen Seite zu sein. Ich war selbst auf einem komplett anderen Lebensweg gewesen, den ich durch die Geschichten anderer Menschen hatte ändern können. Sie hatten mir den anderen, besseren, spannenderen Weg aufgezeigt. Das Lesen der Texte im Internet, Ninas Gesellschaft, Gespräche mit zahlreichen CouchSurfern, alles hatte einen riesigen Einfluss auf mein jetziges Leben.

Und nun hatte ich, auf eine andere Art und Weise, ohne in ein fremdes Wohnzimmer zu gehen, das Gleiche getan. Ich hatte Menschen ermutigt zu phantasieren. Und ich war stolz auf mich selbst.

Ich lebte das Leben so, wie ich es leben wollte, und teilte es ohne Probleme mit der Öffentlichkeit. Die Tatsache, dass ich bereit war, mein Leben mit anderen zu teilen, war ein Zeichen dafür, dass ich auf dem richtigen

Weg war. Dass ich mich für meine Handlungen nicht schämen musste. Dass das einfach ich war. Und dass ich mich mochte, ob es anderen passte oder nicht. Und den Likes nach zu urteilen, gefiel das nicht nur mir.

Natürlich, man musste immer auf die feine Linie achten – das man nicht zu sehr in sich selbst verliebt ist.

»Langsam hatte ich immer mehr Fans auf der Facebook-Seite«, antworte ich Daniela, »und manche äußerten sogar den Wunsch, mit mir gemeinsam zu reisen. Eines Tages hatte ich die Idee, ihnen das zu ermöglichen, und organisierte das Tramp-Wettrennen von Zagreb nach Istanbul ...«

# Tag 611

»Shale war vor ein paar Tagen in Dobro jutro, Hrvatska.[15] Vielleicht könntest du ihnen eine E-Mail schicken«, schlug Tea eines Nachmittags vor, als wir nach ihrem Arbeitstag in einer Bierstube waren.

Das Erste, das ich nach der Rückkehr aus Andalusien machte, war, das Reisebüro zu besuchen, das mir angeboten hatte, mein Sponsor zu sein. Ich wollte Tea kennenlernen, die Eigentümerin dieses Reisebüros, mit dem ich also eventuell zusammenarbeiten würde. Als sie und Maja vorgeschlagen hatten, ein Bier trinken zu gehen, wusste ich, dass wir uns gut verstehen würden. Im Prinzip hatten wir vereinbart, dass wir einander über Facebook empfehlen würden, sie mich über ihre Seite, ich sie über meine. Und wenn ich auf zu neuen Abenteuern gehen würde, würden sie mir T-Shirts und eine Reiseversicherung sponsern im Tausch gegen ein paar Fotos mit ihrem Logo auf meinem Rücken.

Schön und gut.

Das Zweite, das ich tat, war, dass ich mich auf forum.hr registrierte, dem größten und meistbesuchten kroatischen Forum, um auch diese Plattform zur Eigenwerbung zu nutzen. Das Forum hatte viele Leser und war gratis, genau das, was ich brauchte. Aber mir fehlte eine Taktik. Wenn ich Menschen andauernd zwingen musste, meine Facebook-Seite zu liken oder meine Fotos von der Reise anzuschauen, würde ich nicht sehr erfolgreich sein. Ich wusste, dass ich Menschen nerven würde und sie mir aus Prinzip keinen gehobenen Daumen geben würden.

Ich navigierte zum Unterforum Tourismus und verbrachte ein paar Tage damit, es zu analysieren. Den Kern des Forums bildeten Nutzer, die schon jahrelang dort waren. Und wenn ein Neuer dazustieß und gleich am Anfang neunmalklug daherkam, konnte er dort nicht lange bestehen. Nicht anders, als wenn ein neues Kind in einer Schulklasse gleich den Klugscheißer gab. Es hatte Glück, wenn es ohne Prügel nach Hause ging. In diesem Fall waren es virtuelle Prügel, aber nicht weniger schmerzhaft.

Ich startete das Thema »Reisen mit sehr geringem Budget« und fragte die Forum-Menschen, auf welche Art sie billig reisten, beschrieb meine eigene Methode kurz und platzierte in der Unterschrift unauffällig den Link zu meiner Facebook-Seite.

---

15 »Guten Morgen, Kroatien«, eine TV-Sendung.

Ich drückte ENTER und drückte die Daumen.

Als die zweite Person schrieb, dass sie sich meine Seite angesehen und ich den gleichen Stil wie der Typ aus *Into The Wild* hätte, wusste ich, dass ich den Nagel auf den Kopf getroffen hatte.

Die alten Forum-Mitglieder führten eine Diskussion über meine Art des Reisens, ich antwortete bescheiden und versuchte, nicht damit zu prahlen, dass meine Art des Reisens besser als die von jemand anderem wäre. Immerhin war das auch nicht nur meine Art zu reisen, sondern die einer Menge Menschen. Ich hatte sie nur einer breiten Öffentlichkeit über das Internet vorgestellt. Ich musste ein paar virtuelle Angriffe von Leuten hinnehmen, die mich beschuldigten, dass ich die Freundlichkeit der Menschen, bei denen ich geschlafen hatte, missbraucht hätte, und das Beste war, dass ich mich nicht selber verteidigen musste. Die anderen Mitglieder im Forum erledigten das für mich, als sie sahen, dass ich meine Geschichte nicht aggressiv zu verkaufen versuchte.

Die Anzahl der Likes auf Facebook stieg von Tag zu Tag.

Der dritte Schritt nach der Reise war, mich bei meiner Freundin aus der Mittelschule zu melden, die als Journalistin bei der Zeitung 24sata[16] arbeitete. Sie hatte ein Interview für ihre Zeitung arrangiert, und sie fotografierten mich mit meinem Rucksack, meiner Gitarre und meinen Straßenkarten und setzten mich, nicht mehr und nicht weniger, auf die Titelseite.

Ich war mit meiner Leistung sehr zufrieden, mehr als tausend Menschen folgten meinen Abenteuern. Und das bekam ich alles komplett gratis. Ich bekam weiterhin viel Unterstützung von vielen Menschen, es erreichten mich aber auch Bitten von denen, die sich mir auf einer späteren Reise anschließen wollten, doch darauf hatte ich keine Lust. Es war eine komplett andere Sache, alleine zu reisen, als jemanden mitzunehmen, insbesondere jemanden, den man nicht kannte.

Nun erfuhr ich von Schritt Nummer vier, als mir Tea vorschlug, dass ich mich beim HRT[17]-Team der Morgensendung melden sollte.

»Denkst du, sie würden mich einladen?«, fragte ich sie ein wenig ängstlich.

»Es gibt nur einen Weg, um das herauszufinden«, ermutigte sie mich.

Ich trank mein Bier zu Ende und ging nach Hause, um die E-Mail zu schreiben.

16 »24 Stunden«, kroatische Tageszeitung.

17 Kroatischer Rundfunk.

*Sehr geehrte Damen und Herren,*

*ich melde mich mit dem Vorschlag für einen Beitrag, den sie in ihrer Sendung Dobro jutro, Hrvatska zeigen könnten.*
*Mein Name ist Tomislav, ich bin im letzten Jahr des Wirtschaftsstudiums an der Universität in Zagreb, und wenn es keine Prüfungen gibt, reise ich auf eine bestimmte Art und Weise, mit einem Budget von sechs, sieben Euro pro Tag. Ich benutze Trampen als Transportmittel, für die Unterkunft ein Zelt oder CouchSurfing, ich spiele Gitarre auf der Straße und so weiter.*
*Letztes Jahr habe ich eine Reise gemacht, auf der ich zwanzig Länder und mehr als fünfzig Städte besucht habe und mehr als zwölftausend Kilometer per Anhalter gereist bin.*
*Ich habe auch eine Facebook-Gruppe, die über tausenddreihundert Mitglieder zählt, in der ich Bilder und Geschichten von der Reise poste.*

Ich machte eine Pause und las das Geschriebene.

Etwas fehlte. Wenn ich ihnen schrieb, wo ich war und was ich gemacht hatte, sollte ich auch etwas für die Zukunft ankündigen, ein neues Projekt, etwas, das die Zuschauer noch mehr interessieren könnte.

Ich wusste auch schon, was!

*Ich werde ein Tramp-Wettrennen organisieren, das erste in der Region. Alle, die mitmachen wollen, können sich bewerben, und es wird komplett gratis sein.*

Ich holte die Straßenkarte von Europa aus dem Schrank und wählte die Route, die mich am meisten interessierte.

*Das Rennen wird von Zagreb nach Istanbul gehen, über Belgrad, Skopje, Thessaloniki und Xanthi. Ich glaube, dass das ihre Zuschauer interessieren könnte, vielleicht ermutigt sie das, selbst eine abenteuerliche Reise zu unternehmen.*
*Ich stehe für alle Fragen zur Verfügung.*

*Mit freundlichen Grüßen*
*Tomislav Perko*

Dies könnte ein großer Erfolg werden, zwei Fliegen mit einer Klappe … Als Gast in der Sendung würde ich große Aufmerksamkeit in den Medien bekommen, und ich würde den Menschen, die mir geschrieben hatten, dass sie einmal mitkommen möchten, dies auch ermöglichen.

Bereits am nächsten Tag hatte ich eine Antwort im Kasten.

*Sehr geehrter Tomislav,*

*die Art und Weise, wie Sie Ihre Reisen realisieren, ist sehr interessant, und um detaillierter über Ihre Erfahrungen und eine mögliche Zusammenarbeit sprechen zu können, schlage ich vor, dass Sie mir eine Nummer schicken, sodass ich Sie kontaktieren kann.*
*Montags haben wir Reiseberichte in der Sendung und vielleicht könnten wir Sie einladen. Auf jeden Fall werde ich mich bald melden.*

*Mit freundlichen Grüßen*
B.

Das war's. Ich würde im Fernsehen zu sehen sein!

# Tag 617

Das Interview am frühen Morgen verlief toll. Danach war ich um ein paar Hundert Facebook-Likes reicher und hatte rund zehn Nachrichten und E-Mails von Menschen, die am Istanbul-Abenteuer interessiert waren, bekommen. Ich antwortete allen, sagte ihnen, dass ich sie über die Facebook-Seite auf dem Laufenden halten würde und der Beginn der Reise im Oktober sein sollte, nach Ende der Prüfungsphase an der Universität.

Jetzt musste ich alles nur noch organisieren.

»Ich hoffe, ihr werdet sie nicht brauchen«, scherzte Tea und versprach Reiseversicherungen für jeden Teilnehmer des Reise-Abenteuers.

»Mist, darüber habe ich gar nicht nachgedacht«, antwortete ich besorgt. »Was, wenn jemandem während der Reise etwas passiert? Obwohl die Reise gratis sein wird, weil wir trampen und couchsurfen, ist klar, wer verantwortlich ist, falls etwas geschieht.«

Dieser Gedanke quälte mich bis zum Ende des Tages, bis ich beschloss, nicht mehr darüber nachzudenken. Denk positiv. Das hatte mich die Straße gelehrt. Sie würde mich nicht im Stich lassen, wenn es am wichtigsten war.

In den folgenden Wochen bekam ich weiterhin E-Mails und speicherte sie für den Tag, an dem alles veröffentlicht werden sollte. Mehr als dreißig Menschen zeigten Interesse an der Reise. Das war eigentlich gar keine so grandiose Nachricht – wo sollten dreißig Menschen in all diesen Städten Unterkunft finden, wie sollten dreißig Leute gleichzeitig auf denselben Straßen und Autobahnen trampen?

Tag für Tag schrieb ich CS-Gemeinden in den Städten, durch die wir fahren sollten. Die Reaktionen waren toll. Als ich erklärte, um was es ging, dass eine Menge Menschen ein Tramper-Abenteuer von Zagreb nach Istanbul machen würde, waren sie sehr hilfsbereit. In jeder Stadt hatten wir vier, fünf Gastgeber, in Skopje allerdings hatten wir nur einen.

Schließlich, eines Abends, hielt ich alles schriftlich fest. Ich musste den Menschen die Spielregen des Rennens erklären. Ich setzte mich hin und begann:

*Da sich das Abreisedatum gefährlich schnell nähert, wird es Zeit, detaillierte Informationen über das ganze Tramp-Wettrennen von Zagreb nach Istanbul zu veröffentlichen, sodass sich alle vorbereiten können!*

## INFORMATIONEN

*Jeder, der an der Reise teilnehmen will, muss:*

1. *eine E-Mail mit vollem Namen und Nachnamen, Adresse, Geburtsdatum und Link seines CS-Profils schicken (wer keins hat, kann eins erstellen),*
2. *sich dessen bewusst sein, dass das keine gewöhnliche Reise ist, sondern ein Abenteuer, bei dem wir trampen, CouchSurfing nutzen und viele unvorhersehbare Dinge erleben werden. Alle sind für sich selbst verantwortlich,*
3. *einen Reisepass haben, der noch mindestens sechs Monate gültig ist,*
4. *etwas Geld für Essen oder Notfälle haben, sowie ein Handy mit ein bisschen Guthaben,*
5. *Respekt gegenüber den Menschen, mit denen man reist, fährt und bei denen man schläft, an den Tag legen,*
6. *fair sein. Das ist ein Wettrennen, aber es gibt keinen Preis. Zusammenarbeit ist das Ziel, nicht der Wettbewerb.*

*Der Reiseplan ist nicht 100 Prozent sicher, aber das sollte die ungefähre Route sein: Belgrad – Skopje – Thessaloniki – Xanthi – Istanbul – Sofia – Zagreb.*

*Die geschätzte Dauer der Reise ist drei Wochen. Was das Trampen betrifft, werden wir in Männer-Frauen-Paaren reisen. Ihr könnt euren Partner vor der Abreise finden, und falls ihr niemanden habt, werden wir Paare nach einem Zufallsprinzip bilden.*

## SPIELREGELN

*Vielleicht ist das Wort Regel nicht die beste Wahl, aber ich habe ein paar Vorschläge, wie es auf der Straße ablaufen sollte:*

1. *Ich wiederhole noch einmal, ihr müsst euch gegenüber den Teilnehmern, Fahrern und Gastgebern gut benehmen. Ich habe keine Zweifel, dass ihr das tun werdet. Falls es irgendwelche Probleme gibt, werden wir uns hinsetzen und über das unangemessene Verhalten derjenigen Person sprechen. Ich werde nicht der Richter sein, wir werden die Entscheidungen gemeinsam treffen.*
2. *Das Ziel des Wettrennens ist, so schnell wie möglich in eine Stadt zu kommen, ABER es ist wünschenswert, unterwegs etwas zu erleben.*

*In jeder Stadt werden den Teilnehmern Punkte zugesprochen, und am Ende des Rennens wird der Gewinner verkündet, und dieser gewinnt – nichts.*

3. *Wenn es ums Betrügen geht, ist das nicht nur erlaubt, sondern erwünscht! Tut also alles, was in eurer Macht steht, um in eine bestimmte Stadt zu gelangen. Wenn ihr einen Freund habt, der euch von einer Stadt in die andere fahren wird, nur zu. Ihr bekommt am meisten Punkte für Spitznamen wie »Warmduscher«, »Betrüger« und dergleichen. Die Idee ist, Spaß zu haben, ohne dass jemandem etwas passiert. Das ist eure Reise, niemand bestimmt, wie ihr reisen sollt.*
4. *Beim Addieren der Punkte soll man ehrlich sein. Jeder wird seine eigene Zeit messen, wie lange es gedauert hat, von einer Stadt bis in die andere zu kommen, und beschreiben, was er erlebt hat. Niemand wird es beweisen müssen, wir werden euch glauben.*

*Ihr bekommt Punkte, wenn:*

- *ihr die schnellste Gruppe seid. Das gibt 5 Punkte, jede weitere einen Punkt weniger,*
- *ihr die lustigste/verrückteste Geschichte erzählt, die ihr unterwegs erlebt habt. Das gibt 3 Punkte,*
- *ihr in einem Dorf strandet, am Straßenrand schlaft oder überhaupt nicht ans Ziel kommt. Das gibt 5 Punkte,*
- *ihr das Frühstück/das Mittagessen/das Abendessen mit dem Fahrer teilt. Das gibt 2 Punkte,*
- *ihr das interessanteste Souvenir von unterwegs mitbringt. Das gibt 1 Punkt,*
- *ihr das beste Foto der Reise macht. Das gibt 1 Punkt,*
- *ihr dem Fahrer bei der Reparatur seines Autos helft. Das gibt 2 Punkte,*
- *ihr die Nacht mit der Person verbringt, die euch gefahren hat (ohne Sex). Das gibt 4 Punkte,*
- *ihr die Nacht mit der Person verbringt, die euch gefahren hat (Sex inbegriffen). Das gibt 3 Punkte,*
- *euch ein Ferrari, Porsche oder etwas Ähnliches mitnimmt. Das gibt 3 Punkte,*
- *euch der Fahrer fahren lässt. Das gibt 2 Punkte (+5 wenn es ein Ferrari oder Porsche war),*
- *euch der Fahrer direkt zur Adresse eurer Gastgeber fährt. Das gibt 2 Punkte.*

*Wenn euch jemand vergewaltigt, tötet oder euch eine Niere stiehlt, erklärt man euch gleich zum Gewinner!*

*Punkte werden abgezogen, wenn:*

- *ihr die öffentlichen Verkehrsmittel benutzt (Bus, Zug, Taxi). Das gibt 5 Minuspunkte (ihr könnt öffentliche Verkehrsmittel benutzen, wenn ihr die Stadt verlasst und einen Platz für das Trampen sucht),*
- *ihr für die Unterkunft zahlt (Hostel, Hotel, Zimmer). Das gibt 3 Minuspunkte,*
- *ihr den Sicherheitsgurt nicht anlegt. Das gibt 20 Minuspunkte,*
- *ihr euch auf eine Diskussion über Politik, Religion oder Fußball einlasst. Das gibt 3 Minuspunkte,*
- *ihr auf der Autobahn lauft. Das gibt 3 Minuspunkte,*
- *ihr mit dem Fahrer trinkt oder Gras raucht. Das gibt 2 Minuspunkte (aber wen interessiert's?),*
- *ihr eure Partner während des Trampens zurücklasst. Das gibt 15 Minuspunkte und einen Tritt in den Arsch von den anderen Teilnehmern.*

*Die Punkte werden bei der Ankunft in jeder Stadt addiert. Der Plan ist, am ersten Abend ein Treffen mit den Gastgebern zu organisieren, wenn wir in eine bestimmte Stadt kommen. Dann trinken wir etwas und gehen den Tag durch, der hinter uns liegt.*

*Wenn wir uns auf die Straße begeben, bekommt ihr die Handynummer und Adresse eures CS-Gastgebers, den ihr kontaktieren werdet, wenn ihr in der Nähe seid, sodass ihr alles abmachen könnt. Wahrscheinlich werdet ihr zu ihm gehen, die Sachen dort lassen, duschen und euch den anderen beim abendlichen Treffen anschließen.*

*Nach dem Ende der Reise bekommt die Person, die am wenigsten Geld ausgegeben hat, noch 50 Extrapunkte. Der Zweitsparsamste bekommt noch 40, der dritte 30 usw. Der Gewinner ist die Person mit den meisten Punkten. Diese Person kann dann in der Nachbarschaft und bei Treffen mit Freunden prahlen.*
*Bravo!*

Ich schloss meinen Laptop und meine Augen. Das konnte eine coole Reise werden.

# Tag 623

Bist du online?

Das Chatfenster ging auf.

Mich wunderte immer noch, wie mein Körper auf ihre Anwesenheit reagierte, obwohl sie mehrere Tausend Kilometer weit entfernt war. Mein Herz schlug schneller, ich hatte ein Lächeln im Gesicht und mein Gehirn lieferte sogleich mehrere Ideen, aus welchem Grund sie sich gemeldet haben könnte.

Ja.

Natürlich wollte ich ihr viele Fragen stellen, warum sie sich so lange nicht gemeldet hatte, warum sie's jetzt tat, ob sie an mich dachte, irgendetwas. Aber, ich ließ es bleiben.

Ich werde in ein paar Monaten in Indien sein!

Super!

Eine Freundin hat mich vor ein paar Tagen zu ihrer Hochzeit in Bangladesch eingeladen.

Ich lehnte mich zurück und starrte auf den Bildschirm. Wusste sie, wie solche Aussagen auf mich wirkten? Warum konnte ich ihren Satz nicht als einen normalen, zufälligen, niedlichen Witz empfinden? Warum dachte ich gleich darüber nach, von Istanbul vielleicht direkt nach Indien zu gehen?

Ich werde in ein paar Wochen mit einigen Leuten nach Istanbul gehen.

Ich hatte beschlossen, ihre letzte Nachricht zu ignorieren.

Klingt nach einem großen Abenteuer!

Aber wenn ich im Lotto gewinne, sehen wir uns in ein paar Monaten auf der Hochzeit!

Ich hatte mich doch nicht zurückhalten können.

# Tag 646

*Hey T.*
*Ich glaube, dass ich sehr gute Nachrichten für dich habe! Wir müssen uns bald treffen, sodass ich dir alles erzählen kann. Vielleicht habe ich einen Sponsor für dich gefunden.*
*Melde dich, Iva*

Ich hatte Iva in der Saftbar, in der ich gearbeitet hatte, kennengelernt. Sie hatte von einer gemeinsamen Freundin von meinen Abenteuern erfahren.

»Pass mal auf«, sagte sie zu Beginn unseres freundschaftlichen Geschäftstreffens am nächsten Morgen, während sie einen frisch gepressten Saft aus Karotten, Äpfeln und Birnen trank. »Ich arbeite in einer Werbeagentur und es ist mir in den Sinn gekommen, dass ein Kunde Interesse an dir haben könnte.«

»Jaaa?« Ich war ganz Ohr. »Welcher Klient, wenn ich fragen darf?«

»Natürlich«, lächelte Iva. »Aber fürs Erste, zu niemandem ein Wort. Es ist MasterCard.«

»Wow!«, antwortete ich lachend. »Nicht schlecht.«

»Es ist noch nicht sicher, aber ich denke, dass wir eine Chance haben«, fuhr sie fort. »Wir müssen ihnen ein Projekt vorschlagen, dass sie nicht ablehnen können.«

»Hmm.« Ich begann nachzudenken und wusste die Antwort nach gut sechs Sekunden. »Wie klingt Bangladesch?«

»Bangladesch?« Sie war überrascht. »Was willst du in Bangladesch?«

»Ein Mädchen, das vor einem Jahr über CS bei mir war, heiratet. In Bangladesch«, erklärte ich. »Die Hochzeit wird fünf Tage dauern und ein paar Tausend Menschen werden kommen. Bunte Farben, ein Festmahl, alles Mögliche. Außerdem, wen kennst du, der in Bangladesch war? Das könnte den Sponsoren gefallen, denn wenn ich es am Ende der Welt schaffe, ihre Karte zu benutzen, werden Menschen wissen, dass man das überall tun kann!«

»Du hast recht!«, sagte Iva. »Was denkst du, wie viel Geld brauchst du dafür?«

»Ehrlich gesagt, keine Ahnung«, antwortete ich schnell. »Auf meinen bisherigen Reisen habe ich sehr wenig Geld verbraucht, aber das ist eine Reise ans andere Ende der Welt ...«

»Okay, lass uns alles aufschreiben.« Sie schob ihr Glas beiseite und begann zu notieren. »Flugticket, Taschengeld, Reiseversicherung, was brauchst du noch?«

»Nun ...« Ich dachte nach. »Vielleicht wäre es nicht schlecht, eine gute Kamera zu haben und einen kleinen Laptop, um Notizen zu machen, Fotos zu bearbeiten und Ähnliches.«

»Ich werde mich ein bisschen informieren.« Sie unterstrich das Aufgeschriebene. »Hast du einen Blog, wo du deine Geschichten notierst?«

»Bisher nur auf Facebook. Aber ich könnte anfangen, einen Blog zu schreiben.«

»Großartig! Frag herum, es ist für die Sponsoren umso besser, wenn es mehrere Kanäle gibt, die die Öffentlichkeit erreichen.«

»Klar.« Ich nickte. »Und wenn ich eine Kamera und einen Laptop bekomme, kann ich Videos auf meinen YouTube-Kanal posten.«

»Super! Und da wäre noch eine Sache ...« Sie lächelte. »Ich habe mir gestern deine Facebook-Seite ein bisschen angesehen und das süße kleine Schaf gesehen. Maria Juana.«

»Ach«, sagte ich verträumt, als ich mich an mein kleines Schaf erinnerte.

»Ja, ich mag es auch«, sagte Iva. »Aber dir ist klar, dass MasterCard ein seriöses Unternehmen ist und du es vermeiden solltest, über das, an was der Name erinnert, zu schreiben?«

»Klar«, wiederholte ich mich, obwohl mir die Idee des Kompromisses überhaupt nicht gefiel. Ich entschloss mich jedoch schnell, meinen Mund zu halten, als ich mich an meine Schulden erinnerte.

»Ausgezeichnet!« Sie trank ihren Saft aus. »Ich melde mich, wenn ich alles vorbereitet und es den Klienten präsentiert habe.«

»Vielen Dank!« Ich umarmte sie und begleitete sie zum Ausgang der Bar. »Ich glaube, mir ist soeben der Name des Projekts in den Sinn gekommen.«

»Ja?«

»Ja«, sagte ich stolz. »Wie klingt *No cash in Bangladesh*?«

»Phänomenal!«, sagte Iva begeistert und ging.

Wenn das funktionieren würde ... Ich wollte gar nicht darüber nachdenken. Ich würde große Sponsoren bekommen und, was vielleicht noch wichtiger war, ich wäre nur ein paar Hundert Kilometer von Indien entfernt.

# Tag 668

*Hey T.*
*Ich habe tolle Neuigkeiten! Ich komme gerade von einem Treffen mit den Leuten von MasterCard. Sie mögen dich. Sie haben, vor fünfzehn Minuten, JA gesagt. Melde dich und komm schnell zurück, sodass wir deine Reise nach Bangladesch planen können!*
*Gruß, Iva*

Diese Nachricht kam, als wir gerade in Skopje waren, der zweiten Station unseres Tramp-Wettrennens nach Istanbul. Es war, eigentlich, ein trauriger Tag.

Alle fünfzehn Teilnehmer waren im selben Haus mit drei Gastgebern untergebracht, und gerade hatten wir den Gewinner des Wettrennens benannt. Die Regel, dass man gleich Gewinner wurde, wenn man vergewaltigt, getötet oder jemandem die Niere gestohlen worden war, hatte entschieden.

Tanja, die verrückteste Abenteuer-Teilnehmerin, die ihre Hündin Nina und den Papageien Čiči mitgenommen hatte, kam die Treppe hinunter und weinte.

»Čiči«, schluchzte sie und hielt den kleinen leblosen Körper in ihren Händen.

Im Haus wurde es still. Wir umarmten und trösteten sie alle, wie eine echte Familie.

»Das war der glücklichste Papagei der Welt!«, meinte jemand.

»Auf jeden Fall der einzige Tramper!«, fügte jemand anderes hinzu.

»Er wird als der Gewinner des ersten Tramp-Wettrennens in unserer Region in Erinnerung bleiben!«, hörten wir eine dritte Person.

Wir hatten es geschafft, Tanja zum Lachen zu bringen. Sie freute sich, dass wir bei ihr waren.

Mir wurde, als ich das alles beobachtete, auch warm ums Herz. Ich sah eine Gruppe von Menschen, die die Straße und die gemeinsame Reise zusammengebracht hatte. Eine Gruppe von Menschen, die sich bis zum Beginn der Reise nicht gekannt hatten und die sich heute, ein paar Tage später, wie ein harmonisches Team benahmen. Wie eine Familie.

Das hatte man schon bei der Ankunft am ersten Ziel gespürt, in Belgrad.

Wir trafen uns in Zagreb, am Abend vor der Abreise, tranken etwas und teilten uns nach dem Zufallsprinzip in Männer-Frauen-Paare auf. Ich gab allen die Kontakte der Gastgeber aus den Städten, durch die wir reisen sollten, sowie die Trampregeln.

Im Team waren drei Ausländer und Menschen aus ganz Kroatien. Nur die Hälfte hatte Erfahrung mit CouchSurfing und nur drei von uns waren schon außerhalb Kroatiens getrampt. Der jüngste Teilnehmer, Sanjin, war erst neunzehn Jahre alt, und es war das erste Mal, dass er die Grenze überquerte und seinen Pass benutzte.

Ausgerechnet er hatte nach unserer Ankunft in Belgrad einen Satz zu mir gesagt, der mir verriet, dass diese Reise ein großer Erfolg werden würde.

»Mann, in der Nähe von Slavonski Brod haben Dalibor und mich zwei heiße Mädchen aus Zagreb mitgenommen und im Auto lief dauernd Volksmusik«, sagte er mit seinem charmanten Akzent, während sein Haar und seine gepiercte Nase darauf hindeuteten, dass er in der Punk-Szene war. »Und es hat mich nicht gestört. Das war merkwürdig, weil mich solche Sachen wie Volksmusik sonst immer sofort total nerven.«

Ich wusste sehr gut, wovon er sprach.

»Aber am Ende haben wir sie doch ein wenig verarscht.« Er lächelte verschmitzt. »Als wir die Grenze überquerten, sagten wir ihnen, dass wir einen Haufen Drogen bei uns hätten und sie so tun sollten, als ob sie nichts wüssten. Haha, du hättest sehen sollen, wie bleich sie auf einmal wurden!«

Sanjin war nicht der Einzige mit einer interessanten Geschichte nach den ersten vierhundert Kilometern. Tanja war mit ihrer Hündin und ihrem Papagei Čiči in einem Bentley im Wert von einer Viertelmillion Euro gefahren, Joanna und Evan hatten einen Burek mit ihren Fahrern gegessen, Nina (nicht die Hündin) und ich waren mit einem Fahrer gefahren, der im Krieg Leibwächter des serbischen Präsidenten gewesen war.

Ingrid und Igor hatten die härteste Tour gehabt und kamen erst nach vierzehn Stunden am Ziel an. Wir alle waren auf sie losgerannt, um sie zu umarmen, als sie ankamen, überglücklich sie zu sehen. Vor allem ich, der die ganze Zeit darüber nachdachte, was ihnen passiert sein mochte.

Ich verstand die Bedenken meiner Mutter, während ich durch die Welt reiste, gleich besser.

Die anderen drei Paare waren mit etwas normaleren Geschichten nach Belgrad gekommen. Ana (eine seriöse Geschäftsfrau, die ihrer Mutter gesagt hatte, sie reise mit dem Bus, und die jetzt, während ich das Buch schreibe, in Kirgistan unterwegs ist, per Anhalter von Zagreb nach Bora

Bora) und Jasmin, Pamela und Mario hatten nur eine Fahrt von Zagreb bis Belgrad gebraucht, während Marina und Alex ihren Fahrern so sehr gefallen hatten, dass Letztere sie gleich zu der Wohnung ihrer Gastgeber in Belgrad gebracht hatten.

Am ersten Abend genossen wir die großartige Atmosphäre mit unseren CS-Freunden. Wir waren auf vier verschiedene Unterkünfte verteilt, unsere Gastgeber hatten für uns eine tolle Party in einem ausgezeichneten Restaurant organisiert und wir hatten die nächsten paar Tage Gratis-Eintritte in viele Clubs in Belgrad.

Es stellte sich heraus, dass die Warnungen, die man uns vor unserer Reise nach Serbien gegeben hatte, nichts als leere Worte waren. Von unseren Fahrern und Gastgebern über die Menschen, die wir auf der Straße nach dem Weg fragten, bis zu den Kellnern, die uns leckeres Essen und Trinken servierten, wurden wir freundlich behandelt. Es gab keine Diskussion über die Schrecken des Krieges, die Unterschiede und die Frage danach, wer wem was übel nahm, sondern wir schlossen neue Freundschaften und sahen die Gemeinsamkeiten, die uns verbanden, obwohl uns die Grenze trennte.

Nachdem wir uns in Skopje alle nähergekommen waren, weil wir uns eine Toilette teilten und auf dem Wohnzimmer- und Küchenboden schliefen, ging alles glatt. Wir besichtigten mazedonische, griechische und türkische Städte, allein oder in Begleitung unserer Gastgeber. Wir probierten lokale Spezialitäten, in fester und flüssiger Form, spielten und sangen in der Gesellschaft der Straßenmusikanten, verteilten Umarmungen, schrieben mit Kreide Botschaften der Liebe und des Friedens auf die Hauptplätze und fanden Unterschlupf in einem Theater, als wir uns vor dem Regen in Sicherheit bringen wollten. Wir fuhren in einem Leichenwagen, mit Schmugglern von wer weiß was, waren mit der albanischen Mafia im Auto, bekamen Essen, Trinken und sogar Geld von Fahrern, die uns einen Teil des Weges mitnahmen.

Jeder Teilnehmer des Wettrennens erlebte das Abenteuer auf seine eigene Art und Weise, aber keinem tat es leid, sich darauf eingelassen zu haben. Alle waren von der neuen Art des Reisens begeistert, vom Trampen und von CouchSurfing, von den Menschen, die sie in jeder Stadt wie alte Freunde empfingen.

Nur ich war schon woanders, in Gedanken bei meinem bevorstehenden Bangladesch-Abenteuer.

# Tag 699

Ich schickte ihr eine Nachricht, kaum dass der Vertrag mit MasterCard unterschrieben und das Flugticket besorgt war.

Ich komme nach Bangladesch! Hast du immer noch Interesse, mit mir auf die Hochzeit zu gehen?

Ich denke, das wird nicht möglich sein, weil mir mein indisches Visum nur eine einmalige Einreise ins Land erlaubt.

Das war eine kalte Dusche.

Soll ich nach Indien kommen? Wie stehen die Chancen, dass wir uns dort treffen?

Komm nicht allein wegen mir nach Indien. Aber falls du zur gleichen Zeit wie ich in Indien bist, sind die Chancen 99,9 Prozent, dass wir uns treffen werden.

Es zerriss mich innerlich. Ich wusste, dass nichts von alledem geschehen würde. Die 0,1 Prozent sagten mir alles.

# Tag 794

»Ein Tramp-Wettrennen?«, wiederholt Daniela. »Und wer am schnellsten am Ziel ankommt, hat gewonnen?«

Alle fragen mich das, als ob es wichtig ist, wer gewonnen hat, als ob es wichtig ist, am schnellsten ans Ziel zu kommen. Wichtig ist einzig und allein das, was in der Zwischenzeit geschehen ist.

Allerdings bin ich selber schuld. Niemand hat mich gezwungen, diese Reise einen Wettbewerb zu nennen. Natürlich erwarten Menschen, dass es bei einem Wettrennen einen Gewinner gibt, obwohl es nichts Sensationelles ist, ein Gewinner zu sein. Gewinner sind mit ihrem Erfolg alleine, umgeben von Verlierern, und suchen nach jemandem, der sie versteht, mit dem sie ihren Erfolg, ihre Freude, ihre Aufregung teilen können.

Wettbewerb, Wettbewerb, Wettbewerb. Von klein auf bis zum Tod. Die Welt wäre ein viel besserer Ort, wenn man, anstatt ständig gegeneinander antreten zu müssen, zusammenarbeiten würde.

»Eigentlich wollte ich gar nicht, dass die Reise ein Wettbewerb wird«, erkläre ich. »Sie haben sogar Bonuspunkte gesammelt, wenn sie in irgendeinem Dorf gestrandet sind, auf einem Rasen geschlafen haben und Ähnliches. Das sind die Erfahrungen, an die man sich am Ende der Reise erinnert. Es wäre unglaublich langweilig, wenn alles nach Plan verlaufen würde. Das ganze Abenteuer, das Unterwegssein von Punkt A zu Punkt B wäre ruiniert. Es würde nur die Hälfte der Erfahrung bleiben, nämlich nur das, was man am Reiseziel erlebt.«

»Sind diese Erfahrungen der Grund, weshalb Sie auf diese Art und Weise reisen?«

Sind sie es? Ich habe keine Antwort auf diese Frage.

»Ja, da ich kein Geld und keine andere Möglichkeit habe«, fahre ich fort. »Wenn ich Geld hätte, würde ich vielleicht in Hotels oder Hostels schlafen und in Restaurants essen. Die einzige Reise, die in dieser Hinsicht anders war, war meine letzte Reise, nach Bangladesch ...«

# Tag 732

»Wenn du dich wie ein Filmstar fühlen willst, komm nach Bangladesch«, lautete ein Zitat, das ich inmitten der Planung der Reise in dieses ferne Land, zwischen den Informationen über Impfungen gegen verschiedene Krankheiten und dem Trampen in die Niederlande und zurück, um wegen eines Touristenvisums für Bürger Kroatiens zur Botschaft von Bangladesch zu kommen, gelesen hatte.

Als ich nach Dhaka flog, in die Hauptstadt des Landes, das fast dreimal so groß wie Kroatien ist und etwa hundertsechzig Millionen Einwohner hat, verstand ich dieses Zitat endlich. Ich war der einzige weiße Mann im Flugzeug, und alle Augen waren auf mich gerichtet. Als wir landeten und ich den Flughafen, umgeben von Stacheldraht und Soldaten mit Maschinengewehren in den Händen, sah, war mir klar, dass ich in einer völlig anderen Welt war.

Ich setzte mir einen kleinen Rucksack auf den Rücken, weil der große irgendwo zwischen Zagreb, Zürich, Barcelona, Doha und Dhaka verloren gegangen war, und fing an, mein erstes Ziel außerhalb von Europa mit meiner neuen Kamera um den Hals zu Fuß zu erforschen.

Die Straße, die in die Stadt führte, war voll von kleinen grünen Fahrzeugen, die alle den Namen CNG trugen (das stand für den Brennstoff, den sie benutzen, compressed natural gas),[18] auch als Tuk-Tuk bekannt, überfüllten, verbeulten Bussen, pausenlos hupenden Privatwagen und dazwischen lauter Fußgänger, die mutig versuchten, die Straße zu überqueren und auf diese Weise mit ihrem eigenen Leben spielten.

Nach der Ankunft im ersten Vorort wurden die seltsamen Anblicke noch drastischer: Die motorisierten Transportfahrzeuge ersetzten nun Rikschas, und die Hupenklänge wurden zu Glöckchenklängen. Ein improvisiertes Geschäft mit Lebensmitteln oder Teestände gab es an jeder Ecke. Die Elektrokabel zwischen den Strommasten waren unentwirrbar miteinander verknotet, die Seitenstraßen waren voll von streunenden Hunden und deren Kot, und immer wieder konnte man beobachten, wie etwa ein Sechsjähriger ein Fass voller Abfall ausschüttete, um nachzusehen, ob es noch etwas Brauchbares gab.

---

18 Englisch: Erdgas.

»Hab kein Mitleid mit uns, wir sind glücklich mit dem, was wir haben«, schienen mir die Mienen der Passanten und der lachenden, in Lumpen gekleideten Kinder zu sagen, während sie auf den schlammigen Straßen unterwegs waren und bereitwillig für ein Foto stillstanden. »Wenn du gekommen bist, um traurig zu sein, ist es besser, du gehst dahin zurück, wo du hergekommen bist.«

Ich beschloss, auf sie zu hören.

Ich nahm die Rolle eines Fotografen ein und versuchte, die neue, für mich unerforschte Umgebung so unvoreingenommen wie möglich zu betrachten, ohne Emotionen. Ich entschloss mich, das Gefühl, dass ich an einem Ort war, an den ich nicht gehörte, sowie das Bedürfnis, mich auf den Bürgersteig zu setzen und über das Schicksal dieser Menschen, ihre Lebensbedingungen zu weinen, zu ignorieren.

Dasselbe tat ich mit der Stimme in mir, die mich zu überzeugen versuchte, dass es am besten war, die Kamera jemandem auf der Straße zu schenken, sodass er von dem Geld, das er dafür bekam, seine vierköpfige Familie ein Jahr lang ernähren konnte.

Ich beschloss, den Versuch zu wagen, ein Einheimischer zu werden, mich anzupassen, wie auf jeder meiner bisherigen Reisen. Ich wollte kein Tourist sein.

Ich wusste, dass das an einem solchen Ort nicht einfach sein würde.

> Hey Thomas!
> Wir sind in der Stadt, in der Universitätsgegend, müssen noch an einem Projekt arbeiten und sehen uns die Feierlichkeiten am Tag des Sieges an. Wir werden am Abend zurückkommen. Fühl dich wie zu Hause und geh ruhig ins Hinterzimmer schlafen, es ist alles vorbereitet. Wenn du etwas brauchst, ruf uns an.
> Gruß, Christy, Keith und Matt

Das stand auf der Eingangstür meiner CS-Gastgeber: drei Amerikaner, die in Dhaka schon seit Monaten Englisch unterrichteten. Außer ihnen und meiner Freundin Samai, auf deren Hochzeit ich mehrere Tage verbringen würde, hatte ich keine Kontakte in diesem Land. Und ich hatte keine Ahnung, wohin ich im Anschluss an die Zeit in Dhaka gehen würde.

Ich wusste nur, dass ich nicht viel Zeit in der Wohnung von jemandem verbringen wollte. Deswegen rief ich die Nummer vom Zettel an und ging zur Universität.

Ich setzte mich hinten auf eins dieser dreirädrigen Fahrräder, machte es mir so bequem wie möglich und schaute zu, wie ein Einheimischer mit zierlichem Körperbau, unaufhaltsam weiterfuhr und sich geschickt durch den dichten Stadtverkehr bewegte. Ich ahnte, dass die Straßen gefährlich waren, als ich sie am Flughafen beobachtete, aber jetzt, da ich ein Verkehrsteilnehmer war, war es noch viel schlimmer. CNGs, furchtlose Busse, Autos, die vorne und hinten Stahl hatten, sodass sie den unvermeidlichen Schaden wenigstens ein bisschen minimierten, kamen von allen Seiten auf einen zu.

Vor ein paar Monaten, während meines Aufenthalts in Istanbul, hatte ich die Aussage gehört: Wenn du in Istanbul fahren kannst, kannst du überall in der Welt fahren. Ich stellte mir den Autor dieses Zitats vor, wie er sich in ein Fahrzeug in der Hauptstadt von Bangladesch setzte und nach den ersten paar Metern zu weinen begann.

Wenn Dhaka fünfzehn Millionen Einwohner hatte, waren an diesem Tag mindestens zehn Millionen auf den Straßen unterwegs. Die grünen Flaggen mit dem roten Kreis in der Mitte waren an jeder Ecke gehisst, die Menschen trugen Trikots ihrer Nationalmannschaft, ihre Gesichter waren grün angemalt. Sie feierten den Tag des Sieges, den Jahrestag der Befreiung vom pakistanischen Regime. Auf der Straße sah ich keinen einzigen Europäer, obwohl ich alles gut beobachtete.

Wie finde ich die drei in diesem Chaos bloß?, fragte ich mich, als ich vor der Universität ankam und dem Fahrer hundert Taka (circa ein Euro) für eine halbstündige Fahrt gab. In diesem Gewühl von Tausenden von Menschen fiel mir eine Stelle auf, an der sich besonders viele Menschen versammelt hatten und etwas beobachteten, und ich wollte auch sehen, was da los war.

Ich hatte erwartet, dass ich Bollywood-Superstars sehen würde, aber da waren – meine Gastgeber!

»Haha, willkommen in Bangladesch!«, sagte Keith und kommentierte damit das Chaos um uns herum. »Du hast wirklich einen interessanten Tag für deine Ankunft gewählt!«

Ich lernte Matt und Christy kennen und schloss mich ihnen beim Beantworten der Fragen der neugierigen Masse an. Woher kommst du? Wie heißt du? Wie gefällt dir Bangladesch? Wir beantworteten buchstäblich auf Schritt und Tritt Fragen und schüttelten dabei den mutigen Einheimischen, die sich als erste trauten, Fragen zu stellen, die Hände.

Sie waren alle so einfach, niedlich und neugierig. Alle.

Bis es, nach zwei Stunden Verfolgung und immer gleichen Fragen, mühsam wurde. Um nicht irgendwann ärgerlich zu werden, entschieden wir uns für einen intelligenteren Rückzug – nach Hause gehen.

»Uh, das war heftig«, seufzte Matt, als wir uns in einen Bus setzten, der anstatt eines Bodens Holzbretter besaß. »All diese Monate haben wir so etwas noch nicht erlebt. Ich hoffe, das war nicht zu viel für dich?«

»Überhaupt nicht«, antwortete ich. »Meistens mag ich es, im Mittelpunkt der Aufmerksamkeit zu stehen. Das muss für mich in den Sternen stehen.«

»Haha, dann wirst du eine tolle Zeit in diesem Land haben«, fügte Christy hinzu.

Ich lächelte und schaute durch das schmutzige Fenster auf die Straße. Horden von Menschen kamen aus allen Richtungen, die Lichter der Fahrzeuge beleuchteten kleine Kinder, die ohne ihre Eltern neben Kreuzungen auf Pappkartons schliefen. In der Luft konnte man den Geruch von Smog, Brand, Armut schmecken.

Das Lächeln verschwand aus meinem Gesicht.

# Tag 735

Ich war im Bus zum alten Teil von Dhaka unterwegs, als mir auf dem neben uns fahrenden Bus ein interessantes Detail auffiel. Unter vielen Fenstern zog sich eine unregelmäßige Linie bis nach unten, als ob jemand mit einem dicken Pinsel einen breiten Strich in gelb-brauner Farbe gemalt hätte, und zwar unter jedem zweiten oder dritten Fenster. Egal, wie viel ich darüber nachdachte, ich verstand nicht, was der Grund für diese Linien sein mochte.

Dann verriet mir eine Mitfahrerin das Geheimnis. Sie beugte sich aus dem Fenster – und übergab sich, was diese einzigartige Spur hinterließ, identisch mit denen, die mir bereits aufgefallen waren. Niemand im Bus zuckte auch nur mit der Wimper.

»Das passiert«, sagte der Mann neben mir, der bemerkte, dass ich den Vorfall beobachtet hatte. »Frauen vertragen die Hitze schlecht, während sie mit dem Bus fahren. Und da wir in Bangladesch sind, ist die Wahrscheinlichkeit groß, dass sie auch schwanger sind.«

Er lachte und ich lachte mit.

»Nurislam, freut mich.« Er gab mir seine Hand.

»Tomislav«, antwortete ich.

»Tom-islam?« Er sah mich überrascht an.

»Könnte man sagen.« Ich akzeptierte meinen neuen Namen ohne Weiteres.

Es folgten Fragen, an die ich mich in Dhaka schon gewöhnt hatte, und ich beantwortete sie.

»Erlauben Sie mir, Ihnen die Stadt zu zeigen«, schlug er am Ende der Fahrt vor. »Ich kann Ihnen interessante Orte zeigen, die Sie selber nicht finden würden.«

Er nahm mich bei der Hand (nicht wörtlich, obwohl man auf den Straßen von Dhaka oft Männer sehen konnte, die sich an den Händen hielten) und führte mich zum Fluss Buriganga, der jeden Tag mindestens einer Million Menschen zum Transport diente. Er war nicht nur einer der verkehrsreichsten, sondern auch einer der am stärksten verschmutzten Flüsse der Welt.

»Das ist der ärmste Teil der Stadt«, begann Nurislam seinen Vortrag, als wir in einem Holzboot, das sehr einer Gondel ähnelte, zum südlichen Teil der Stadt fuhren.

Es gab keinen Grund, ihm nicht zu glauben. Der Boden war komplett mit Müll bedeckt, in solchem Ausmaß, dass die Sandoberfläche nur ab und zu unter Papier, Plastik und wer weiß was für Materialien zum Vorschein kam. Es stank.

Die einzige saubere Oberfläche war ein kleines Fußballfeld, wo halb nackte und meist barfüßige Kinder mit etwas wie einem Ball spielten. Ihr Lachen und ihre Fröhlichkeit sahen in dieser Umgebung beinahe unwirklich aus.

Wir besuchten eine Werft, liefen zwischen den Baracken durch die schlammigen Gassen, in denen unzählige Menschen lebten, gingen über Holzbrücken, unter denen eine Flüssigkeit schwappte, die man nicht als einen Fluss bezeichnen konnte, und landeten schlussendlich in einer Textilfabrik.

Ich wusste, das Bangladesch das Land mit den wahrscheinlich billigsten Arbeitskräften der Welt war und dass deswegen viele Marken ihre Produktion in dieses Land verlagerten und somit die Textilindustrie das Staatsbudget am stärksten trug. Ich hatte viel von den unmenschlichen Bedingungen, unter denen die Arbeiter arbeiten mussten, gehört, und jetzt war ich hier, an Ort und Stelle, bereit, alles mit eigenen Augen zu betrachten.

Das Erste, das mir auffiel, war die große Anzahl der Frauen und Kinder, vor allem Jugendlichen. Die Arbeitsräume hatten oft keine Fenster und die Arbeiter saßen entweder auf unbequemen Stühlen oder auf dem Betonboden. Textilien waren im ganzen Raum zerstreut und das erweckte den Eindruck, als ob man in diesem Chaos und derartiger Unordnung gar keine Arbeit erledigen konnte. In einer Ecke bemerkte ich einige Frauen, die den Platz unter den Nähtischen in einen Platz zum Schlafen verwandelt hatten. Sie machten zwischen zwei Schichten ein Nickerchen.

»Das ist die Fabrik von einem Freund von mir«, prahlte Nurislam. »Die Arbeitsbedingungen sind ausgezeichnet, die Qualität einwandfrei und die Arbeiter zufrieden.«

Ich ließ meinen Blick noch einmal durch den dunklen Raum schweifen, in dem wir uns befanden und der mit ein paar funzeligen Lampen beleuchtet war, und überschlug, dass sich hier ein Arbeiter pro Quadratmeter aufhielt. Ohne aufzublicken, erledigten die Menschen fleißig ihre Arbeit.

Wie sah dann eine Fabrik aus, in der die Arbeitsbedingungen schlechter als in dieser waren, fragte ich mich.

»Hier arbeiten alle nur acht Stunden pro Tag und haben eine Stunde Mittagspause«, antwortete Nurislam auf meine gar nicht laut gestellte Frage. »Viele Arbeitgeber verlangen, dass ihre Arbeiter zwölf Stunden pro Tag bleiben, für einen Mindestlohn, den die Regierung vorgeschrieben hat.«

»Und wie hoch ist der?«, fragte ich.

»Neununddreißig Dollar«, antwortete er. »Monatlich.«

»Und die Kinder?«, fuhr ich fort, und fragte mich, wie jemand mit diesem Hungerlohn überleben konnte, auch wenn er sich in einem der ärmsten und somit auch billigsten Länder der Welt befand. »Warum sind sie nicht in der Schule?«

»Sie sind nicht in der Schule, weil sie ihre Familien ernähren müssen«, erklärte Nurislam, als ob die Tatsache, dass Neunjährige aus irgendeinem Grund arbeiteten, das Natürlichste der Welt wäre. »Arbeitgeber mögen junge Arbeiter, weil ihre Augen besser sind, ihre Hände flinker und sie sich weniger beschweren.«

Jetzt verstand ich die Freude der Kinder vom Fußballplatz. Sogar eine schmutzige und stinkende Umgebung war viel besser als diese dunkle und ausbeuterische, die leider für die meisten von ihnen, die Jungen und Alten, Gesunden und Kranken, unvermeidlich war. Alle mussten sich irgendwie ernähren.

Als ich die Fabrik verließ, dachte ich über den Teufelskreis nach, in dem sich diese Arbeiter befanden. Reiche Unternehmen aus reichen Ländern verlagerten ihre Betriebe in Länder, in denen sie den Arbeitern nur die Hälfte bezahlen und somit ihre Gewinne erhöhen konnten. Um die Betriebskosten zu senken, öffneten ihnen Regierungen von Entwicklungsländern ihre Türen und erleichterten ihnen den Eintritt in den Markt, gewährten ihnen verschiedene Steuervorteile, kontrollierten dabei aber weniger die Sicherheit, Krankenversicherung und Ähnliches. Die Arbeiter waren dankbar, dass sie überhaupt einen Job hatten, denn in einem kleinen Land mit hundertsechzig Millionen Menschen konnte man nicht wählerisch sein. Deswegen hielten sie den Mund, akzeptierten alle Bedingungen, sodass das Unternehmen weiterhin lief, sodass die korrupte Regierung zufriedengestellt war und reiche weiße Menschen am anderen Ende der Welt ein Shirt für ein paar Dollar oder Euro, Made in Bangladesh, kaufen konnten.

Sogar die Verbraucher befanden sich in einem Teufelskreis. Auch wenn sie mit der ganzen Situation vertraut wären und sich entschließen würden, Kleidung aus diesen Ländern nicht zu kaufen, würden sie den Arbeitern damit keinen Gefallen tun. Denn wenn niemand ihre Produkte kaufen würde, würden sie ihren Job verlieren und wieder auf der Straße landen. Wenn das Land die Mindestlöhne und die Verpflichtungen der Arbeitgeber erhöhen würde, die sich um die Sicherheit und den Wohlstand ihrer Arbeiter zu kümmern hatten, würde das Unternehmen unter dem Vorwand, Kosten senken zu müssen, seinen Betrieb in ein anderes Land verlegen. Und wieder würden die Arbeiter leiden.

Das beschissene Geld.

Wir besuchten Nurislams vierköpfige Familie in einer Dreizimmerwohnung, die sie mit zwei weiteren Familien teilten. Sie hatten eineinhalb Zimmer, ein großes Holzbett und eine Toilette, die auch die anderen Mieter nutzten. Sie teilten ihr Mittagessen mit mir und unterhielten sich freundlich noch ein wenig mit mir, bevor ich zurück zu meinen Gastgebern ging.

Ich wollte aus dieser Stadt, aus diesem Schmutz, dem Lärm, der Armut fliehen. Ich fühlte mich hilflos, als ich das alles betrachtete und nicht wusste, wie ich etwas verbessern konnte. Aber da ich mir selbst und anderen versprochen hatte, sie nicht zu bemitleiden, musste ich den nächsten Schritt tun.

»Ich habe noch eine Woche bis zu der Hochzeit in Dhaka«, sagte ich zu meinen amerikanischen Gastgebern an diesem Abend. »Habt ihr irgendeinen Vorschlag, wo ich diese Zeit verbringen könnte?«

»Du kannst viele wunderschöne Nationalparks besuchen«, schlug Christy vor. »Aber ich fürchte, dass das nur über Reisebüros möglich ist, dass du im Voraus eine Reservierung organisieren musst, dass die Vorkehrungen teuer sind und es dir vielleicht nicht gefallen wird.«

»Und was, wenn ich diese Orte auf eigene Faust besuche?« Ich suchte nach einem Kompromiss.

»Das ist nicht erlaubt«, erklärte Keith. »Einerseits wegen der Bengal-Tiger, die immer wieder Menschen töten, andererseits wegen Entführungen und dem Handel mit Organen.«

»Wunderbar«, sagte ich grimmig. »Was ist euer Lieblingsplatz in Bangladesch, den ihr während der letzten Monate besucht habt, ohne dass man dafür ein Reisebüro braucht oder mir jemand meine Nieren klaut?«

Sie verstummten für einen Moment, schauten sich gegenseitig an und antworteten einstimmig: »Kushtia!«

# Tag 736

Hinter mir lag eine der schlimmsten Erfahrungen meines Lebens. Eine Busfahrt in Bangladesch.

Ich gab das Trampen auf, als ich realisiert hatte, dass es keinerlei Sinn hatte, Menschen erklären zu wollen, warum ein weißer Mann mit erhobenem Daumen neben der Straße stand. Alle Einheimischen, egal wie arm sie waren, bezahlten für den Transport. Es gab keinen Grund, weshalb ich das nicht auch tun sollte.

Alles war in Ordnung, während wir Dhaka verließen, doch als wir auf die Autobahn kamen, begann der Horror. Fußgängern und Rikschas ausweichen, andere Busse überholen, die nicht viel langsamer als wir selbst waren, in letzter Sekunde Kollisionen vermeiden, und als Sahnehäubchen auf dem Kuchen: einen Bus überholen, der seinerseits einen Bus überholte, während aus der Gegenrichtung jede Menge Autos und Rikschas kamen und auf den staubigen Straßenrand fuhren, um dem sicheren Tod zu entgehen.

Ich war der Einzige im Bus, der einen solchen Fahrstil als lebensbedrohlich empfand. Der Fahrer pfiff lässig vor sich hin und gab mit der Hupe den Rhythmus vor, und die restlichen Mitreisenden waren mit sich selbst beschäftigt, sprachen miteinander oder schliefen mit offenem Mund. Ab und zu übergab sich eine Frau durch das Fenster, wahrscheinlich geradewegs auf ein Autodach.

Ich folgte ihrem Beispiel, versteckte mich hinter dem Sitz, um nicht zu sehen, was im Verkehr geschah. Das war der einzige Weg, das Spektakel zu überleben. Nicht zu schauen und dem Fahrer und seinem sechsten Sinn zu vertrauen.

»Hab keine Angst vor ihrer Gastfreundschaft«, riet mir Keith, während er von den Menschen sprach, die ich in Kushtia besuchen sollte. Er gab mir die Handynummer von einem meiner Gastgeber und Anweisungen, wie ich ihn finden konnte. »Setz dich in eine Rikscha an der Bushaltestelle und fahr bis zu dem Tempel von Lalon Shah. Abohelito ist der Einzige, der Englisch spricht, aber mach dir deswegen keine Sorgen.«

»Willkommen!«, sagte Abohelito, mein neuer bester Freund und Übersetzer, in schlechtem Englisch. »Das ist Boss.«

Ich schüttelte die Hand des stolzen Mannes mit dem dunklen Schnurrbart auf einem genauso dunklen bengalischen Gesicht. Er trug einen traditionellen Lungi, einen großen bunten Stoff, ähnlich der westlichen Variante des langen Rocks, und eine warme braune Decke um die Schultern. Er hielt meine Hand für eine ungewöhnlich lange Zeit und sagte mit schüchternem Lächeln etwas.

»Was hat er gesagt?«, fragte ich Abohelito.

»Dass du unglaublich sanfte Hände hast«, antwortete er freundlich.

Alle lachten und gingen zum Büro.

Das Büro war ein buntes Gebäude auf zwei Etagen, voll von leeren Räumen. Bald sollte es in die Zentrale der Firma von besagtem Boss umgewandelt werden. Er besaß Felder, auf denen Früchte und Gemüse angebaut wurden, zahlreiche Geschäfte, in denen Kleidung, Musikinstrumente und Souvenirs verkauft wurden, und insgesamt arbeiteten rund achttausend Menschen für ihn. Sie führten mich in einen spärlich eingerichteten Raum und sagten mir, dass das mein Zimmer sei. Auf dem Boden war eine große Matratze, bedeckt mit sauberen Laken und einer warmen Decke. Mit ihren großen Augen warteten sie auf meine Reaktion, voller Erwartung, dass ich es mögen würde. Als ich ein breites Lachen auf mein Gesicht setzte, meinen Rucksack auf den Boden stellte und dabei dachte, dass das wahrscheinlich für hiesige Verhältnisse ein absolutes Luxusbett war, riefen sie ein paar fröhliche Worte der Zustimmung.

Ich ging in den anderen Raum, wo einige Menschen auf den Matten, die auf dem Betonboden lagen, saßen oder kauerten und darauf warteten, einen der seltenen Fremden, der in ihr Dorf gekommen war, kennenzulernen.

Ich schüttelte allen die Hand und setzte mich neben Abohelito und Boss, wobei mich alle neugierig beobachteten. Einige hielten ungewöhnliche Instrumente in den Händen und warteten.

Boss nahm ein einsaitiges Instrument, bestehend aus einer Art Kürbis und zwei Bambusstücken, zwischen denen diese eine Saite gespannt war, und spielte mit dem Zeigefinger den ersten Ton, der den Anfang des Konzerts signalisierte.

»Das sind berühmte Baul-Musiker«, flüsterte mir Abohelito zu. »Alle Lieder, die du hören wirst, sind zu Ehren eines der heiligsten Menschen dieser Region komponiert, Lalon Shah, der hier in Kushtia begraben wurde.«

Er übersetzte mir die Texte der Lieder, die oft den Nationalismus, die Spaltung der Gesellschaft, die Religion, Kasten, Hierarchie und Rassismus verspotteten. Lalon schien wie ein Mensch, der es verdient hatte, dass man ihm folgte und hundert Jahre später ihm zu Ehren Lieder sang.

Diejenigen, die nicht sangen oder spielten, hatten zwei Aufgaben: entweder Essen und Trinken zu bringen oder eine Mischung der bekannten grünen Brösel in einem Shillum vorzubereiten, das ich vor ein paar Monaten in dem Hippie-Dorf im Süden Spaniens zum ersten Mal gesehen hatte.

Für kurze Zeit war ich von den Musikern und dem leckeren Essen abgelenkt und beobachtete die neue Art der Shillum-Vorbereitung. Sie verwendeten ein kleines Holzbrett und ein Messerchen, mit deren Hilfe sie die Mischung von Ganja und Tabak mit dem rechten Daumen der linken Hand zerkleinerten. Als die Mischung fertig war, entnahmen sie dem Inneren einer trockenen Kokosnuss ein paar Fasern, zündeten diese an und gaben die Glut in das Shillum. Dann lehnten sie es an die Stirn, widmeten es Lalon und atmeten den Rauch durch ein dünnes Stück Stoff ein.

Man rauchte ein Shillum nach dem anderen, die Musik wurde intensiver und lauter, das Essen schmeckte zunehmend besser. Die Menschen standen vom Boden auf, hielten ihre Hände hoch und sangen die zeitlosen Verse, die zur Feier des Lebens und der Freude einluden.

Boss gab mir sein Instrument in die Hand, was die Anwesenden sehr erfreute. Ich produzierte mit meinem Zeigefinder ungeschickt Klänge auf dieser einen Saite und hatte mit jedem getroffenen Ton das Gefühl, als ob ich in einem Champions-League-Spiel ein Tor erzielt hätte. Ich fühlte mich besonders. Als ob ich, wie schon so oft zuvor, meine verlorene Familie wiedergefunden hätte.

Sie hatten eine andere Hautfarbe, Religion, Kleidung, Sprache, Art zu rauchen, und doch waren wir wie Brüder auf jede erdenkliche Weise. Ich umarmte an diesem Abend mehr Menschen als in all den betrunkenen Nächten mit meinen Freunden aus Zagreb. Diese Männer hatten keine Angst vor der Berührung eines anderen Mannes und das war so wunderbar brüderlich.

»Das ist ein Geschenk für dich«, sagte Boss mit seiner Körpersprache, als ich ihm das Instrument zurückgeben wollte, das er mir geliehen hatte.

»Donnobad«[19], antwortete ich ihm mit dem einzigen Wort, das ich gelernt hatte, und senkte meinen Kopf als Zeichen des Respekts.

»Ektara.« Er zeigte auf das Instrument, um mich dessen Namen zu lehren.

Ich nickte, erwies somit noch einmal meine Dankbarkeit und ging bald darauf in mein gemütliches Zimmer, um mich nach diesem eindrucksvollen Tag, der hinter mir lag, auszuruhen. Abohelito hatte mich begleitet, um zu fragen, ob ich noch etwas bräuchte.

19 Bengalisch: Danke.

»Nein, danke«, sagte ich, bedankte mich das x-te Mal an diesem Tag und schüttelte seine Hand.

»Wow!« Er riss seine Augen weit auf. »Boss hatte recht, deine Hände sind wirklich sanft.«

# Tag 739

Ich schlich mich aus meinem kleinen Zimmer und war vorsichtig, denn ich wollte nicht, dass mich jemand bemerkte. Ich ging links auf die Straße, entschlossen, wenigstens einen Teil des Tages in Ruhe und Frieden mit mir selbst zu verbringen.

Seit ich nach Kusthia gekommen war, hatte ich keine Ruhe. Keith hatte recht, ihre Gastfreundschaft machte mir Angst. Jeden Tag kam jemand von meinen Freunden ins Zimmer mit einem Becken voller Wasser, mit dem er mir die Hände wusch, und mit einer Servierplatte, auf der Früchte, ein paar Roti,[20] eine Art Eintopf und viele feine, gehaltvolle Süßigkeiten lagen, und beobachtete mich, wie ich das alles aß. Danach gingen wir im Dorf und im Beisein von Boss spazieren, ich bekam als Geschenk ein paar Lungi und Gamcha, ein gewebtes Stück Stoff, das man entweder als Handtuch, Taschentuch, Schal oder als Kopfbedeckung benutzen konnte. Während des Besuchs der verschiedenen Orte rauchten wir immer wieder neue Shillums, so oft, dass ich das erste Mal in meinem Leben nicht mehr konnte, es war wirklich zu viel. Von morgens bis nachts stand immer jemand neben mir, sogar als ich zur Toilette musste, irgendjemand war immer ein paar Meter weiter und hatte die Aufgabe, sicherzustellen, dass alles in bester Ordnung war. Dass ich wenigstens Wasser hatte, wenn es schon kein Papier gab.

Sie waren sehr nett und freundlich, gestatteten es mir nie, für etwas zu bezahlen, aber nach ein paar Tagen der königlichen Behandlung sehnte ich mich danach, ein bisschen allein zu sein. Da ich wusste, dass ich ihnen das kaum begreiflich machen konnte, beschloss ich, mich hinauszuschleichen und später zu Erklärungsversuchen anzusetzen.

Ich ging zu Fuß bis zu dem Dorf Shilaidah, das, neben dem Grab von Lalon in Kushtia, die touristische Hauptattraktion in diesem Teil des Landes war. Dort befand sich das Anwesen von Rabindranath Tagore, dem ersten asiatischen Nobelpreisträger, dessen literarische Werke merkbar von Baul-Musikern beeinflusst worden waren. Er war derjenige, der die Welt mit den Lehren von Lalon Shah vertraut gemacht hatte.

Auf halbem Weg sprang ich in eine Riksch a und spielte das Spiel des Ausweichens. Genau wie mein Fahrer den anderen Fahrzeugen aus dem Weg

20 Traditioneller Kuchen.

ging, so versuchte ich, den Gerüchen seines Körpers zu entkommen, die der Wind genau in Richtung meiner Nase trug.

Ich beobachtete das Grün um mich herum, die Reisfelder und die hart arbeitenden Menschen auf ihnen, die Bananenbäume und ihre großen Blätter, die Flüsse, in denen Frauen ihre Kleidung wuschen, die Kinder, die auf staubigen Straßen mit einem Stock einen Reifen vor sich her trieben, den Kuhmist, der in der Sonne trocknete, um anschließend als Brennmaterial verwendet zu werden.

Aus diesen wunderschönen Dörfern kamen viele Arbeiter in die Textilfabriken, die ich vor ein paar Tagen kennengelernt hatte, als ich die Slums von Dhaka besucht hatte. Sie gingen aus den Dörfern in die Städte, gaben den Lebensstil, den Generationen ihrer Vorfahren praktiziert hatten, auf, um nach besser bezahlter Arbeit zu suchen und ihre Familie ernähren zu können.

Auf jeden Fall schien mir das Leben, umgeben von alldem Grün, viel natürlicher, gesünder und fröhlicher als das in Dhaka. Doch keines dieser Gebiete war frei von Entbehrung und Kummer, besonders während der Regenzeit, wenn die Flüsse anschwollen, das Vieh töteten, die Ernten zerstörten und so den Menschen, die abhängig waren von ein paar Gärten und Rindern, die Existenz nahmen.

Dieses Land wurde von der Natur nicht verwöhnt.

Der Tourismus könnte die Lage vielleicht verbessern, wenn man ihn gewissenhaft und nachhaltig durchführen würde, sprach der Wirtschaftsstudent aus mir. Wenn ich meine bisherigen Erfahrungen und den Mangel an Touristen betrachtete, war es kein Wunder, dass einer der Tourismus-Slogans lautete: »Kommt nach Bangladesch, bevor die Touristen es tun.«

Ich besichtigte das schöne Tagore-Anwesen und ging nach Hause zu meinen Gastgebern, die fast das ganze Dorf wegen meines plötzlichen Verschwindens in Unruhe versetzt hatten.

Wie jeden Abend gingen wir in einen Raum in einer Dorfhütte, mit Blick auf das Feuer, intensivem Geruch, Klängen der Ektara, Dotara und ein paar Trommeln, genossen die abendliche Gesellschaft. Abohelito war nicht anwesend und so reduzierte sich meine Kommunikation mit den Anwesenden auf die gut eingeübte Körpersprache.

»Shotto bol, shupothe chol, ore amar mon – il«,[21] sang ein weißhaariger alter Mann, der mir der erfahrenste und klügste von allen zu sein

---

21 Bengalisch: Sag die Wahrheit und geh den richtigen Weg.

schien. Und derjenige, dem die anderen den meisten Respekt entgegenbrachten.

Dieses letzte Wort des Verses, il, das nur aus zwei Buchstaben bestand, sprach er viel lauter als die anderen. Es schien mir, als ob sich der Raum mit einer unsichtbaren Energie füllte, sich alles um uns herum beruhigte und sogar das Feuer stiller wurde.

Sobald er das Wort aussprach, schaute er mich durchdringend an, als ob er mir etwas mitteilen wollte. Ohne nachzudenken, ohne zu zögern, wiederholte ich es noch stärker und lauter: »Il!«

Ich bemerkte ein Lächeln in seinen Augen und das Schweigen der Anwesenden, die auf die Fortsetzung warteten.

»Il!«, donnerte der alte Mann noch einmal, lauter als ich es getan hatte.

»Iiil!«, antwortete ich noch etwas lauter und ignorierte alle um mich herum, ich war von seinen Augen hypnotisiert.

»Iiiiil!« Der ganze Raum bebte und ich spürte ein Schütteln, das durch meinen ganzen Körper ging.

»Iiiiiiil!!!«, schrie ich aus der Tiefe meiner Lunge und nahm einen tiefen Atemzug mit jedem Atom meines Körpers.

Unsere Blicke trennten sich weiterhin nicht. Er berührte mich mit seiner rechten Hand, senkte den Kopf, schaute auf den Boden und sagte eines der seltenen Worte, die ich verstand:

»Guru!«

Alle fingen an zu murmeln, die Versammelten wechselten leise ein paar Worte miteinander, und der alte Mann bereitete ein Shillum vor. Mein ganzer Körper vibrierte, aus einem mir unbekannten Grund. Ich zitterte, obwohl ich neben dem Feuer war.

»Guru!«, wiederholte der alte Mann, reichte mir mit der rechten Hand die Tonpfeife und zündete sie mit einem Streichholz an. Ich legte sie an meine Stirn, sagte Lalons Namen, und atmete ein wie noch nie zuvor.

»Kannst du mir erklären, was gerade passiert ist?«, fragte ich Abohelito, der später zu uns kam und aufmerksam zuhörte, was ihm die Versammelten erzählten.

»Das Wort ›Il‹ steht für Gottheit«, erklärte er, sichtlich aufgeregt. »Wir benutzen es manchmal, wenn wir uns an Lalon wenden oder wenn wir ihn in wichtigen Gesprächen erwähnen, als eine Bestätigung des heiligen Wortes. Es ist schwer zu erklären, aber in den Augen des Alten und unserer Tradition bist du gerade durch eine Art der Initiation gegangen.«

»Initiation?«

»Ja«, sagte er fröhlich. »Der Alte ist sich sicher, dass dich Lalon selbst, als seinen Boten, geschickt hat und dass vor dir das Leben eines Meisters liegt. Dass wir alle von dir lernen können.«

»Da bin ich aber nicht so sicher«, antwortete ich und errötete.

»Es ist nicht wichtig, ob du dir sicher bist.« Er lächelte. »Du lebe nur einfach so, wie du es vorhast, alles andere wird von allein geschehen.«

Am selben Abend sagte mir der Alte noch eine Prophezeiung, als er sah, dass ich aus einer großen Schale mit Bananen zwei genommen hatte, die wie siamesische Zwillinge miteinander verbunden waren.

»Du kommst nach Kushtia, nach vielen Jahren, zurück«, übersetzte mir Abohelito. »In Begleitung deiner Frau und deiner zwei Söhne, Zwillingen.«

Ich lachte schallend, alle Anwesenden ebenfalls. An diesem Tag kamen dem alten Mann Prophezeiungen offenbar mit Leichtigkeit von den Lippen.

»Sag ihm, dass ich vorher schon wiederkommen werde«, sagte ich zu Abohelito und fühlte eine außergewöhnliche Verbindung zu diesen Menschen in dem kleinen Dorf in Bangladesch.

Am nächsten Tag führten sie mich nach dem Frühstück zu einem nahe gelegenen Fluss, wo man laut Legende Lalon Shah gefunden hatte, als er in einem Korb auf dem Fluss trieb. Sie zogen mir einen Lungi an und begannen, mich rituell zu waschen.

Die Hälfte des Dorfes versammelte sich, schaute zu und bewilligte laut und vernehmlich das Geschehen.

# Tag 741

»Hallo!« Ein magerer junger Mann sprach mich an, als ich von der Toilette kam, während einer Pause auf einer weiteren Horrorfahrt von Kushtia bis Dhaka, wohin ich wegen der mehrtägigen Hochzeit meiner Freundin Samai erneut unterwegs war. »Wie heißt du?«

So begann ausnahmslos jedes Gespräch in Bangladesch. Nach einiger Zeit kam ich zu dem Schluss, dass die Menschen hier sich schon seit Langem auf bestimmte Regeln für den Umgang mit den wenigen Fremden, die sie antrafen, geeinigt hatten. Alle Fragen, die sie stellen wollten, waren bereits vorbereitet.

»Ich heiße Tomislav, komme aus Kroatien, bin ein Student der Wirtschaftswissenschaften und finde Bangladesch toll«, sagte ich auf wie ein Roboter und wusste, dass ich damit die nächsten drei Fragen beantwortet hatte. Ich beobachtete sein Gesicht und wartete ab, ob er noch andere hatte oder ob ihn meine Antworten verwirrten.

»Es würde mich sehr freuen, wenn du mit mir und meinen Freunden in Dhaka einen Tee trinken gehst«, sagte er schlussendlich, voller Hoffnung. »Und wenn du keine Unterkunft hast, kannst du bei mir übernachten.«

Da es noch einige Tage bis zur Hochzeit dauerte und meine amerikanischen Gastgeber verreist waren, nahm ich das Angebot an, setzte mich neben meinen neuen Freund Jewel und reiste weiter nach Dhaka.

Auf uns warteten seine Freunde vor einem Straßengeschäft, wo sie einen Großteil ihrer Freizeit verbrachten. Es waren Studenten, wie ich, und sie sprachen ausgezeichnetes Englisch. Sie waren in Jeans und T-Shirt gekleidet, was ein Zeichen dafür war, dass sie in einer besseren finanziellen Situation waren als die meisten. Aber eine Sache verband sie mit dem Rest dieses Landes: Sie schauten mich mit Bewunderung an. Die Tatsache, dass meine Hautfarbe Bewunderung auslöste, war für mich immer noch schwer begreiflich.

Als sich einige Menschen versammelten und begannen, Badminton in der Nachbarstraße zu spielen, spielte ich spontan mit. Das war das erste Mal, dass ich an etwas teilnehmen konnte, bei dem ich gleichberechtigt war. Sie spielten ohne Nachsicht mir gegenüber, ohne die Ehrfurcht, die ich fast jedes Mal bei den Leuten verursachte. Sie spielten so, als ob ich einer von ihnen wäre. In diesen Momenten fühlte ich mich ausgezeichnet. Jeder Punkt freute mich, unabhängig davon, ob ich dabei war, zu gewinnen oder zu verlieren.

»Wenn du willst, kann ich eine Freundin einladen, damit sie dir heute Abend Gesellschaft leistet.« Ein Freund von Jewel zwinkerte mir auf dem Weg nach Hause zu.

»Nein, danke«, antwortete ich.

»Warum nicht?« Er war überrascht. »Für dich ist das sehr wenig Geld, ihr würde es jedoch helfen, ihre Familie zu ernähren.«

Es war traurig zu sehen, dass Menschen in der heutigen Welt dazu gezwungen sind, solche Arbeiten auf sich zu nehmen, um zu überleben. Dabei dachte ich nicht nur an das Verkaufen des eigenen Körpers, sondern auch an die zwölf Stunden hinter einer Nähmaschine, unter unmenschlichen Bedingungen, während man diverse Chemikalien einatmet, die die Lebensdauer deutlich verkürzen, und das für einen Lohn, der gerade mal zum Überleben reicht.

Gibt es eine Möglichkeit, dass alle Menschen auf der Welt genug Geld haben, um sich zu ernähren, in einem warmen Bett zu schlafen, in die Schule zu gehen oder einen Arzt aufzusuchen, wenn sie krank sind? Meine Reisen hatten mir gezeigt, dass das für ein glückliches Leben ausreicht. Doch die heutige Gesellschaft, oder zumindest die überwiegende Mehrheit, lässt sich nur von einer Sache leiten: Geld. Wie viel man davon hat, bestimmt darüber, ob man hungrig oder satt, gesund oder krank, gebildet oder nicht ist.

In der modernen Zeit ist die Annahme weit verbreitet, dass es einem so gut geht, wie man es sich erarbeitet hat. Fragt sich irgendjemand, wie das funktionieren soll, wenn man in einem Land wie Bangladesch geboren wird, wo sie einen im Slum mit neun Jahren zwingen, die Schule zu verlassen, um zu arbeiten? Weil man auf diese Weise die Zahl der Familienmitglieder erhöht, die für den Haushalt Geld verdienen können.

Anstatt die Gesellschaft einer Prostituierten zu suchen, nahm ich die Einladung der Freunde auf ein Bier an.

Obwohl Alkohol in Bangladesch illegal ist, gilt diese Regel nicht für Ausländer. Nicht einmal für Einheimische, die in Begleitung von Ausländern sind. Aus diesem Grund kamen zehn Menschen mit uns, obwohl wir zuerst nur zu viert waren.

Wir fanden ein Restaurant in einer Nebenstraße, das von außen streng bewacht wurde und innen nur mit Kerzen beleuchtet war, um keine unerwünschte Aufmerksamkeit zu erregen. Alle bestellten ein Getränk. Als ich die Preise sah, die so ähnlich wie die zu Hause waren, sagte ich ihnen, dass ich nur Geld für eine Runde hätte, weil ich annahm, dass die Rechnung am Ende bei mir landen würde.

Sie sagten kein Wort, sondern fingen an, ausländisches Bier und einheimische Spirituosen zu trinken.

Keine fünfzehn Minuten später waren alle betrunken.

Es ist der größte Fluch, nüchtern in einer betrunkenen Menge zu sein. Ich schlürfte ein wenig Bier und beobachtete die Anwesenden, wie sie die verbotene Frucht genossen. Es freute mich, dass ich ihnen ein bisschen Spaß gönnen konnte, vor allem, weil sie mich so selbstlos in ihre Gesellschaft aufgenommen und mir einen Platz zum Schlafen gegeben hatten. Doch als die Rechnung kam, veränderte sich etwas in mir.

Die Rechnung für diese Runde war generell nicht zu hoch, aber wenn ich bedachte, wo ich mich befand, dann doch. Ein Arbeiter in einer Textilfabrik hätte für diesen Betrag wenigstens zehn Tage arbeiten müssen. Eine Prostituierte in Bangladesch müsste eine Woche Kunden bedienen, um sich das leisten zu können. In Kushtia könnte eine Familie wahrscheinlich einen Monat lang von diesem Geld leben.

Diese Gedanken ließen mir keine Ruhe.

Es war nicht okay, nicht fair, es gab keinen Bedarf nach solchem Luxus. Nach solcher Verschwendung.

Ich vermisste Europa. Ich vermisste das Trampen und Schlafen auf der Couch von anderen Leuten, mit ein paar Euro in der Tasche. Ich brauchte Geld nur für das Notwendigste und musste nicht überall um mich herum Elend mitansehen. In Europa hatte man mich als arm betrachtet. Hier war ich der König.

Ich mochte es mehr, wenn ich kein Geld hatte. Das war mir lieber. Ich war vorsichtiger. Ich war für jedes Stückchen Brot dankbar.

»Gehen wir?«, schlug ich der Gruppe vor und wollte meine depressiven Gedanken verscheuchen.

Sie erhoben sich gleich, teilten sich in zwei Gruppen und hielten zwei Taxis an. In einem saßen wir zu sechst, und ich musste den Beifahrersitz mit Jewel teilen, der auf meinem Schoß saß. Ein paar Hundert Meter weiter hielt uns die Polizei an.

»Entschuldigung, der Herr, aber wir müssen unsere Arbeit erledigen«, entschuldigte sich der Polizist, während seine Kollegen meine Freunde untersuchten und im Kofferraum auf der Suche nach einer Flasche Alkohol oder Ähnlichem waren. »Aber sagen Sie, wie gefällt Ihnen Bangladesch?«

# Tag 743

Meine Unterkunft befand sich in einem luxuriösen Vorort von Dhaka, ich teilte sie mit vier anderen Blasshäutigen und einem Fahrer, der uns zur Verfügung stand. Wir bekamen alle traditionelle Kleidung, die wir zu verschiedenen Empfängen und Abendessen tragen sollten. Frauen waren in bunte Saris gekleidet und die Männer trugen Panjabi.

Samai kam, wie der Bräutigam, aus einer reichen Familie, und man erwartete ein paar Tausend Gäste auf der Hochzeit.

Der erste Hochzeitstag war der Braut gewidmet. Ihre Freunde (zum Glück ohne mich) präsentierten verschiedene Aufführungen und Tänze ihr zu Ehren, damit sie würdevoll von ihrem Mädchenleben Abschied nehmen konnte. Nach der Eröffnungszeremonie begann eine traditionelle Handlung, Holud, in der die Anwesenden der Braut eine Creme aus Safran auf ihr Gesicht schmierten, um ihren Teint zu verschönern. Danach gab ihr jeder einen Happen zu essen und wünschte ihr auf diese Weise reichlich Nahrung in ihrem Leben.

Der zweite Tag stand im Zeichen des Bräutigams, der die gleiche Prozedur durchmachte wie Samai am Tag zuvor. Da die Haupthochzeitszeremonie für den nächsten Tag geplant war, gingen wir nach dem Abendessen zum Haus der Braut und begannen mit den Vorbereitungen. Während der Vater der Braut die Verwandlung von hundert niedlichen Ziegen in ein leckeres Essen überwachte, bemalte sich der weibliche Teil der Gesellschaft gegenseitig mit Henna. Der Braut bemalten sie Hände und Füße, in der Hoffnung, dass die Farbe nach dem Waschen dunkel und die Formen gut erhalten blieben. Der alte Volksglauben besagte, je dunkler die Farbe nach dem Waschen blieb, desto stärker war die Liebe zwischen Braut und Bräutigam.

Das Haus, in dem wir untergebracht wurden, war riesig. Siebzehn Hausangestellte kümmerten sich seit Generationen darum.

»Sie haben in meiner Erziehung eine große Rolle gespielt«, sagte Samai, als sie sie mir vorstellte und erklärte, dass die Beschäftigung von Dienern eine Tradition in Bangladesch sei, die zum beiderseitigen Vorteil diene. Das Haus sei sauber, das Essen köstlich, jemand passe stets auf die Kinder auf, und andererseits haben die Diener eine Unterkunft, Nahrung und können ihre Kinder zur Schule schicken, ohne selbst die Angst haben zu müssen, ihren Arbeitsplatz zu verlieren. Nachdem ich mich ein bisschen mit ihnen unterhalten hatte, kam ich zu dem Schluss, dass ich, wenn ich in Bangladesch lebte, lieber ein Mitglied der Dienerschaft als ein Arbeiter in den Fabriken, die ich besucht hatte, oder gar eine Prostituierte wäre.

Der nächste Tag begann mit der Versammlung beider Familien im Haus der Braut, wo nach dem Gebet des Imams und der Zustimmung beider Seiten die Ehe geschlossen wurde. Nach einem opulenten Mittagessen gingen wir in den Hochzeitssaal, wo wir überwältigt wurden von dem Luxus, den Farben und der Größe des Raumes, den in Kürze mehrere Tausend Menschen füllen sollten. Mehr als hundertfünfzig Kellner waren engagiert worden.

Die Frischvermählten waren in Gold und Edelsteine gekleidet, und alles erinnerte mich an eine königliche Hochzeit.

Doch der Höhepunkt des Abends war, als alle Gäste, die in teure Anzüge und Seidensaris gekleidet waren, begannen, auf traditionelle bangladeschische Art zu essen – mit ihren bloßen Händen.

Ich aß auch, beobachtete diesen Glanz und Überfluss und verglich ihn mit der Armut, die ich auf meinen Spaziergängen durch die Stadt gesehen hatte. Wie schon einige Nächte zuvor raubten mir diese Gedanken den Frieden. Wegen dieser beiden Extreme war ich ziemlich irritiert.

Als ich den Saal verließ, schmuggelte ich einige Lebensmittel hinaus und gab sie dem Kind, das in der Nähe lauerte und darauf wartete, dass ihm jemand vielleicht eine Münze schenkte. Es stopfte sich fast alles gleichzeitig in seinen Mund und bedankte sich mit leuchtenden Augen bei mir. Diesen Glanz von Dankbarkeit hatte niemand im Saal. Niemand, auch nicht ich. Niemand von uns war hungrig. Wir empfanden das Fest, das Gold, die Seide und das Feuerwerk als selbstverständlich.

Aus diesem Grund blieb ich nicht auf der Hochzeitsfeier, sondern nahm meinen Rucksack, ging zur Bushaltestelle und setzte mich in den ersten Bus nach Osten. Es war Zeit, zur Realität zurückzukehren und Hunger, Durst, Armut zu finden, aber auch die Dankbarkeit, die man nach der Befriedigung dieser Bedürfnisse empfand.

»Kann ich mich neben Sie setzen?«, fragte mich ein netter Jugendlicher in einwandfreiem Englisch. Er trug eine tragbare Klimaanlage in seinen Händen und passte auf sie auf wie auf seinen größten Schatz. Da ich schon lange meine Phantasien aufgegeben hatte, dass womöglich ein hübsches, leicht bekleidetes bengalisches Mädchen in den Bus kam, sich neben mich setzte und bei jeder ruckartigen Bewegung des Busfahrers Zuflucht bei mir suchte, hatte ich keinen Grund, Nein zu sagen.

»Vielen Dank«, bedankte sich der Junge höflich. »Mein Name ist Sajid.«

Ein paar Stunden später, wie es die alten Traditionen in Bangladesch erforderten, trank ich Tee in Sajids Haus in Kumilla mit seiner engeren und weiteren Familie und zwei Dienern.

»Leider kann ich dich nicht einladen, heute Abend bei uns zu übernachten«, sagte Sajid während des Abendessens traurig. »Aber morgen reisen einige Verwandte ab, und dann kannst du bei uns sein.«

Ich nahm sein Angebot an, wie auch seinen Vorschlag, mir am nächsten Tag die Sehenswürdigkeiten von Kumilla zu zeigen, und machte mich auf die Suche nach einer Unterkunft. Es war schon dunkel, aber ich hegte die Hoffnung, dass ich eine kostenlose Unterkunft finden würde und so meine Reisetradition, nicht für die Unterkunft zu zahlen, nicht brechen müsste.

Ich besuchte die örtliche katholische Kirche, die geschlossen war, sprach kurz mit ein paar Menschen, die Badminton im nahe gelegenen Park spielten. Ein Mann schlug mir sogar vor, bei ihm zu übernachten, änderte aber in letzter Minute seine Meinung und führte mich zu seinem Freund, der ein Hotel hatte und der mir ein sauberes und billiges Zimmer geben sollte, in dem ich übernachten konnte.

Unwillig stimmte ich zu und verspürte Nostalgie. Ich vermisste wieder Europa, die teuren Hotels und die allgegenwärtigen CouchSurfer. In einem Land, in dem ich mir Busfahrt und Unterkunft leisten konnte, hatte ich keinen Grund, meine Grenzen zu testen. Auf diese Art und Weise gab es keine Herausforderung und kein Abenteuer mehr.

Ich war einsam in dem kleinen Hotelzimmer. Vielleicht das erste Mal, seit ich reiste. In Bangladesch war ich entweder mit Menschen zusammen, die mich wie einen Filmstar, einen Guru, einen reichen weißen Mann wahrnahmen, oder ich war umgeben von Glanz und Pracht, die überaus unnatürlich in dieser Umgebung schienen.

Ich ging zu einem Internetcafé, auf der Suche nach ermutigenden Worten von Menschen, die ich aus der fernen Heimat kannte, irgendetwas, das mich trösten würde.

Ich stieß auf diese Nachricht, die ich bei CouchSurfing bekommen hatte:

Hey Thomas,
wir sind zwei Mädchen aus Australien und reisen durch Bangladesch. Wir haben erfahren, dass du in der Nähe bist. Wenn du genug davon hast, allein zu reisen und die ganze Zeit die gleichen Fragen der faszinierten Einheimischen zu beantworten, melde dich, sodass wir die Fragen zusammen beantworten können.
In zwei Tagen sind wir in Srimangal.
Umarmung, April und Taya

Ich musste in einem früheren Leben ein sehr guter Mensch gewesen sein.

# Tag 748

Ein Mann mit einer großen Schüssel lief durch den Zug, zwischen den abgewetzten Sitzen, die schon seit Langem ausgedient hatten, entlang, und wiederholte immer wieder den Namen der Süßigkeit, die er den Reisenden auf der Strecke Kumilla-Srimangal verkaufte. Plötzlich stolperte er, und ein fettiges Bällchen fiel aus der Schüssel auf den Boden. Er schaute nach links, nach rechts, hob sie auf, pustete den Dreck weg und setzte es wieder zu den anderen.

Und was mich noch mehr überraschte, war die Person, die neben mir saß und wahrscheinlich auch alles gesehen hatte. Sie rief ihn zu sich und kaufte ihm eins der Bällchen ab.

Ah, Bangladesch.

Ich hatte Kopfhörer auf den Ohren, ein Buch in der Hand und wollte mit niemandem sprechen, bis ich am Ziel angelangt war. Ich hatte keine Energie für neue Freunde, Bekanntschaften, oberflächliche Gespräche, die immer in die gleiche Richtung gingen. Insbesondere, nachdem ich den Abend zuvor Leza kennengelernt hatte, eine potenzielle Braut.

Nach einer ganztägigen Besichtigungstour der Ruinen buddhistischer Tempel in Sajids Gesellschaft und dem Nachmittag in der Wohnung seiner Familie waren wir zum Abendessen zum Nachbarn gegangen.

»Gefällt dir Leza?«, fragte mich Sajid, während alle am Tisch verstummten, und zwinkerte mir zu, während ich mit der rechten Hand den Teller mit Reis und ein paar Hühnerstücken untersuchte.

Ich fühlte Lezas verliebten Blick auf meinem erröteten Gesicht, wie auch die Blicke ihrer Eltern, die gespannt auf meine Antwort warteten.

»Es ist nicht höflich, während des Abendessens zu sprechen«, sagte ich irgendwie und fing an, Essen in meinen Mund zu stopfen und langsam zu kauen, um Zeit zum Nachdenken zu gewinnen.

Ich hätte wissen sollen, was mich erwartete. Als ich in ihre Wohnung gekommen war, war Leza in einen bunten Sari gekleidet, viel feierlicher als es für ein solches Abendessen üblich war, und sie hatte viel Schminke im Gesicht, durch die sie ein wenig rundlicher schien, als sie tatsächlich war. Ihre Eltern fingen sofort zu jammern an, darüber, dass sie mit vierundzwanzig Jahren noch immer unverheiratet war. Zu alt in diesem Land.

Ich schaffte es, das Gesprächsthema zu wechseln, nachdem ich den Teller sauber abgeleckt hatte, aber selbst dann ließ der kleine Mistkerl nicht locker.

»Wie gefällt dir Leza?«, wiederholte er, lauter als zuvor.

Während ich aß, dachte ich über meine Antwort nach, überlegte, was in dieser Situation am besten passen könnte. Ich konnte nicht Ja sagen, weil es a) nicht wahr war und es mich b) nicht gewundert hätte, wenn das in ihrer Kultur wie eine Verlobung aufgefasst worden wäre. Ich konnte aber auch nicht Nein sagen, weil dann a) Leza wahrscheinlich zu weinen angefangen hätte, was ihre Schminke verwischt hätte, die sie stundenlang aufgetragen hatte, und b) das als eine Beleidigung hätte aufgefasst werden können und mich ihr Vater mit dem Schwert, das an der Wand im Speisezimmer hing, hätte durchbohren können.

»Das sage ich dir, wenn wir nach Hause kommen«, antwortete ich und lächelte ihm und dem Rest zu. Niemand verstand, dass das hieß: Ich bringe dich um, wenn wir nach Hause kommen.

»Es wäre großartig, wenn Leza deine Frau werden würde«, sagte Sajid, als wir nach Hause gingen. »Du könntest weiterhin bei uns leben und jeden Tag etwas mit mir unternehmen.«

Nach diesen Worten hatte ich keine Lust mehr, ihm in den Arsch zu treten. Ich musste mich an die Tatsache gewöhnen, dass sich Menschen in Bangladesch sehr schnell aneinander banden und einen schon nach ein paar Sätzen Bruder nannten.

»Ich liebe dich, Bruder«, flüsterte Sajid an diesem Abend, als er sich neben mich ins Bett legte, während ich so tat, als ob ich schlafen würde, und er umarmte mich.

Srimangal offenbarte von Anfang an ein anderes Bild von Bangladesch als jenes, das ich in Dhaka, Kushtia und Kumilla gesehen hatte. Auf der Straße sah ich sogar zwei Weiße, und die Verkäufer schauten mich nicht verwundert an, sondern luden mich in ihre Stuben ein, und ab und zu kam ein Reiseführer auf mich zu und bot mir seine Dienste an.

Ich ging in ein bescheidenes Hotel und traf die zwei Personen, mit denen ich einige Zeit auf der Straße verbringen sollte.

April und Taya waren gerade einmal neunzehn Jahre alt und hatten schon ein halbes Jahr freiwilliger Arbeit in Indien und Nepal hinter sich. Jetzt erforschten sie noch ein paar Monate lang die umliegenden Länder. Sie hatten einige coole Tattoos und eine kleine Gitarre bei sich. Als April sie in die Hand nahm, A-Moll anschlug und den Lieblingssong meiner Lieblingsband aus Australien sang, überwältigten mich meine Erinnerungen.

Hey Kleine,
nur dass du's weißt, ich habe zwei deiner Landsleute hier getroffen, die gerade unser Lied spielen.
Ich hoffe, Indien gefällt dir gut und dass wir uns schnell wiedersehen, wenn du nach Europa kommst. Wenn wir es schon auf dieser Seite der Erde nicht geschafft haben.
Liebe, T.

# Tag 756

»Iiiiilll!«, rief ich und hielt neben dem Grab von Lalon Shah an, als ich meine alten Freunde und den alten Mann, den Propheten, unter ihnen sah.

»Iiiiilll!«, antwortete er, stand schnell auf und breitete seine Hände für eine Umarmung aus.

Nachdem ich in der Gesellschaft der Australierinnen die Teeplantagen in Srimangal, den grünen Hügel von Bandarban und den längsten Strand der Welt in Cox's Bazar besichtigt hatte, hatte ich beschlossen, die Zeit bis zur Rückkehr an dem Ort zu verbringen, an dem ich mich am heimischsten fühlte – in Kushtia.

Dieses Mal gab es einen alles beherrschenden Gedanken: Ich würde versuchen, der königlichen Behandlung zu entkommen und wie ein Einheimischer zu leben, nicht wie ein Weißer mit den ganzen Privilegien eines Touristen. Ich hatte das die ganze Zeit in Bangladesch, abgesehen von einigen Momenten, noch nicht geschafft.

»Lass uns zum Fluss gehen, um Klamotten zu waschen«, sagte ich zu Johnny, einem meiner treuen Schatten, der ein paar Worte Englisch verstand.

Er führte mich zu dem Platz, an dem ich vor ein paar Wochen das rituelle Bad erlebt hatte. Zahlreiche Frauen waren dort damit beschäftigt, Berge bunter Sachen auszuwringen. Er nahm meine Kleidung, die Seife, fand einen großen Stein und fing mit dem Waschen an.

»Und jetzt lass mich das machen«, sagte ich, als er mit dem ersten Stück fertig war.

»Warum, Bruder?«, antwortete er traurig. »Warum solltest du die Sachen waschen, wenn ich doch hier bin?«

Er begriff es wirklich nicht. In seinen Augen war er derjenige, der meine schmutzigen Sachen waschen, mir Essen machen, mich überall herumführen musste. Es zuzulassen, dass ich die Drecksarbeit erledigte, war ein direkter Schlag gegen seinen Stolz.

»Wir werden einen Dokumentarfilm drehen.« Ich ließ mir schnell etwas einfallen, einen Grund, den er akzeptieren konnte. »Hier ist die Kamera, film du und ich werde waschen.«

»Ich wasche die Sachen mit dir zusammen«, schlug er einen Kompromiss vor. Die Kamera war bei Johnny, den ich erst an diesem Tag kennengelernt hatte, nachdem er von weit her angereist war, weil Boss ihn eingeladen hatte. Einfach weil sie wussten, dass ich heute nach Kushtia zurückkommen würde.

So wuschen Johnny und ich die Klamotten, in dem Fluss, in dem man den kleinen Lalon in einem Korb gefunden hatte. Es waren viele Menschen dort, die dieser seltsame Anblick anzog, aber wir ignorierten sie erfolgreich.

Ich dachte über meine Eltern nach, insbesondere meine Mutter, die sich in ihrem Leben häufig wie Johnny und die anderen in Bangladesch verhalten hatte. Warum sollte ich etwas machen, wenn sie es konnte? Wie oft hatte sie mein Bett gemacht, den Tisch nach mir aufgeräumt, staubgesaugt, als ich keine Lust dazu hatte, meine schmutzige Wäsche im ganzen Haus zusammengesammelt, sie gewaschen, aufgehängt und später in meinen Schrank zurückgelegt?

Sie hatte die besten Absichten, doch durch ihren Wunsch, mir, ihrem Sohn, das Leben zu erleichtern und aufgrund einer unbeschreiblichen Tagesdosis an Liebe, hatte sie aus mir einen faulen Nichtsnutz gemacht. Und ich hatte ihr das jahrelang mit Begeisterung erlaubt. Warum sollte ich etwas tun, wenn sie es machen konnte?

Das wurde mir das erste Mal bewusst, als ich weggezogen war. Als ich festgestellt hatte, wie viel Arbeit in einer kleinen Wohnung steckte, wie oft man sie putzen musste, wenn man einigermaßen Ordnung und Sauberkeit haben wollte, wie viel Zeit das Kochen des Mittagessens in Anspruch nahm. Und meine Mutter hatte all das während der ganzen Jahre zusätzlich zu ihrem Job getan. Für sich und die drei Männer, die mit ihr zusammen lebten.

Darüber hinaus hatte sie sich bemüht, uns so gut wie möglich zu erziehen.

Wenn ich jetzt darüber nachdachte, während ich am Ufer des Flusses in Bangladesch meine Klamotten wusch, schien mir das alles unglaublich, so respektabel. Ich wusste, dass meine Mutter mir etwas in dieser Art gesagt hätte: Du wäschst deine Wäsche auf der anderen Seite der Welt und zu Hause ist dir das nie in den Sinn gekommen. Und sie hätte recht gehabt. Ich hatte dafür keine Erklärung.

Vielleicht brauchte es eine komplette Änderung der Perspektive, damit man einige Dinge endlich verstand.

Als wir mit dem Waschen fertig waren, gingen wir zu unserem Gebäude zurück. Während wir die Straße überquerten, schaute ich zu all den Rikschas, die die ganze Zeit in alle Richtungen unterwegs waren.

»Ich möchte eine Rikscha fahren«, äußerte ich meinen nächsten Wunsch gegenüber meinem zweiten Schatten, Monir.

»Kein Problem, Bruder«, antwortete er und versuchte nicht einmal, es mir auszureden.

Eine halbe Stunde später kam er mit einer Rikscha zurück und parkte vor dem Eingang. Ich setzte mich hinters Lenkrad und sagte zu ihm, wie so unzählige Fahrer in meiner Tramper-Karriere zuvor zu mir gesagt hatten: »Spring rein!«

Nachdem ich gleich zu Beginn das fast Unmögliche möglich gemacht hatte, nämlich das dreirädrige Fahrzeug umzukippen und Monir so zu erschrecken, dass dieser aussteigen wollte, es aber aus Angst oder Respekt nicht tat, fuhren wir weiter auf den Straßen von Kushtia, in unseren sauberen Lungi und mit Gamchas um den Hals. Obwohl ich mit dieser Aktion einer von ihnen werden wollte, machte mich das nur noch beliebter im Dorf. Die Menschen beobachteten zum ersten Mal in ihrem Leben einen Weißen, der das Fahrzeug für die Ärmsten lenkte, das wurde allerorten laut kommentiert und manche klatschten sogar.

Das Fahren allein war nicht so schwierig, wie ich es mir vorgestellt hatte, als ich in verschiedenen Städten in Bangladesch in Rikschas gesessen hatte. Die Frage war, wie ich mich gefühlt hätte, wenn ich von so schmächtiger Statur wie sie gewesen wäre und auf dem Rücksitz drei Menschen gehabt hätte, die ich, wie die Einheimischen es zehn Stunden pro Tag für wenig Geld taten, herumkutschieren musste.

Ich war eigentlich ein riesiger Glückspilz. Ich war in einem wunderschönen Land aufgewachsen, war gesund, hatte einen warmen und bequemen Platz zum Schlafen, eine kostenlose Ausbildung, konnte praktisch wählen, was ich arbeiten wollte.

Und ich war eigentlich sehr undankbar. Wie oft hatte ich die Liebe, die man mir entgegengebracht hatte, als selbstverständlich genommen, hatte Nahrungsmittel nicht geschätzt, meinen Körper vernachlässigt, mein Heim, mein Zimmer, meine Nachbarschaft, meine Stadt und mein Land kritisiert, wie oft hatte ich die Schule geschwänzt, wie oft hatte ich gejammert, als ich Prüfungen an der Uni hatte?

Es war gerade diese Erkenntnis, die ich mit mir nahm, als ich mich von meinen Freunden, von meiner neuen Familie verabschiedete und nach Dhaka ging, mich in das Flugzeug setzte, das mich zurück in die Realität brachte. Die Erkenntnis, zu der ich während des Reisens durch Europa gelangt war, und die sich jetzt nur noch bestätigte: Ich war ein verzogenes Gör, undankbar und blind, uninformiert über die katastrophale globale Situation, besonders in Ländern der Dritten Welt.

Und die Erkenntnis, dass ich noch viel mehr erfahren musste.

# Tag 794

»Ist Ihre Art zu reisen gefährlich?«, fragt Daniela.

Hier ist sie. Wir sind bei der einen, großen Frage angelangt. Relativ spät, wie ich zugeben muss. Sonst ist es eine der ersten Fragen, die die Menschen mir stellen.

Diese Frage kann man entweder mit dem erwarteten *Ja* beantworten oder mit dem unerwarteten und höchst überraschenden *Nein*.

Ich finde es interessant, dem Gesprächspartner, während ich antworte, in die Augen zu schauen. Wenn ich die Frage mit *Ja* beantworte, scheint es, als ob ich einen kleinen Funken Erleichterung sehen kann. Als ob er am liebsten sagen würden, wusste ich's doch. Als ob es einfacher ist, zu wissen, dass neben alldem Schönen und Aufregenden, das man bei einem solchen Reisestil erlebt, auch etwas weniger Schönes existiert. Und falls ich mit *Nein* antworte, kann man in seinen Augen eine kleine Dosis von Enttäuschung sehen. Weil er oder sie befürchtet, keine Geschichten zu hören, in denen ich im Gefängnis gelandet, bestohlen oder fast vergewaltigt worden bin? Oder gibt es einen anderen Grund?

Wenn es keine negativen Geschichten gibt, fragen sich die Meisten vielleicht: Warum reise ich nicht? Sie müssten sich eingestehen, dass sie sich vergeblich gefürchtet haben, dass man sie falsch belehrt und die ganze Zeit getäuscht hat. Bis ich komme und sie vom Gegenteil überzeuge. Ich, der Schuldige, der ihnen zeigt, dass sie das Leben haben könnten, von dem sie immer geträumt haben. Ich bin der Bösewicht. Ihr Leben war schöner, solange sie noch dachten, dass das reisen, oder diese Art zu reisen, gefährlich sei.

»Nein«, antworte ich und starre in Danielas Augen.

»Schauen Sie überhaupt Filme, lesen Sie Zeitungen? Wissen Sie, wie gefährlich es ist zu trampen?«, fragt sie scherzhaft weiter.

Ich weiß sofort, dass sie versteht, wovon ich spreche, genau wie man in einem fremden Land gleich erkennt, wer die eigene Sprache spricht. Ich weiß, dass sie selbst gereist ist. Dass sie selbst, wer weiß auf welche Art und Weise, gegen Vorurteile gekämpft, sich erklärt und gerechtfertigt hat.

»Ich habe gestern ein Lied gehört«, fahre ich fort. »Ein Vers lautet: ›Die, die kein Segel gehisst haben, werden dir vom Segeln erzählen …‹ Viele Menschen schauen fern, lesen Zeitungen und hören dort Horrorgeschichten. Nach all meinen Erlebnissen und Begegnungen, nach siebzehntausend per Anhalter gereisten Kilometern mit zweihundert verschiedenen Fahrern, nach dem Besuch von mehr als zwanzig Ländern und mehr als fünfzig Städten kann ich sagen, dass ich keine einzige negative Erfahrung hatte.«

Zahlen funktionieren. Sie sind ein gutes Argument. Sie bringen die Ungläubigen zum Schweigen.

Jedoch eine gab es. Eine negative Erfahrung, die ich gemacht habe, seit ich reiste.

# Tag 420

Ich setzte mich in die Straßenbahn Nummer 9 im Zagreber Stadtteil Borongaj.

Der letzte Pfiff des Schiedsrichters war vor etwa fünfzehn Minuten zu hören gewesen, und das bedeutete das Ende des größten kroatischen Derbys zwischen Dinamo und Hajduk. Es endete mit einem Unentschieden, 0:0. Ich wusste es, weil ich es per Zufall im Fernsehen gesehen hatte, als ich mit Freunden in der Wohnung einer Freundin war. Meine Leidenschaft für Dinamo lag schon lange hinter mir.

Ich trug Jeans und ein weißes Sweatshirt. Einige Menschen stiegen in die Straßenbahn ein, sie kamen gerade von dem Spiel aus dem nahe gelegenen Stadion. Ein paar Jungs musterten mich und besprachen daraufhin etwas untereinander. Ich fühlte mich nicht wohl.

»Tovari, Tovari!«,[22] schrien draußen einige Leute, so laut sie konnten, während sie durch die Straßen rannten, mit Stöcken in der Hand, und nach Autos mit unerwünschten Kennzeichen Ausschau hielten.

»Öffne die Tür!«, schrien einige übereifrige Fans in der Straßenbahn, die es nicht erwarten konnten, rauszukommen, um ihren Fußballfreunden bei der Jagd zu helfen.

Der Fahrer öffnete die Tür, während wir an der Ampel standen, die Hälfte der Straßenbahn-Insassen drängte hinaus und rannte los.

Wie primitiv, dachte ich. Und nur ein paar Monate zuvor war ich einer von ihnen gewesen. Ich hatte zwar nie Fans der rivalisierenden Mannschaft gejagt, Fackeln geworfen oder mich geschlagen, aber ich war einer von ihnen gewesen.

Ich warf einen Blick zu der Gruppe hinüber, die mich beim Einsteigen in die Straßenbahn schräg angesehen und immer noch unangenehm im Visier hatte.

Es wäre toll, wenn jetzt keine Scheiße passierte, dachte ich. Nachdem ich durch Serbien, Bulgarien, ja durch ganz Europa getrampt war, würde ich doch wohl nicht im Zentrum von Zagreb zusammengeschlagen werden, und zwar von den Menschen, mit denen ich die Tribüne und die Liebe zur Zagreber Mannschaft geteilt hatte.

---

22 Eine abwertende Bezeichnung für jemanden aus Dalmatien.

Ich stieg am Hauptbahnhof aus und nahm einen Zug Richtung Süden. Drei Stationen trennten mich von dem Vorort, in dem meine Eltern ihr Haus hatten. Ich setzte mich in ein Abteil, neben eine ältere Frau, und fing an zu lesen.

Kurz darauf hörte ich schwere Schritte im Flur des Zuges und unmittelbar danach öffnete sich die Tür unseres Abteils. Zwei aggressive Typen um die zwanzig kamen rein und gingen sofort auf mich los.

»Du beschissener Tovar!«, riefen sie und wollten mir gegen den Kopf treten. Ich konnte ausweichen, da ich auf so eine Situation vorbereitet war. Sie beschmutzten lediglich mein weißes Oberteil.

»Was ist?!«, schrie ich mit Zagreber Dialekt und wich aus, damit mich ihre Schuhe auch beim zweiten Angriff nicht trafen.

Sie blieben plötzlich stehen, mit ihren Beinen in der Luft. Mein Zagreber Akzent hatte sie offensichtlich verwirrt. Sie sahen sich an und hauten ab.

Die Frau neben mir brach in Tränen aus, der Schaffner kam zu uns gelaufen, um zu sehen, was los war, und ich saß einfach nur auf meinem Platz und zitterte.

War dieses Leben nicht wirklich seltsam?

Ich hörte den Pfiff von dem Typen mit der roten Mütze, und der Zug setzte sich langsam gen Süden in Bewegung.

# Tag 794

Die einzige negative Erfahrung, die ich, seit ich reiste, gemacht habe, ist im Zentrum meiner eigenen Stadt, am Hauptbahnhof, passiert. Die einzige negative Erfahrung, seit ich trampte und am Straßenrand oder in den Wohnungen von Fremden schlief.

Die Schlussfolgerung ist simpel: Idioten gibt es überall.

Man kann versuchen, sich von ihnen fernzuhalten. Zum Beispiel, indem man zu Hause bleibt. Wenn man aber das Haus aber verlässt, besteht immer die Chance, dass einem irgendein Mist passiert – ob in der Wildnis von Afrika oder an der Ampel vor deiner Wohnung.

»Wohin reisen Sie als nächstes?«, führt Daniela das Interview allmählich seinem Ende entgegen.

»Ich fahre in einigen Tagen nach Portugal, und dann komme ich zurück nach Zagreb, um mein Studium endlich zu beenden.«

Das war mein Plan.

»Danach beginne ich meine bisher längste Reise.« Ich atme tief ein. »Diese Reise nenne ich ... Mama, hör nicht so genau hin ... *1000 Tage Sommer. Auf der Reise um die Welt*.«

Ich hatte es endlich laut gesagt. Ich hatte mein nächstes Projekt zum ersten Mal angekündigt. Meine Weltreise. Ich konnte mir meine Mutter vorstellen, wie sie sich eine Zigarette anzündete, meinen Vater, wie er sich ein Bier holen ging, meine Großmutter Nr. 1, die weinte, und Großmutter Nr. 2, die zum Melken der Kuh hinausging, zurückkam, ihren Rosenkranz in die Hand nahm und anfing zu beten.

Ich konnte mir meinen Bruder vorstellen, der stolz war auf den Jungen, den er miterzogen hatte, meine Tante, die mich nach der Sendung gleich anrufen und fragen würde, ob das mein Ernst sei, meinen Onkel, der sich fragen würde, was er falsch gemacht hatte, als er mir wichtige Lebensweisheiten auf den Weg gegeben hatte, meine Freunde, die erneut feststellen würden, dass ich verrückt sei.

Und Tanja, die froh sein würde, dass sie bei mir war, als ich diese Idee hatte.

# Tag 775

Bist du gut aus Bangladesch zurückgekommen? Falls du eine Mitfahrgelegenheit bis Split hast, melde dich. Tanja

»Ich denke, ich habe mich verliebt«, sagte ich zu Tea und Maja, während wir unser drittes Bier tranken.

»Waaas?«, antworteten beide gleichzeitig. »In wen?«

»Kennt ihr dieses Video, das gerade im Internet beliebt ist, Last Year in 3 Minutes?«[23]

»Natürlich kenne ich es«, antwortete Tea. »Es ist toll.«

»Ich weiß, ich schaue es mir die ganze Zeit an, anstatt für die Prüfung zu lernen.« Ich nahm einen Schluck. »Und es gibt noch eins, in dem sie singt und Gitarre spielt. Wow.«

»Und?«, fragten sie. »Was machst du jetzt?«

»Keine Ahnung.« Ich stellte die Flasche auf den Tisch. »Ich komme in Versuchung, nach Split zu fahren. Ich denke ernsthaft darüber nach. Insbesondere jetzt, wo ich lernen muss.«

»Ich fahre morgen nach Split!«, rief Maja.

Zufall?

Ich glaubte nicht an Zufälle.

Hey, Tanja!
Du bist dieses Wochenende beschäftigt und es wäre eine schlechte Idee zu kommen, stimmt's? Komm, mach mir die Entscheidung leichter, indem du mir gar keine Wahl lässt. Umso mehr, weil mir in ein paar Tagen eine Prüfung bevorsteht.

Es waren noch ein paar Stunden bis Mitternacht. Bis dahin konnte ich mich noch von meiner letzten Prüfung abmelden, die ich schon jahrelang vor mir herschob. Anstatt zu lernen, schaute ich mir zum tausendsten Mal Tanjas Videos an, zuerst das eine, dann das andere. Und ich dachte darüber nach, wie schön es wäre, sie kennenzulernen.

---

23 https://www.youtube.com/watch?v=sh7Bjs4f55I

Ich bin dieses Wochenende frei wie ein Vogel. Und ich denke, dass deine Idee toll ist.

Na dann! Bis morgen. Ich hoffe, du hast eine Couch zur Verfügung.

Ich meldete mich von der Prüfung ab, legte mein Marketingbuch weg und ging schlafen.

Ich war aufgeregt, aber glücklich.

# Tag 776

»Hey, Perko«, Maja rief mich an, gerade in dem Moment, als ich die notwendigsten Sachen in meinen Rucksack packte. »Ich habe schlechte Neuigkeiten. Die Reise ist auf einen anderen Tag verlegt worden. Sorry.«

Ich hatte mir schon gedacht, dass es zu einfach gewesen wäre.

Ich ging zu den Mautstellen im Süden von Zagreb, hob meinen Finger und kam langsam, in Gesellschaft eines russischen Lkw-Fahrers, an den Mautstellen in Split an.

Tanja stieg aus dem Auto ihrer Mutter und umarmte mich.

»Hallo, Tom!« Sie lachte fröhlich.

»Hallo, Tanja!« Ich begrüßte sie und setzte mich ins Auto.

Sie war faszinierend. Was für eine positive Ausstrahlung! Sie hatte dadurch etwas Unverletzliches, wirkte unberührbar und bescheiden zugleich, ein Mädchen, das immer optimistisch war und beschlossen hatte, das Leben in vollen Zügen zu genießen. Sie erzählte mir gleich etwas über das, was mich am meisten interessierte: Die Geschichte, die hinter dem inspirierenden Video stand.

»Oh, oh, das war was!«, sagte sie und klopfte mit dem Daumen im Rhythmus des Songs aus dem Radio auf das Lenkrad. »Ich musste eine Präsentation an meiner ehemaligen Uni erstellen und am Abend davor entschloss ich mich, ein Video über das vergangene Jahr zu drehen, in dem ich mich entschieden habe, meinen Job zu kündigen, meinen Träumen zu folgen und eine Reise durch Australien und Südamerika zu machen. Tja, und viel mehr gibt es eigentlich gar nicht zu erzählen«, fuhr sie fort. »Ich habe das Video auf YouTube hochgeladen, nur für den Fall, dass ich den USB-Stick vor der Präsentation verliere, und ein paar Tage später haben es alle auf Facebook geteilt, ich bekam viele Nachrichten und Rückmeldungen. Du weißt, wie das läuft.«

»Ja, das weiß ich«, antwortete ich. »Aber bei mir geschieht das nicht zufällig. Ich veröffentliche meine Sachen ganz bewusst im Internet, sodass die Menschen sie sich ansehen können.«

»Warum?«

»Damit zum Beispiel du mir eine Nachricht schicken kannst, dass ich nach Split kommen soll.«

»Touché.« Sie lächelte und errötete ein wenig.

»Aber jetzt liegt die größte Herausforderung vor mir«, seufzte ich. »Ich muss mein Studium beenden und einen Weg finden, viel Geld zu verdienen. Entweder, indem ich ins Ausland arbeiten gehe, oder ein Riesenprojekt auf die Beine stelle, wie etwa eine Weltreise. Alles gut planen, eine Geschichte daraus machen, die alles verbindet, Sponsoren finden und losziehen.«

»Hast du schon eine Geschichte dafür?«

»Nein. Ich habe noch Zeit, bis ich mein Studium beende. Das sich allerdings, wegen dieses Trips, um einige Monate hinausziehen wird.«

»Tut mir leid.«

»Tut es nicht.«

»Stimmt.«

»Im Grunde weiß ich nur, dass ich gehen und nicht so schnell zurückkommen möchte. Jeden Kontinent besuchen, trampen, couchsurfen, Geld verdienen, Freiwilligenarbeit leisten, du weißt, wie das alles läuft.«

»Ja, das weiß ich.«

»Na ja, da du schon Bescheid weißt, könntest du mir helfen, eine Geschichte auszuarbeiten.«

»Ich kann es versuchen.«

»Das wäre sehr nett von dir.«

»Das wäre es.«

»Total.«

Wir gingen in ihre Wohnung, eigentlich die Wohnung ihrer Tante, und tranken das erste Bier. Sie schloss einen MP3-Player an und fing an, Musik auszusuchen.

»Was hörst du gern?«, fragte sie.

»Auf meine Mutter und meinen Vater«, antwortete ich und versuchte, lustig zu sein.

»Du lügst!«, rief sie. »Wenn du auf sie hören würdest, würdest du nicht um die Welt reisen und jetzt nicht hier sein.«

»Ich merke schon, du sprichst aus Erfahrung«, kommentierte ich.

»Uh. Stell dir vor, wie meine Eltern reagiert haben, als ich nach ein paar Jahren in einem tollen Job, in dem ich bis zum Manager aufgestiegen war, gesagt habe: Ich gehe jetzt ein bisschen durch die Welt reisen.«

»Das steht mir noch bevor, nur ohne die Kündigung.«

»Das Thema Reisen interessiert sie nicht besonders. Es geht ihnen um ganz andere Dinge: Wann wirst du zur Ruhe kommen? Was werden die Leute sagen? Wann wirst du heiraten? Du bist alt genug ... Du weißt, was ich meine.«

»Oh ja.«

»Und?«

»Was und?«

»Ich habe dich gefragt, welche Musik du hörst.«

»Ach ja. Etwas mit akustischer Gitarre. Wie dein Lied auf YouTube.«

Sie sagte nichts. Ich wusste nicht, ob sie wieder errötete oder ich sie an etwas erinnerte.

»Ich weiß was!«, sagte sie schließlich. »Das wird dir gefallen.«

Eine akustische Gitarre spielte das vertraute a-Moll.

»Ich habe sie in Australien entdeckt«, sagte sie. »Und sie haben mir gleich gefallen ...«

Sie wurde still, bemerkte, dass etwas nicht stimmte.

»Du magst sie nicht?«, fragte sie.

»Doch.« Ich lächelte. »Das ist das Problem. Ich befürchte, dass ich sie noch lange mögen werde.«

»Da steckt eine Geschichte dahinter.« Sie schaute mich voller Verständnis an und setzte sich neben mich.

»Klug bist du«, antwortete ich.

Wir hörten uns das Lied an, zwei Menschen, bei denen eine bestimmte Musik diese unsichtbare Saite im Körper, im Herzen und in jeder Zelle zum Schwingen bringen konnte. Wir hörten das Lied und erinnerten uns beide an unsere eigenen Geschichten.

*One kiss from you and I'm drunk up on your potion.*
*Big old smile is all you wore ...*

»Und?«, fragte sie gleich nach dem Ende des Liedes. »Wie hast du sie kennengelernt?«

»Wen?« Ich stellte mich dumm.

»Du weißt wen.« Sie ließ sich nicht irreführen.

Es war so einfach, mit ihr zu sprechen. Wir konnten die Sätze des anderen ergänzen und verstehen, was er sagen wollte, obwohl er etwas ganz anderes von sich gab. Sie hatte einen seltenen Sinn für Humor, lachte aus vollem Herzen und machte Witze, oft auch über sich selbst.

»Ach«, begann ich die Geschichte und nahm noch einen Schluck Bier. »Du weißt, wie das läuft. Jemand kommt in dein Leben, stellt es auf den Kopf, geht und schließt die Tür hinter sich nicht. Und du bleibst zurück, bist Jahre später immer noch die Geisel deiner Gefühle, von denen du weißt, dass sie verschwinden müssen.«

»Und Geisel der Lieder, die dich an sie erinnern«, ergänzte sie.

»Genau so.«

»Warum gehst du sie nicht besuchen und schließt diese offene Tür selbst?«

»Das ist der Plan.«

»Wann?«

»Eines Tages.«

Sie stand auf und wechselte die Musik. Kurze Zeit später auch das Gesprächsthema.

Wir gingen hinaus in die Nacht, tranken in Split noch etwas und kehrten dann in die Wohnung zurück, wo wir uns einen Film anschauten, den sie schon länger sehen wollte, *500 Days of Summer*.[24]

»Ich mag den Titel«, sagte ich, ohne zu wissen, dass Summer der Name des Mädchens war, um die es im Film ging. »Er erinnert mich an eine Reise, als ob jemand fünfhundert Tage dem Sommer folgte ...«

»Da ist deine Reiseidee! Das ist die Geschichte!« Sie schlug mir mit der Hand auf die Schulter. »Du wirst sowieso im Sommer reisen. So wie sich die Jahreszeiten ändern, wirst du die Hemisphären wechseln. Das habe ich auch so gemacht.«

»Tolle Idee!«, antwortete ich. »Aber fünfhundert Tage sind zu wenig. Vielleicht tausend?«

»Tausend Tage Sommer«, sagte sie feierlich. »Klingt toll.«

»Tausend Tage Sommer«, wiederholte ich, »auf der Reise um die Welt!«

Wir sahen uns stolz an, hoben gleichzeitig die Hände und gaben uns einen High five. Wir waren ein tolles Team.

Der Hauptheld des Films Tom (!) war sich sicher, dass es der Sinn des Lebens sei, die Richtige zu finden, und verliebte sich Hals über Kopf in Summer. Sein Leben machte endlich Sinn, alles lief wie geschmiert, die Vögel sangen auf den Bäumen und so weiter. Summer hingegen war eine kühle Schönheit, die gleich am Anfang sagte, dass sie nicht an Liebe glaube und dass sie keinen Freund haben wolle. Sie fühle sich nicht gut, wenn sie die Freundin von jemandem sei. Die zwei wurden im Film natürlich ein Paar, aber nach einiger Zeit lief alles schief ...

Wo hatte ich diese Geschichte bloß schon mal gehört?

»Tom, Tom!« Tanja weckte mich, nachdem ich am Ende des Films eingeschlafen war.

»Ja?«, antwortete ich, ohne die Augen zu öffnen.

»Komm ins Bett, die Couch ist ungemütlich.«

---

24 *500 Tage Sommer*; amerikanischer Film aus dem Jahr 2009.

# Tag 794

*»Tausend Tage Sommer. Auf der Reise um die Welt?«*, wiederholt Daniela.

»Ja«, bestätige ich. »Per Anhalter um die Welt, nächsten Sommer, praktisch ohne Geld, während der Reise etwas verdienen und dergleichen.«

Mein Plan war, mit tausend Euro zu starten und zu reisen, so lange es ging. Wenn mir das Geld ausging, würde ich mich auf alle möglichen und unmöglichen Arten zurechtfinden. Insgeheim hoffte ich, dass das, was ich mir vorgestellt hatte, klappen würde: dass MasterCard die Zusammenarbeit verlängern und, nach Bangladesch und Portugal, auch bei meiner bislang interessantesten und längsten Reise weiterhin mein Sponsor bleiben würde.

»Viel Glück!« Daniela kündigt meine Verabschiedung an. »Wir werden uns bemühen, diese Sendung am Laufen zu halten, und wenn Sie nach Kroatien zurückkommen, werden wir Sie hier erneut begrüßen!«

»Abgemacht!«

»Tomislav, vielen Dank ...«

Noch ein Applaus und ich gehe von der Bühne.

»Tausend Tage, hm?«, fragte mich Shale gleich nach dem Interview. »Das könnte zu lang werden.«

»Was soll's«, antwortete ich. »Ich möchte alle Kontinente besuchen, und es ist am billigsten, zwischendrin nicht nach Hause zu kommen.«

Ich traf mich mit Tanja, die sich in der letzten Zeit oft in Zagreb aufhielt. Sie zählte ihre letzten Tage in Kroatien. Sie wartete auf eine Arbeitserlaubnis der britischen Botschaft, um einen Flug nach London buchen zu können und dorthin zu ziehen. Das war ihr Kindheitstraum.

Wir hatten eine wunderbar entspannte Beziehung und waren uns dessen bewusst, dass sich unsere Wege bald trennen würden. Ihr Weg führte nach London, mein Weg führte mich, gleich nach dem Bestehen der letzten Prüfung, um die Welt. In unseren Gesprächen ging es fast immer um fröhliche Themen, weil wir keinen Sinn darin sahen, uns mit traurigen zu beschäftigen.

»Hello«, meldete sie sich an ihrem Handy. Wir waren auf dem Weg zum Busbahnhof, von wo aus sie diesen Abend nach Split fahren wollte, und dann – hoffentlich – weiter nach London. Das war der Anruf, den sie erwartet hatte. Der Anruf, der ihr bestätigten sollte, dass ihr Visum bereit war, und sie ihre Sachen packen und ans andere Ende Europas ziehen durfte. Der Anruf, der unvermeidlich zu dem Moment führen würde, in dem wir uns voneinander verabschieden mussten.

Dem Ton ihrer Stimme nach zu urteilen, vermutete ich allerdings, dass etwas nicht stimmte.

»Und?«, fragte ich, als sie auflegte.

»Frag nicht«, antwortete sie – mit der vielleicht traurigsten Stimme, seit ich sie kannte. »Die Arbeitgeber haben bei der Anmeldung etwas vermasselt, ich muss noch zwei, drei Monate warten.«

»Oh«, sagte ich. »Was machst du jetzt?«

»Ich habe keine Ahnung«, erwiderte sie. »Das dauert jetzt schon Monate, ich lebe bei meinen Eltern in Split, warte auf mein dummes Visum, um ein neues Kapitel in meinem Leben anfangen zu können. Ich tue nichts außer warten, warten, warten. Und jetzt muss ich noch länger warten. Am liebsten würde ich alles vergessen und woanders hingehen.«

Ich hatte eine Idee.

»Komm mit mir nach Portugal!«, sagte ich, ohne lange nachzudenken.

»Bitte?« Der Ton ihrer Stimme veränderte sich. »Woher kommt denn das jetzt?«

»Es ist mir gerade in den Sinn gekommen.« Ich lächelte. »Du hast selbst gesagt, dass du nichts Besseres zu tun hast, und ich hätte gern Gesellschaft.«

»Aber du weißt, dass ich kein Geld habe.«

»MasterCard zahlt alles«, sagte ich. »Wir können es folgendermaßen machen, du bist die offizielle Fotografin und Kamerafrau, und anstatt bezahlt zu werden, musst du keine Reisekosten zahlen. Eine Win-win-Situation.«

Sie schaute mir in die Augen, um zu überprüfen, wie überzeugt ich von meiner Entscheidung war.

»Oh, Tom!« Sie umarmte mich.

# Tag 855

Ich kam aus dem Gebäude der Wirtschaftsuni, setzte mich auf eine Bank im Park vor der Fakultät und begann zu weinen.

Nach acht Jahren hatte ich endlich die letzte Prüfung bestanden! Eine riesengroße Last war von meinen Schultern genommen. Das ließ mir keine andere Wahl, als alles rauszulassen und zu weinen.

»Herr Kollege, herzlichen Glückwunsch!« Die Professorin im Fach Marketing schüttelte mir die Hand, nachdem sie mir eine Zwei gegeben hatte. »Ich wünsche Ihnen viel Glück auf Ihren weiteren Reisen.«

»Danke!«, entgegnete ich begeistert.

Sie lächelte freundlich und reichte mir mein Studienbuch. »Schicken Sie mir doch mal ein, zwei Postkarten.«

Ich erinnerte mich daran, was ich ihr am Ende der Prüfung geschrieben hatte:

*Sehr geehrte Frau Professor,*
*vielleicht ist die Theorie des Marketings nicht meine größte Stärke, aber seit einiger Zeit bin ich sehr gut im praktischen Teil. Vor ungefähr einem Jahr habe ich begonnen, über meine Reisen zu schreiben und im Internet, vor allem über soziale Netzwerke, auf mich aufmerksam zu machen. Und das alles ohne Kosten. Ich habe die Theorie, die sie mir beigebracht haben, praktisch umgesetzt: Ich vermarkte mich selbst!*
*Das Ergebnis von alldem: Ich war ein paarmal im Fernsehen, in Zeitungen, in Internetportalen zu sehen, und auf Facebook folgen mehr als fünftausend Menschen meinen Abenteuern.*
*Falls die Theorie nicht ausreicht, um eine gute Note zu bekommen, wird vielleicht die Praxis dabei helfen.*

Da ich eine Zwei bekommen hatte, ging ich davon aus, dass auch die Theorie in Ordnung gewesen war.

Ich rief meine Mutter an und gleich danach Tanja. Um zu prahlen, aber auch um mich dafür zu bedanken, dass sie mich motiviert hatte, mich hinzusetzen und endlich zu lernen.

Tanja war großartig. Die drei Wochen, die wir zusammen durch Portugal gereist waren, überzeugten mich davon, dass wir ein tolles Paar waren. Wir stritten niemals, hatten immer Gesprächsthemen, sie trampte ohne mit der Wimper zu zucken, akzeptierte CouchSurfing, trank Bier auf Parkbänken, kochte oft – sie war alles, wonach ich gesucht hatte.

Nur von Zeit zu Zeit belastete mich eine Sache. Ein australisches Lied, das immer noch in meinem Kopf war, obwohl es schon vor zwei Jahren hätte enden sollen.

Ich tröstete mich damit, dass nur noch ein bisschen Zeit vergehen musste. Und mit Tanja verging die Zeit schneller und schmerzloser.

Ich ging nach Hause und schrieb einen Satz.

Kommst du mit mir auf die Reise um die Welt?

Ich sah mir die Nachricht noch einmal an und drückte ENTER.

Nicht einmal eine halbe Stunde später klingelte mein Handy.

»Mein Kuchen ist gerade wegen deiner Nachricht angebrannt«, sagte sie. »Ehrlich gesagt, niemand hat mir je so etwas Schönes vorgeschlagen.«

Dann schwieg sie. Ich wusste, was diese Stille bedeutete.

»Aber?«, fragte ich.

»Du weißt, wie lange ich schon auf London warte. Und du weißt, wie sehr ich mich darauf freue. Nun, da es endlich soweit ist, weiß ich nicht, ob ich alles einfach aufgeben und mit dir um die Welt reisen kann ... Aber du weißt, wie gern ich das machen würde«, fügte sie hinzu. »Wenn die Reise nur früher gewesen wäre, oder wenn du später gehen könntest ...«

Ich verstand sie vollkommen. Wenn ich darüber nachdachte, hatte ich keine andere Antwort erwartet. Sie hatte ihre Träume, und ich verlangte von ihr, dass sie sie aufgab und mit einem Mann, den sie vor ein paar Monaten kennengelernt hatte, ins Unbekannte reiste. Nur eine Verrückte hätte das getan.

Ich hätte mich auch geweigert, fremden Träumen zu folgen, anstatt meinen eigenen.

»Aber, du kannst mit mir nach London kommen«, schlug sie am Ende vor. »Zumindest bis du dein Abenteuer beginnst.«

Vielleicht würde ich das machen.

# Tag 942

> Ich möchte dich sehen, bevor du losfährst! Ich kann nach London kommen. Oder nach Zagreb. Aber ich muss dich sehen.
> Chloe

Ich schlug mit der Faust auf das Kissen meines sauberen und gut riechenden Londoner Hotelbetts. Hier hatte ich die letzten paar Wochen verbracht und die Details meiner nächsten Reise geplant. Ich hatte die Strecke festgelegt und meine Facebook-Seite auf Vordermann gebracht. Tanja arbeitete in einem Büro, ein paar Straßen weiter.

Ich hätte, anstatt des unschuldigen Kissens, lieber mich selbst schlagen sollen. Oder meine dummen Gefühle, die sofort wieder hochkamen, nachdem ich die Nachricht gesehen hatte, und die nur schlimmer wurden, nachdem ich den Inhalt gelesen hatte.

Würde sie jemals Ruhe geben?

Es gab nur einen Weg, um das herauszufinden.

> Ich werde in ein paar Wochen in Zagreb sein und bleibe etwa einen Monat, bevor ich abreise. Du weißt, wo du mich findest.
> T.

Ich wollte sie sehen und diese Geschichte ein für alle Mal beenden. Ich wollte mich von der Person verabschieden, mit der ich alles in allem nur ein paar Tage in Zagreb verbracht hatte. Die Person, wegen der ich meine kleine Welt komplett verändert und mich auf die Straße gewagt hatte. Die Person, die mein Herz an sich genommen und beim Weggehen vergessen hatte, es wieder zurück zu geben.

# Tag 219

»Komm!«, hatte Chloe zu mir gesagt, während wir im Zentrum von Zagreb herumspaziert waren und ich ihr das dort zu besichtigende Zagreber Sonnensystem gezeigt hatte, eines der Geheimnisse meiner Stadt, mit dem ich Touristen gern überraschte. »Schau dir diese zwei Mädchen an dem Tisch an.«

Sie zeigte auf zwei attraktive Mädchen, die sich für den Sonntagsspaziergang in der Stadt schön angezogen hatten und durch Strohhalme einen Saft tranken. Jede schaute in eine andere Richtung. Ihre Gesichter waren ernst, uninteressiert, leblos, verloren und ihre Gedanken irgendwo weit weg. Sie waren wunderschön, aber in Wirklichkeit – leer.

»Und jetzt schau dir diese zwei an.« Mit dem Finger wies sie ein paar Tische weiter. Ich wandte meinen Blick von den Schönheiten ab.

An dem anderen Tisch saßen auch zwei Mädchen. Diese beiden sahen unauffällig aus, ungeschminkt, in Kleidung, die keine Aufmerksamkeit erregte. Sie waren in ihrer eigenen Welt, sprachen begeistert miteinander und lachten sorglos. Sie waren nicht auf die Passanten konzentriert, und auf die Meinung, die diese möglicherweise von ihnen haben konnten. Sie strahlten.

»Ist das nicht schön?«, fragte Chloe, und ihr Gesicht strahlte auch. Sie wartete keine Antwort ab, sondern lief die Straße hinunter, in ihrem leichten, hellen Sommerkleid, ohne sich umzudrehen.

Ich blieb an dieser Stelle stehen, schaute ihr nach und fragte mich, wie es möglich war, dass alles unwichtig geworden war, nachdem sie mich mit ihren blauen Augen angeschaut hatte …

Die Zeit mit ihr verlief so ungleichmäßig, nach eigenen Regeln. Der Raum um uns herum war wie benebelt, die Geräusche waren gedämpft. Neben ihr fühlte ich mich lebendig, wach, unbesiegbar, aber wenn sie mich anschaute, fühlte ich mich komplett hilflos. Ich wusste, dass sie, wenn sie mich nur aufmerksam genug ansehen würde, meine Panik, Angst und Sehnsucht erkennen würde. Gleichzeitig konnte ich meinen Blick nicht von ihrem ewig heiteren Gesicht, ihren blonden Haaren, ihrem bunten Kleid lassen.

Sie war ein paar Jahre jünger als ich, aber ihr Geist war viel reifer. Sie war achtzehn, als sie ihr Zuhause verlassen und angefangen hatte, sich in der Welt zurechtzufinden. Sie hatte auf drei verschiedenen Kontinenten gelebt, sprach ebenso viele Sprachen fließend, hatte mit unzähligen Jobs ihren Lebensunterhalt bestritten und war bei der Bewältigung unterschiedlichster Herausforderungen vollkommen auf sich selbst gestellt gewesen. Sie reiste, trampte, schlief in Parks und Bahnhöfen, und war dennoch unbeschwert und verspielt.

Sie hatte das Talent, kleine Dinge zu bemerken, die alltägliche Magie, und war sich darüber bewusst, dass es ein Morgen vielleicht nicht mehr geben konnte. Sie malte, modellierte, hob Abfall von der Straße und schmiss ihn in den Abfallkorb, predigte die Notwendigkeit des Umweltschutzes, war immer bereit, den Vegetarismus zu rechtfertigen, über politischen Unsinn zu diskutieren, und hatte keine Angst, ihre Meinung zu äußern.

Das war's. Ich hatte mich Hals über Kopf verliebt.

Ich wollte diese Leidenschaft, die sie mit jeder Zelle ihres Körpers lebte, haben. Ich wollte sie haben.

Aber ich traute mich nicht, den ersten Schritt zu tun, ihr etwas zu sagen, aufs Ganze zu gehen. Ich fühlte mich nicht gut genug für sie. Was konnte ich ihr anbieten? Einem Mädchen, das die ganze Welt gesehen hatte, das in so vielen Sachen Erfahrung besaß, eine klare Meinung über das hatte, was wichtig war im Leben? Einem Mädchen, das jeden Mann mit ihrem Lächeln entwaffnen konnte, das bis spät in die Nacht über Themen diskutieren konnte, von denen ich keine Ahnung hatte?

»Du wirst zu spät zur Arbeit kommen«, flüsterte sie mir am letzten Morgen ihres Aufenthalts in Zagreb zu und schlich in mein Bett.

Ihre sanfte Stimme und ihre Körperwärme weckten mich sofort. Ich atmete tief ein und genoss den betäubenden Duft ihrer Haut. Mein Herz raste, aber ich wollte meine Augen nicht öffnen, aus Angst, dass alles nur ein Traum gewesen sein könnte.

»Das ist mir egal«, sagte ich schließlich. »Ich mag es hier.«

Ich umfasste ihre Taille und öffnete meine Augen. Ich ließ sie in meinen Augen alles sehen, was ich in den letzten Tagen versteckt hatte. Angst, Liebe, Lust. Sie konnte damit machen, was sie wollte. Sie würde sowieso bald gehen.

Sie sah mich eine Ewigkeit an, sah alles, was zu sehen war, und näherte sich mir, mit weit geöffneten Augen, bis auf ein paar Millimeter. Dann berührten ihre Lippen langsam und sanft die meinen.

Ich hätte, wenn überhaupt jemals, dann in diesem Moment, glücklich sterben können.

»Und?«, sagte sie, unterbrach diesen schönsten Kuss abrupt und legte ihren Kopf an meine Brust. »Was machen wir jetzt?«

»Warum fragst du mich das?«, antwortete ich ruhig, obwohl ich das nicht im Geringsten war. »Du hast mich doch geküsst. Was möchtest du denn?«

»Ich weiß nicht«, sagte sie verspielt. Mit ihr wusste man nie, ob sie es ernst meinte. »Aber ich weiß, dass du mir gefällst.«

Das genügte mir. Nichts anderes war mehr wichtig. Ich wollte sie wiedersehen und das fühlen, was ich während der letzten paar Tage gefühlt hatte. Ich wollte sie wieder küssen und dieses Feuerwerk der Gefühle erneut erleben.

Aber ich wusste nicht, ob es möglich sein würde, denn ich kannte die Bestimmung aller Reisenden: Sie gingen fort, immer wieder. Egal was für ein Chaos sie zurückließen.

»Ich möchte dich wiedersehen!«, schlug ich nach einiger Zeit der Zärtlichkeiten vor. Ich war bereit, mit ihr zu gehen, wohin auch immer, und buchstäblich von Luft und ihrer Anwesenheit zu leben. Und das, obwohl ich wusste, dass Obsession der schlechteste Beginn für alles war – und ich war definitiv besessen.

»Aber wie?«, antwortete sie traurig. »Ich gehe heute nach Berlin zurück, und in ein paar Monaten nach Australien, und du bleibst hier, musst dein Studium beenden, arbeiten, deine Schulden abbezahlen ... Unsere Leben gehen in verschiedene Richtungen.«

»Ehrlich gesagt, ich weiß nicht wie.« Ich ließ nicht locker. »Ich könnte dich in Berlin besuchen, bevor du gehst. Es ist nicht weit.«

Selbst Australien schien nicht weit weg, in dieser Situation. Aber nur, wenn sie meine Gefühle erwiderte.

»Du weißt alles«, sagte ich zu ihr an diesem Nachmittag, auf einem der Bahnsteige am Hauptbahnhof. »Du weißt, was ich für dich empfinde und dass ich in deiner Nähe sein möchte, wo auch immer, und sei es auch nur für kurze Zeit, unter allen Umständen.«

»Ich weiß«, antwortete sie kurz und beobachtete mich.

»Denk darüber nach, wenn du zurück nach Berlin kommst«, fuhr ich fort. »Melde dich, wenn du willst, dass ich komme und mit dir ein bisschen Zeit verbringe.«

Sie umarmte mich, fest. Ich umarmte sie noch fester. Für den Fall, dass ich dafür keine Gelegenheit mehr haben würde.

# Tag 271

»Bruder!«, mahnte Filip, als wir irgendwo in Slowenien an einer Tankstelle anhielten. »Denk daran: minimales Risiko!«

»Mach dir keine Sorgen«, antwortete ich und nahm den Rucksack aus dem Kofferraum. »Pass nur auf, dass Mama nicht herausfindet, dass ich trampe. Und wenn im Fernsehen *Into The Wild* läuft, schalte um.«

Er überließ seinen Bruder der Gnade der Straße, was ihm nicht leicht fiel. Er hatte auf dem Weg nach Slowenien nicht viel gesagt, und als er wegfuhr, bemerkte ich, dass er sich mit der rechten Hand über das Gesicht fuhr.

In den vergangenen zwanzig Tagen, seit sie mir eine E-Mail geschickt hatte, dass sie mich in Berlin erwartete, hatte ich alles in meinem Leben schnell neu organisiert. Auf die einzige Art und Weise, die ich kannte: extrem. In kurzer Zeit musste ich viele Entscheidungen treffen und enorm viel erledigen. Eine solche Situation erforderte extreme Maßnahmen.

Ich wusste, dass ich nach Berlin gehen und ein wenig Zeit mit ihr verbringen wollte. Ich wusste nicht, wie lange das dauern würde. Aber ich wusste, was mich alles daran hinderte, es zu tun.

»Wir müssen reden«, hatte ich zu Martina und Mungo gesagt, auf derselben Terrasse, auf der ich ein paar Monate zuvor mit der ersten drastischen Veränderung begonnen hatte. Ich mochte diese beiden, ich mochte diese Bar, ich mochte die Kunden, die ich jeden Tag bedient hatte, und die Orte, zu denen wir nach dem Arbeitstag gegangen waren.

»Es gibt keinen einfachen Weg, das zu sagen«, hatte ich das Gespräch begonnen, mit einem riesigen Kloß in meinem Hals, den Blick auf den Boden gerichtet. »Ich kann hier nicht mehr arbeiten.«

Sie waren ernst geworden und Martina hatte ihre Zigaretten genommen und sich eine angezündet.

»Haben wir etwas getan?«, hatte sie gefragt.

»Ihr wisst, dass ihr nichts getan habt«, hatte ich schnell geantwortet. »Ihr wisst, dass ich euch wie Bruder und Schwester liebe, dass ich diesen Ort liebe, aber ich muss raus aus dieser Stadt. Ich muss das machen, wirklich.«

Mungo hatte mich angeschaut, als ob er so etwas erwartet hatte. Er war traurig über die Nachricht gewesen, aber nicht überrascht.

»Chloe?«, hatte er gefragt.

»Chloe«, hatte ich ihm geantwortet.

Diese Nacht hatten wir uns betrunken wie nie zuvor, um einen neuen Anfang zu feiern, anstatt dem Ende nachzutrauern.

Da ich keine Arbeit mehr hatte, stand fest, dass ich auch kein Geld für Miete und Nebenkosten mehr haben würde. Das hatte ich am nächsten Tag meinem Mitbewohner mitgeteilt.

Er war ein Mitbewohner, wie man ihn sich nur wünschen konnte. Wir hatten uns in den drei Jahren des Zusammenlebens nie gestritten, hatten nie eine Meinungsverschiedenheit. Wir wussten, wer wann kochte oder aufräumte und wann man sich zu verziehen hatte, weil der andere ein Mädchen mit nach Hause brachte. Wir waren mit weniger als vierundzwanzig Stunden Unterschied auf die Welt gekommen und in vielerlei Hinsicht wie Brüder.

»Chloe?«, hatte er knapp gefragt.

»Chloe«, hatte ich knapp geantwortet.

Ich hatte alle meine Sachen in mein Elternhaus gebracht, ihnen mitgeteilt, dass ich nach Berlin gehen würde, um ein Mädchen zu besuchen. Ich hatte ihnen versprochen, mich jeden Tag zu melden, den Rucksack das vierte Mal auf meinen Rücken gesetzt und war in das Auto meines Bruders gestiegen, der mich nach Slowenien gefahren hatte.

Ich hatte etwa dreihundert Euro in meiner Tasche und ein paar Monate Zeit bis zu den nächsten Prüfungen. Ich konnte meine Aufregung nicht mit Worten beschreiben. Ich ging auf die Straße, ohne Rückreisedatum, um ein Mädchen zu treffen, über das ich jeden Tag nachdachte, seit ich es kannte. Und das war vor vierundfünfzig Tagen.

Nicht dass ich sie zählte.

Zweihundertfünfzig Kilometer, drei Fahrten und fünf Stunden später war ich in Wien. Ich hatte meine erste Erfahrung mit der Polizei als Reisender gemacht. In der Nähe von Graz hielt mich ein Streifenwagen an, aber anstatt mir eine Strafe für das Spazieren entlang der Autobahn aufzubrummen, fuhren sie mich zur nächsten Tankstelle und gaben mir ein Sandwich und einen Apfel aus . Es waren nette Menschen, obwohl sie Polizisten waren.

»Wie bist du, von allen Städten in der Welt nur in Wien gelandet?«, fragte ich Zuli, meine CS-Gastgeberin, während ich einen halben Liter Fassbier in einem angesagten Wiener Café trank – zum Preis von 3 Euro 60.

Nachdem ich eine Runde bezahlt hatte, begann ich, das verbrauchte Geld mit anderen Augen zu betrachten. Ein Bier war ein Prozent meines Budgets. Zwei Bier, zwei Prozent. Ich konnte mir die Europareise leisten, solange die Endkosten niedriger als hundert getrunkene Bier aus diesem angesagten Wiener Café waren. Ich hatte eine neue Maßeinheit.

»Eines Tages habe ich die Karte von Europa genommen, die Augen geschlossen und zu mir selbst gesagt: Auf welches Land mein Finger fällt, dorthin gehe ich«, antwortete sie und zeigte mit dem Finger auf eine imaginäre Karte. »Mein Finger ist auf Österreich gelandet. Und hier lebe ich schon einige Jahre. Ich studiere und arbeite, ich finde es schön hier.«

Ich wusste nicht, was mich mehr begeisterte, die Geschichte, ihre Art des Erzählens oder die Erzählerin selbst. Wahrscheinlich war es die Summe aller Einzelteile.

Die Geschichte war von Anfang an erstaunlich. Die Tatsache, dass sich jemand derart dem Schicksal überlassen und ein Leben auf der anderen Seite des Planeten anfangen konnte, ohne jemanden dort zu kennen, ohne die Sprache zu sprechen, beeindruckte mich. Wie viel Mut brauchte es für so etwas? Wie viel Glauben?

Dazu war Zuli wahrscheinlich das süßeste Wesen, das ich je in meinem Leben kennengelernt hatte. Sie besaß einen dunklen und sanften lateinamerikanischen Teint, langes schwarzes Haar, braune Augen, ein klein wenig gesenkte Augenlider und ein ehrliches, schüchternes und verführerisches Lächeln. Sie war so schön, dass ich mich erst wieder in dem Moment, als ich nach dem zweiten Bier zur Toilette ging und dort ein bekanntes, betrunkenes Gesicht im Spiegel sah, daran erinnerte, warum ich in Wien war.

»Du bist heute Morgen wegen der blonden Australierin nach Berlin gestartet«, sagte ich dem irritierend fröhlichen Mann im Spiegel. »Du Idiot.«

»Und?«, antwortete das Spiegelbild.

»Was, und?« Ich war genervt. »Du hast dein Leben komplett umgekrempelt, alles hinter dir gelassen, um zu ihr zu kommen. Und schon am ersten Tag, genauer gesagt in der ersten Nacht, bist du mit einem wunderhübschen Mädchen unterwegs und denkst darüber nach, wie schön es wäre, ihre weichen Lippen zu küssen. Wo führt das hin?«

»Keine Ahnung und es interessiert mich auch nicht.« Mein Gegenüber war hartnäckig. »Ich bin es leid, die ganze Zeit über die Zukunft nachzudenken, zu theoretisieren, zu planen. Ich habe keine Ahnung, was dich in Berlin erwartet. Ich hoffe, das ist dir klar. Ansonsten ...«

»Ansonsten ... was?«, wiederholte ich.

»Du weißt, wie dein Herz auf unerfüllte Erwartungen reagiert«, erinnerte er mich. »Genieße deswegen den Augenblick, erwarte nichts, sei ehrlich und gib dein Bestes, um niemanden zu verletzen.«

»Du hast doch keine Ahnung!« Ich drehte mich schnell um und ging zurück zum Tisch.

Wir tranken noch einen Weißen Spritzer und gingen zu ihrer Wohnung, wo ich wie ein wahrhaftiger CouchSurfer, unschuldig und mit meinen Gedanken bei der blonden Australierin, auf dem Sofa einschlief.

# Tag 277

Ich verbrachte drei Nächte in Prag und zwei in Dresden, und am sechsten Tag war ich endlich in Berlin. Am Ziel!

Auf dem Weg nach Berlin hatte ich eins der unvergesslichsten Tramper-Erlebnisse. In Dresden traf ich mich mit Josh, einem Freund, den ich in Prag kennengelernt und ein paar Tage danach in Zagreb empfangen hatte. Wir waren auf dem Weg aus dem Zentrum zur Tankstelle am Rande der Stadt und spazierten sorglos neben einer befahrenen Straße, um nach einem guten Platz für den Beginn des Trampens zu suchen. Plötzlich hörten wird das Quietschen von Reifen, und neben uns blieb ein roter Golf III stehen. Zwei verdächtige Typen stiegen aus, in Jeans, Sweatshirt und mit Baseballmützen auf dem Kopf. Beide hatten die Nasen und Augenbrauen gepierct. Sie bewegten sich auf uns zu, mit ausgestreckten Armen.

Josh und ich sahen uns an, schauten uns um, starrten wieder die Typen an. Wir hatten keine Ahnung, was los war.

»Free hugs?«, erkundigte sich einer, während sie uns immer näher kamen.

Und dann fiel der Groschen. Ich fing an zu lachen. Ich hatte immer noch die Aufschrift FREE HUGS auf meinem Rucksack, seit ich gratis Umarmungen in Prag ausgeteilt hatte. Die Jungs hatten das gesehen und waren wegen einer spontanen Umarmung ausgestiegen.

»Wohin wollt ihr?«, fragte der andere nach einer echten Männerumarmung.

»Berlin«, antworteten wir, immer noch lachend. Ich ahnte, was folgte.

»Wir auch!«, riefen unsere neuen Freunde. »Springt rein!«

Ach, dieses Universum.

Je mehr wir uns Berlin näherten, desto unruhiger wurde mein Herz.

»Nächster Halt: Eberswalde!«, sagte die Frauenstimme aus dem Lautsprecher.

Ich stieg aus der U-Bahn aus, ging nach rechts und fand das, wonach ich suchte: Schönhauser Allee, Nummer 146.

Die Adresse, die mir Chloe gegeben hatte.

Ich stieg die Treppe hinauf, die unendlich lang war. Dritter Stock, ohne Aufzug. Meine Handflächen waren feucht, ich hatte Schwärme von Schmetterlingen im Bauch, mein Herz raste und meine Beine waren noch nie schwerer gewesen. Es schien eine Ewigkeit zu dauern, bis ich vor der Tür stand und klingelte.

Ich hörte Schritte.

Ich atmete tief ein.

Die Tür öffnete sich. Vor mir stand ein unbekannter Typ.

Ich atmete tief aus.

»Hallo!«, grüßte ich ihn, ein wenig enttäuscht. »Ist Chloe vielleicht hier?«

»Chloe?«, antwortete er verwirrt. »Ich kenne keine Chloe.«

»Chloe?« Ein weiteres Gesicht erschien hinter der Tür. »Sie ist mit dem Rest für das Abendessen einkaufen gegangen, sie kommen sicher bald wieder. Komm rein, du kannst hier auf sie warten.«

Ich betrat die Wohnung. Es handelte sich offenbar um eine Wohngemeinschaft, ich schätzte mindestens zehn Menschen. Die Wände waren mit Anweisungen und Vorschriften, die im Haus galten, bedeckt, im Kühlschrank waren Lebensmittel, die mit Farben gekennzeichnet waren, je nach Besitzer, es gab einen Zeitplan für Hausarbeiten und Ähnliches. Ganz anders als in meiner früheren Wohnung, wo es keine Regeln gab, die Bewohner sich kannten und der Kühlschrank immer leer war.

Man bot mir Tee an und erklärte mir, wie in der Wohnung alles funktionierte, als Schritte im Treppenhaus und dann ein Schlüssel im Türschloss zu hören war.

Ich drehte mich unhöflicherweise inmitten des Gesprächs um und spähte zum Flur hinüber. Ich vernahm unverständliche Dialoge in deutscher Sprache. Schritte. Und dann sah ich blondes offenes Haar an der offenen Tür. Auch sie bemerkte mich. Die Zeit blieb stehen, mein Herz auch.

Die kleine Blonde zeigt mit dem Finger auf mich und sagte laut: »Du!«

Wir liefen aufeinander zu und fielen uns in die Arme.

»Ich habe ganz vergessen, dass du heute kommst!«, war das Erste, das sie nach der langen, innigen Umarmung von sich gab. Ihre Stimme war genauso, wie ich sie in Erinnerung hatte: unschuldig, kindisch, spielerisch. Doch in ihren Augen hatte sich etwas verändert.

»Ich habe ganz vergessen, dass du heute kommst!«, wiederholte sie, brach den Blickkontakt ab und überließ meine Hände der Schwerkraft. Sie hatte gemerkt, dass ich sie beim ersten Mal zwar gehört, aber ihre Worte nicht wahrgenommen hatte. Ich analysierte ihren Ton und die Wärme in ihrem Blick. Oder vielleicht die Kälte, die durch mein ganzes Wesen strömte, als ich endlich begriff, was sie gesagt hatte.

Sie hatte die Tatsache, dass ich kommen würde, vergessen. Während ich monatelang nur auf diesen Moment gewartet hatte.

Nein, sie konnte es nicht vergessen haben. Gestern hatten wir uns eine E-Mail geschrieben und abgesprochen, dass wir uns heute Abend sehen würden. Sie war zu klug, um das zu vergessen. Etwas anderes war im Spiel. Und was immer es auch war, es war nicht gut.

»Mach dich auf was gefasst!« Mein Spiegelbild, das sich mir kurz zeigte, zwinkerte mir zu. »Und sag nicht, dass ich dich nicht gewarnt hätte.«

Ich war auf etwas gefasst. Es war hart, sie dabei zu beobachten, wie es sie verwirrte, mit mir zu sprechen, wie sie zwischendurch immer wieder mit verschiedenen Leuten in verschiedenen Sprachen redete, wie sie gekünstelt über irgendwelche Witzchen ihrer Mitbewohner lachte. Meine Anwesenheit machte sie nervös. Aber es war nicht diese Art von Nervosität, die ich fühlte. Sie wollte nicht in meiner Nähe sein. Sie genoss meine Anwesenheit nicht. Und ich wusste nicht warum.

»Wollen wir einen Spaziergang machen?«, fragte ich, als ich merkte, dass wir in der Wohnung voller Menschen und Lärm kein normales Gespräch führen konnten.

»Ja!«, antwortete sie und wandte sich dann an ihre Mitbewohner: »Wir gehen spazieren, möchte jemand mitkommen?«

Alle Mitbewohner wurden ein wenig stiller und lehnten freundlich ab. Es schien, als ob ihnen, wie auch mir, klar war, dass keiner von ihnen zu diesem Spaziergang dazugehörte. Allen war das klar, außer ihr.

»Ich bin froh, dass niemand mit uns gekommen ist«, sagte ich, als wir auf der Straße waren. »Ich bin nach Berlin gekommen, um Zeit mit dir zu verbringen, um mit dir zu sprechen und nicht mit deinen Mitbewohnern.«

Sie sagte nichts.

»Aber ich sehe, dass ich mit diesem Wunsch allein bin.« Ich blieb stehen und nahm ihre Hand. »Ich brauche eine Sache von dir. Nur eine. Ehrlichkeit. Schnell und schmerzhaft. Ich glaube, dass ich das verdient habe, ohne Rücksicht auf die Tatsache, dass ich durch halb Europa gereist bin, um dich zu sehen.«

Sie sah nach unten, nahm ihre Hand aus meiner und ging weiter.

»Ich habe mit meinem besten Freund über dich gesprochen«, sagte sie nach einer Weile. »Ich habe ihm von Tomislav, den ich in Zagreb kennengelernt habe und der mir wirklich sehr gut gefallen hat, erzählt. Thomas Love, hat er geantwortet. Das macht Sinn. Mir hat es gefallen, wie er dich genannt hat. Thomas Love. Klingt fast wie dein wirklicher Name. Und passt perfekt zu unserer Geschichte und den Gefühlen, die du in mir geweckt hast.«

»Aber?«, fragte ich sie. Man spürte es, wenn so ein Aber in der Luft lag.

»Aber ...« Sie machte eine Pause. »Unsere Lebenssituation ist zurzeit zu verschieden. Ich gehe bald nach Hause, nach mehreren Jahren der Abwesenheit. All meine Gedanken sind auf das gerichtet. Und ich möchte mich nicht auf etwas einlassen, das bald enden wird.«

»Woher weißt du, dass es enden wird?« Ich wusste, dass das Schiff drauf und dran war zu sinken und keine Rettung in Sicht war.

»Ich weiß es einfach«, fuhr sie fort. »Ich mag dich sehr. Ich fühle mich zu dir hingezogen. Ich mag es, wenn du in meiner Nähe bist. Und du wirst für immer auf eine Weise bei mir sein. Aber momentan kann ich dir nicht das geben, was du willst. Das, weshalb du gekommen bist. Das, wovon du denkst, dass du es verdienst. Ich bin dazu nicht bereit.«

»Warum denkst du so viel nach?« Ich war wütend. »Alles, was wichtig ist, ist die Tatsache, dass wir in diesem Moment einander haben. Wer weiß, was morgen geschieht? Können wir die Zeit nicht zusammen genießen, jetzt, da wir hier sind? Und nicht so viel über die Zukunft nachdenken?«

»Ich kann nicht.« Sie schaute zu Boden. »Versuch mich zu verstehen. Ich hatte in der Vergangenheit ähnliche Situationen und sie sind nie gut ausgegangen. Doch Narben sind geblieben.«

»Aber das hier ist nicht die Vergangenheit, sondern die Gegenwart!« Ich kämpfte bis zum Ende.

»Warum möchtest du überhaupt mit mir zusammen sein?« Sie schaute mich traurig, aber entschlossen an. »Du kennst mich doch gar nicht.«

Ich schaute in diese Augen, so tief wie ich konnte. Ich wusste nicht, mit welchen Geistern der Vergangenheit sie kämpfte. Ich wusste nur, dass sie jetzt versuchte, mich wegzuschieben.

»Weil ich dich liebe, Chloe«, stotterte ich schlussendlich.

»Es tut mir leid, ich dich aber nicht«, antwortete sie, schnell und entschlossen. Ohne Zögern.

Das war der Moment. Das Schiff war gesunken. In aller Stille, ohne einen einzigen Schrei der Besatzung, ohne einen Versuch der Rettung.

Als ob es nie gesegelt wäre.

Ich küsste sie und umarmte sie fest. Ihr Körper war kalt, leblos. Ihre Augen waren leer. Wie die zwei attraktiven Mädchen, die ihr an jenem Tag in Zagreb aufgefallen waren. Der Glanz, den ich während jener Tage in ihren Augen wahrgenommen hatte, war verloren gegangen.

# Tag 962

»Also, was machen wir, Tanja?«, fing ich das unvermeidliche Gespräch während unseres letzten gemeinsamen Abendessens an. Es war ein Gespräch, das wir bis dahin erfolgreich vermieden hatten. Nach zwei Monaten Zärtlichkeiten, endlosen Gesprächen, Spaziergängen im Regen, ständigem Lachen und enormen Mengen an Eis war ich dabei, London zu verlassen, um meine Weltreise zu beginnen.

»Ich habe viel darüber nachgedacht«, sagte sie, offensichtlich darauf vorbereitet. »So gern ich auch mit dir gehen möchte, schulde ich es doch London und mir selbst, zu bleiben und zu sehen, wie alles wird. Wenn ich gehe, bevor ich es überhaupt versucht habe, werde ich mich ständig fragen, wie es wohl gelaufen wäre. Und so eine Begleiterin willst du nicht bei dir haben, während du um die Welt reist.«

»Aber wenn du bleibst, werde ich mich immer fragen, wie es gewesen wäre, wenn du mit mir gekommen wärest«, antwortete ich.

»Du hast recht«, sagte sie. »Und deshalb werde ich dich oft besuchen kommen! Nur um sicherzugehen, dass du dich gut ernährst.«

Ich lächelte, obwohl mir nicht nach Lachen zumute war.

»Und am fünfhundertsten Tag, der Hälfte deiner Reise, werde ich kündigen, alles hinter mir lassen und mich dir anschließen«, sagte sie fröhlich und versuchte, mich aufzuheitern.

»Ich weiß nicht«, sagte ich leise. »Du weißt, weshalb ich auf diese Reise gehe. Ich will etwas Neues probieren, von allem Bekannten weggehen, ich möchte meine Leidenschaften, Interessen, Einstellungen finden. Mich selbst. Und ich bin nicht sicher, ob ich das kann, wenn ich jemanden zurücklasse. Ich bin nicht sicher, ob ich noch ein Warten überleben kann, das vielleicht ein Jahr oder eineinhalb Jahre dauern wird.«

Sie war nicht mehr fröhlich.

»Freiheit«, sagte ich nach einer Weile. »Danach suche ich. Wenn ich gehe und meine Freundin zurücklasse, die an mich denkt, der ich schreiben werde, dass es schön wäre, wenn sie bei mir wäre, wird das nicht die Freiheit sein, auf die ich hoffe. Ich brauche ein freies Herz oder die Person, der ich mein Herz geschenkt habe, neben mir. Wir haben über Fernbeziehungen gesprochen und waren uns einig, dass sie nicht funktionieren.«

»Aber wir haben nicht über uns gesprochen!«, antwortete sie. »Wie hätten wir wissen sollen, dass wir zu dem werden, was wir jetzt sind. Ich dachte, dass wir stärker wären. Wen kümmern die Kilometer, die uns trennen werden?«

»Mich«, sagte ich, kaum hörbar.

»Was möchtest du?«, fragte sie, mit einer Stimme, aus der man unendliche Traurigkeit heraushören konnte. »Willst du, dass wir Schluss machen?«

»Ich weiß nicht, was ich will«, antwortete ich schnell.

Obwohl ich es wusste.

Ich wollte London als freier Mann verlassen. Ich wollte nach Kroatien und dann in Richtung Osten als freier Mann starten. Ich wollte durch die Welt wandern, alleine, frei. Ohne Menschen, die auf meine Rückkehr warteten, die wollten, dass ich mich meldete, sobald ich irgendwo ankam, die sich wegen jedes Kilometers Sorgen machten.

Meine Familie war mehr als genug.

Aber das konnte ich ihr nicht sagen. Diesem Wesen, wahrscheinlich dem besten, liebsten und fröhlichsten, das ich je kennengelernt hatte. Ich konnte ihr nicht so viel Trauer und Schmerz zufügen.

Ich konnte es nicht, obwohl ich spürte, dass ich es musste.

»Wir werden sehen.« Ich versuchte, mein ehrlichstes Lachen aufzusetzen. Ich war ein Feigling.

Sie wusste das nicht. Sie sah es nicht. Sie wollte es nicht sehen. Oder ich hatte mir nicht genug Mühe gegeben, damit sie es sehen konnte.

# Tag 1000

*Hey Kleine,*
*es scheint, als ob du doch nicht nach Zagreb kommen wirst. Das ist okay. Ich nehme es dir nicht übel. In weniger als vierundzwanzig Stunden gehe ich auf meine lang erwartete Reise. Am selben Tag wie vor nur zwei Jahren, als ich nach Berlin kam, um dich zu besuchen. Diese Reise hat sich, zufälligerweise, letzten Endes zu meiner ersten großen Reise entwickelt.*
*Jetzt steht die nächste Abreise unmittelbar bevor. Und alles macht Sinn. Ich habe ein gutes Gefühl.*
*Ich wollte dir nur Danke sagen. Für alles, was du gemacht und nicht gemacht hast. Und falls ich dich nie wiedersehe, weißt du sowieso alles. Oder du solltest es zumindest wissen.*
*Sei glücklich, Chloe.*
*Liebe, T.*

Ich schloss meinen Laptop und legte ihn in den Rucksack, zusammen mit all den Sachen, die ich in den nächsten tausend Tagen des Lebens auf der Straße brauchen würde. Ein Zelt, eine Luftmatratze, einen Schlafsack. Einige Kleidungsstücke für den Sommer. Regenjacke. Laptop, Handy, Kamera, verschiedene Ladegeräte, Batterien, externe Festplatte. Eine Tasche für die Hygienemittel. Erste-Hilfe-Zubehör. Eine Lampe und ein Taschenmesser. Mein Plüschschaf.

Ich warf mir die Gitarre über die Schulter und ging aus dem Haus. Ich schaute noch einmal auf den Hof, den Balkon, die Rosen im Garten meiner Mutter. Ich setzte mich in den Zug und fuhr ins Stadtzentrum. Ich musste noch ein paar Sachen vor der Abreise erledigen.

»Herr Perko!« Die freundliche Frau am Schalter der indischen Botschaft rief meinen Namen. »Der Konsul möchte mit Ihnen sprechen.«

»Kein Problem«, antwortete ich und folgte ihr in ein großes und geräumiges Büro, wo mich ein lachender Mann erwartete, der die Macht besaß, mir das Leben schwer zu machen.

»Setzen Sie sich, bitte«, sagte er und zeigte mit seiner Hand auf ein bequemes Sofa. »Ich habe in Ihrem Antrag auf das Touristenvisum bemerkt, dass sie kein Rückflugticket gebucht haben.«

»Das ist richtig«, antwortete ich entspannt, mit einem Lächeln im Gesicht. »Mein Plan ist, Indien auf dem Landweg zu verlassen.«

»Auf dem Landweg?« Er war überrascht. »Wissen Sie, dass Sie dann in sehr gefährlichen Gegenden unterwegs sein werden?«

»Ich bin über alles gut informiert.« Ich war zuversichtlich oder klang zumindest so. »Ich habe in meinem Reisepass schon das Visum für den Iran und Pakistan.«

»Hmm.« Er prüfte alle Stempel in meinem Pass. »Was machen Sie, Herr Perko?«

»Ich habe ein Diplom in Wirtschaftswissenschaften«, antwortete ich stolz. »Schwerpunkt Tourismus. Und das wird jetzt der praktische Teil sein, nachdem ich jahrelang nur Theorie gelernt habe.«

Er lächelte und betrachtete meinen Pass und andere Papiere noch einige Augenblicke.

»Kein Problem, warten Sie in der Lobby«, sagte er schließlich. »Und, bitte, passen Sie auf sich auf.«

»Vielen Dank!« Ich war erleichtert. »Das mache ich.«

Ich verließ die Botschaft und spazierte zu Ivas Büro.

»Gute Neuigkeiten!« Iva wartete vor der Tür auf mich. »MasterCard hat zugestimmt, sie werden Sponsoren für deine Weltreise sein! Sie haben alle deine Bedingungen akzeptiert.«

»Alle Forderungen, die ich gestellt habe?«

»Alle.« Sie zwinkerte mir zu.

Unglaublich.

Das war der Moment, auf den ich all diese Jahre gehofft hatte. Der Moment, in dem ich meinen Traumjob bekam: Ich würde um die Welt reisen, fotografieren, darüber schreiben und bezahlt werden. Sehr gut bezahlt werden. So gut bezahlt, dass ich, wenn ich es schaffen würde, nicht viel von dem Geld zu verbrauchen und den Vertrag komplett zu erfüllen, genau so viel Geld haben würde, wie ich brauchte, um meine Schulden zurückzuzahlen, die mir all die Jahre den Schlaf geraubt hatten.

Es schien unwirklich. Als ob ich einen mittelmäßigen Hollywood-Film schaute oder ein schlechtes Buch las, in dem der Held, nach einer verzweifelten Ausgangssituation und unzähligen Hindernissen, endlich das bekam, was er wollte, selbst wenn er gar nicht wusste, was das war.

Ein Happy End, das eigentlich nur ein neuer Beginn war.

Der Film würde sicherlich eine Fortsetzung haben.

»Hallo, Mama!« Ich rief sie an, um ihr die gute Nachricht zu erzählen. »MasterCard hat zugesagt und sie werden meine Sponsoren sein!«

»Bravo«, antwortete sie niedergeschlagen. Immerhin war es der letzte Tag, den sie mit ihrem Sohn verbringen würde, und den nächsten erst wieder nach wer weiß wie vielen Monaten.

»Siehst du, alles hat sich gut ergeben!«, sagte ich und erinnerte sie damit an die Umarmung vor der Reise nach Spanien, als ich ihr versprochen hatte, dass alles einmal mehr einen Sinn ergeben würde. »Ich bekomme genug Geld, um allen das, was ich ihnen schulde, zurückzahlen zu können.«

»Wenn du bleibst, werden dein Vater und ich alles zurückzahlen«, sagte sie. »Geh bitte nicht.«

Ihre Worte taten mir weh. Ich wusste, dass sie das wirklich so meinte. Ich wusste, dass sie zu allem bereit war, sogar zu einer Art Verzweiflungstat, nur um zu verhindern, dass ihr Sohn fortging.

»Ich muss, Mama«, sagte ich mit einem Kloß im Hals. »Du weißt, dass ich muss.«

Sie wusste es. Sie kannte mich zu gut, um das nicht zu wissen.

»Wir sehen uns heute Abend«, beendete ich das Gespräch und legte auf.

»Du gehst also wirklich weg?«, fragte mich Nina, während sie ihr Bier trank.

»Ich gehe wirklich weg«, antwortete ich und realisierte allmählich, dass es tatsächlich soweit war. Ich würde mich nur noch von meinen Freunden und meiner Familie verabschieden, bei meinem Bruder übernachten und die Reise sollte beginnen.

»Alles bereit?« Sie beobachtete mich mit dem gleichen Blick wie vor meiner ersten Soloreise, meiner Reise nach Amsterdam. Ich wäre wahrscheinlich gar nicht gegangen, hätte sie mich nicht ermutigt.

»Alles bereit. Nur ...«

»Nur?«, wiederholte sie.

»All diese Monate, seit mir die Idee gekommen ist, eine Weltreise zu machen, bin ich auf der Suche nach einer Mission. Nach einem Grund für die Reise, einem Motto. Und ich bin nicht sicher, ob ich eins gefunden habe.«

»Warum brauchst du eine Mission?«, fragte sie. »Du reist deinetwegen, nicht wegen der anderen.«

»Das stimmt natürlich«, stimmte ich ihr zu, »aber ... na ja, ich wollte eine Geschichte haben. Das Beste, das mir bis jetzt in den Sinn gekommen ist, ist die Förderung alternativer Arten des Reisens – Trampen, CouchSurfing und so weiter. Den Menschen beweisen, dass man fast gratis reisen kann.«

»Und das genügt dir nicht?«

»Ich weiß nicht … Ich wollte etwas Besseres, etwas … Inspirierenderes.«

»Und was ist mit deinem kleinen Schaf?«

»Was soll mit ihm sein?«, fragte ich sie erstaunt. Maria Juana war die einzige Sache in meinem Rucksack, von der ich keinen praktischen Nutzen hatte. Sie war mit dabei auf all den Reisen, von meinem ersten Streifzug durch Europa bis jetzt. Wir waren ein gutes Team.

»Sie kann deine Geschichte sein«, schlug Nina vor. »Du kannst sie in der Welt fotografieren, sie kann für deine Lebensgeschichte stehen. Sie ist von ihrer Herde geflohen und sucht mit einem lachenden Gesicht etwas, das sie glücklich macht, das sie erfüllt. Genau wie du.«

Das war so einfach, praktisch und wahr.

Wir tranken unser Bier und gingen in eine andere Bar.

Wir bestellten ein paar Runden, meine Eltern kamen hinzu, der engste Familienkreis, einige gute Freunde, ein paar Menschen, die ich nie gesehen hatte, alle waren gekommen. Die Stimmung war gut. Wir wollten den Beginn fröhlich feiern, anstatt dem Ende von etwas nachzutrauern.

Bis der Moment kam, vor dem ich mich gefürchtet hatte.

»Wir gehen nach Hause«, sagten meine Mutter und mein Vater und standen auf. Ich ging ihnen nach, mit schweren Beinen, wie in dem Berliner Treppenhaus. Ich begleitete sie bis zum Ausgang auf die Straße und blieb stehen.

»Alles wird gut.« Ich lächelte und umarmte sie. Zuerst meinen Vater.

Er umarmte mich und begann zu schluchzen. Der stärkste Mann, den ich kannte, war am Boden zerstört. Und ich mit ihm. Ich trat einen Schritt zurück, versuchte, meine Tränen zurückzuhalten, und umarmte meine Mutter. Sie weinte auch.

»Mach dir keine Sorgen, Mama!«, schluchzte ich. »Glaub mir, all das wird eines Tages viel mehr Sinn ergeben.«

Ich löste mich aus ihrer Umarmung. Die beiden drehten sich ohne ein Wort zu sagen um und gingen nach Hause. Mit der rechten Faust, die ich für all das Trampen brauchte, schlug ich so hart ich konnte gegen die Wand.

Ich setzte mich auf ein paar Treppenstufen, weit von den Blicken der anderen entfernt, und vergrub meinen Kopf zwischen meine Hände. Ich weinte wie nie zuvor.

Was für ein beschissener Sohn war ich? Wie konnte ich ihnen das antun? Den Menschen, die mir das Leben geschenkt hatten, die in jedem Moment für mich da gewesen waren? Ich zahlte es ihnen zurück, indem ich als Tramper auf eine Weltreise ging. War das nicht der Höhepunkt der Selbstsucht?

»Bruder, lass uns gehen«, hörte ich in dem Moment Filip sagen. Er fuhr mich in seine Wohnung, nachdem ich mich von den anderen Gästen verabschiedet hatte. Ich verbrachte den ganzen Weg auf dem Rücksitz, von Tränenausbrüchen überwältigt.

Er machte das Sofa fertig, auf dem ich meine letzte Nacht in Zagreb verbringen sollte.

Ich warf einen Blick in meine E-Mail.

*Hallo Großer,*
*dein Traum. Er wird wahr.*
*Es tut mir leid, dass ich nicht nach Zagreb gekommen bin. Oder ein paar Monate früher nach Bangladesch. Obwohl ich dich sehen wollte. Glaub mir, das wollte ich wirklich. Aber ich konnte nicht. Ich erzähle dir eines Tages warum.*
*Aber ich trage dich immer bei mir.*
*In mir ist immer noch das Mädchen, das in Berlin einem Jungen zuhört, der ihr sagt, dass er sie liebt. Und sie antwortet, dass sie ihn nicht liebt. Doch das hat sie getan, das tut sie immer noch und sie wird ihn immer lieben. Obwohl sie sich immer in einem anderen Teil der Welt befindet.*
*Denk an mich, wenn du den Sonnenuntergang betrachtest, wenn deine Zehen den Pazifik berühren, wenn dir ein Elefant den Hut stiehlt. Genieß deinen Traum!*
*Vielleicht sehen wir uns eines Tages vor meiner Haustür, in einem schäbigen Hostel in Indien oder an einem Strand während der Dämmerung irgendwo in Südamerika. Ich weiß nicht wann und wo, aber es wird geschehen. Das muss es.*
*Kuss, Chloe*

Ich wischte mir die Tränen vom Gesicht und atmete tief aus. Ich erinnerte mich an ihren Blick vor meiner Haustür. An den Blick, den ich für mich haben wollte. Das Leben, das ich leben wollte. Und das jetzt bevorstand, nur eine Nacht entfernt.

Ich erinnerte mich an die Kündigung als Broker, die Arbeit in der Saftbar, die Begegnungen mit den CouchSurfern, meine ersten Reisen, mein gebrochenes Herz in Berlin, den Vortrag in dem Studentenzentrum, wo mir die Idee für die Facebook-Seite gekommen war, das Wandern in Andalusien, die Organisation des Tramp-Wettrennens, den Auftritt in den Medien, Bangladesch, das Kennenlernen von Tanja, das Beenden meines Studiums, alles.

Ich wusste, dass es das war. Ich machte das Richtige. Ich musste meinem Traum folgen. Ich konnte nicht aufgeben. Mein Instinkt musste der Angst den entscheidenden Schlag versetzen.

*Hallo Kleine,*
*nur damit du's weißt. Du bist mein Traum.*
*Für immer dein, T.*

Ich schloss meinen Laptop und schlief ein.

# Tag 100(1)

Ich wachte noch vor dem Klingeln des Weckers auf, um 6 Uhr 04.

# Tipps, wie auch Sie mit einem Budget von 10 Euro am Tag um die Welt reisen können

Mit wenig Geld zu verreisen, ist kein Hexenwerk, wie Sie beim Lesen dieses Buches gesehen haben. Die meisten Leute schaffen das. Sie brauchen dafür nur drei Dinge: Einen starken **Willen**, ein wenig **Zeit** und einen **gesunden Menschenverstand**.

Der **Wille** ist nötig, um die irrationale Angst vor dem Unbekannten zu besiegen. Denn wenn das Reisen wirklich Ihr größter Wunsch ist, werden Sie diesen auch in die Tat umsetzen. Wenn dieser Wille jedoch fehlt, werden Ihnen auch die besten Tipps nicht helfen.

Die **Zeit** ist wichtig, weil Sie sich nicht durch Termine unnötig unter Druck setzen sollten. Je spontaner Sie entscheiden können, wann Sie abreisen, wann Sie weiterreisen und wann Sie zurückkehren, umso besser. Denn dann können Sie jederzeit die Reise unterbrechen, die Reiseroute ändern und es steht Ihnen frei, so zu reisen, wie Sie wollen – ohne Verpflichtungen und ohne Einschränkungen. Sie können schauen, wohin es Sie verschlägt und offen sein für die Gelegenheiten, die sich Ihnen bieten – das ist das Großartigste am Reisen.

Und der **gesunde Menschenverstand** ist einfach der gesunde Menschenverstand. Ohne den geht es nicht.

Wenn Sie diese drei Dinge mitbringen, aber das Gefühl haben, nicht genügend Geld zum Reisen zu haben, müssen Sie kreativ sein und Möglichkeiten finden, mit den drei größten Ausgabenposten beim Reisen zurechtzukommen:

(1) Verkehrsmittel
(2) Unterkunft
(3) Essen

Doch, um hier keine falschen Erwartungen zu wecken: Wenn Sie zwei Wochen nach Bali reisen wollen, gibt es wahrscheinlich nicht sehr viele Möglichkeiten, viel Geld zu sparen.

# Verkehrsmittel

Da Reisen definiert wird als die Fortbewegung von Menschen zwischen relativ weit voneinander entfernt liegenden Orten, ist klar, dass Sie sich beim Reisen von Punkt A nach Punkt B bewegen müssen. Und das ist normalerweise der teuerste Teil einer Reise.

Doch ich nenne Ihnen **sechs Alternativen**, wie Sie die Fahrtkosten auf ein Minimum senken können.

## 1. PER ANHALTER REISEN

Trampen ist nicht jedermanns Sache. Daher wird es viele Leute geben, die Ihnen erzählen, Trampen sei gefährlich. Vielleicht ist es das auch, doch ich habe nichts davon mitbekommen. Ich habe per Anhalter über 50.000 Kilometern zurückgelegt, und fünf verschiedenen Kontinenten bereist, kann Ihnen aber keine einzige Horrorgeschichte erzählen. Was jedoch nicht bedeutet, dass Sie beim Trampen nicht vorsichtig sein sollten.

Hier meine Tipps für das Reisen per Anhalter:

### *I. Bereiten Sie sich vor*

Zunächst einmal sollten Sie immer eine Karte bei sich haben (je detaillierter, desto besser) oder eine GPS-App, dies wird Ihnen das Leben deutlich erleichtern.

Wählen Sie eine Route, die Sie in die nächste Stadt bringen wird (ich nutze dafür **maps.google.com**), finden Sie heraus, wie Sie aus der Stadt herauskommen, in der Sie sich aktuell befinden (dafür nutze ich **hitchwiki.org**) und bereiten Sie einige Schilder vor, auf die Sie die Namen der Städte schreiben, in die oder bis zu denen Sie fahren möchten. Meist werden Sie die Schilder zwar gar nicht brauchen, aber es ist besser, für alle Fälle gerüstet zu sein.

Informieren Sie sich über die Wetteraussichten für den/die kommenden Tag(e) und beginnen Sie möglichst früh mit dem Trampen, damit Sie Ihr Ziel vor Einbruch der Dunkelheit erreichen. Falls es regnet, überlegen Sie, ob Sie nicht besser noch einen Tag in der Stadt bleiben, in der Sie gerade sind – Regentage sind zum Trampen ungeeignet.

### *II. Finden Sie den perfekten Startpunkt*

Wenn Sie alle Vorbereitungen getroffen haben, müssen Sie an die Stelle gehen, von der aus Sie als Anhalter die besten Chancen haben, von einem Auto mitgenommen zu werden. Hierzu werden Sie meistens öffentliche Verkehrsmittel nutzen müssen.

Die Wahl des Startpunktes zum Trampen ist entscheidend. Sie sollten an einer Stelle stehen, an der Autofahrer gut halten können (Bushaltestelle etc.) und wo nicht zu schnell gefahren wird, sodass Autofahrer reagieren und anhalten können, ohne fürchten zu müssen, dass ihnen ein anderes Auto von hinten auffährt.

Wenn Sie auf Autobahnen trampen wollen, gibt es drei gute, mögliche Startpunkte:

- **Mautstationen** sind wegen der vielen Autos, die hier vorbeikommen, am besten geeignet. Zudem müssen die Autos hier eh anhalten, um ein Ticket zu ziehen oder die Maut zu bezahlen, das ist Ihr Vorteil. Stellen Sie sich an einen sicheren Platz, möglichst innerhalb der Engstelle – und dann: Daumen hoch!

  Wenn Ihnen die Polizei oder sonst jemand zusetzt, folgen Sie ihren Anweisungen – jedenfalls solange man Sie noch beobachtet.
- Ein anderer Platz, an dem Sie Ihr Glück versuchen können, ist eine **Autobahnauffahrt**. Wenn Sie in kleinen Orten sind oder in Ländern, in denen keine Maut erhoben wird, gehen Sie am besten dorthin, wo die Autobahn beginnt, wobei Sie bedenken müssen, dass dort genügend Platz sein muss, damit Autos anhalten können.

  Wenn die nächste Autobahnauffahrt sehr weit weg ist, bitten Sie einen Autofahrer, Sie wenigstens bis zur nächsten Tankstelle oder der nächsten Autobahnauffahrt mitzunehmen. Vergewissern Sie sich jedoch vorher, dass er auch in die Richtung fährt, in die Sie möchten!
- **Tankstellen** können sogar die beste Wahl sein, wenn Sie auf einer Autobahn unterwegs sind, weil die Leute dort anhalten und aussteigen müssen, um zu tun, was auch immer sie vorhaben, dort zu tun. Somit haben Sie genügend Zeit, die Leute einzuschätzen und jemanden auszusuchen, der normal aussieht und vermutlich sein Auto nicht zu Schrott fahren wird.

  Nun sollten Sie ein Gespräch beginnen – und dem Fahrer zeigen, dass Sie ebenfalls kein Verrückter sind.

### *III. Sehen Sie ordentlich aus und Lächeln Sie*

Versetzen Sie sich beim Trampen in die Lage eines Autofahrers. Würden Sie jemanden mitnehmen, der verdreckt, nervös und griesgrämig aussieht oder jemanden, der ordentlich aussieht und Sie vom Straßenrand her anlächelt?

Außerdem ist es ratsam, den Rucksack vor sich zu stellen, sodass die Autofahrer ihn sehen können. Die Wahrscheinlichkeit ist größer, dass die Autofahrer Ihnen helfen, wenn sie erkennen, dass Sie ein Rucksacktourist sind und kein Verrückter – Verrückte schleppen kein Gepäck mit sich herum.

### *IV. Haben Sie Geduld*

Wenn Sie es eilig haben oder schlecht gelaunt sind, fahren Sie besser mit dem Zug oder dem Bus. Trampen ist manchmal nicht einfach – wenn es einfach wäre, würden es ja alle machen –, darum müssen Sie Geduld haben und dürfen niemals die goldene Regel des Trampen vergessen: »Egal, wie lange Sie warten müssen, irgendwann kommt die richtige Mitfahrgelegenheit«.

### *V. Genießen Sie es*

Sie erleben ein Abenteuer, also genießen Sie jeden einzelnen Moment!

### *VI. Gehen Sie auf Nummer sicher*

Es gibt ein paar Dinge, die beim Trampen wirklich gar nicht gehen:

- Stellen Sie sich nicht irgendwo mitten auf der Strecke an eine Autobahn oder lassen sich dort absetzen. Dort werden Sie große Probleme haben, wieder mitgenommen zu werden. Zudem wird die Polizei wahrscheinlich sehr schnell auftauchen. Außerdem ist es gefährlich.
- Versuchen Sie, während der Fahrt nicht zu schlafen. Abgesehen davon, dass es gefährlich ist, könnte sich der Fahrer von Ihnen ausgenutzt fühlen, das wäre nicht fair. Wenn er Sie schon umsonst mitnimmt, sollten Sie ihn auch ein wenig unterhalten und könnten ein paar gute Geschichten zum Besten geben.
- Vermeiden Sie es auch, bei Leuten mitzufahren, die trinken und/oder betrunken sind. Verlassen Sie höflich das Fahrzeug oder bitten Sie, selbst fahren zu dürfen.
- Schnallen Sie sich während der Fahrt immer an!

### *VII. Haben Sie immer einen Plan B*

Manchmal werden Sie Ihr Ziel nicht wie geplant erreichen, seien Sie auf solche Situationen vorbereitet: Sie sollten stets ein Zelt, eine Luftmatratze und einen Schlafsack bei sich haben.

### *VIII. Lassen Sie sich treiben (auch bekannt als: Haben Sie keinen Plan B)*

Planen Sie nicht zu viel. Immerhin verwenden Sie die Fortbewegungsform, die am stärksten dem Zufall ausgesetzt ist, und wer weiß, wohin die Straße (und Ihr Fahrer) Sie bringen werden.

Manchmal wird ein Mittagessen dabei herausspringen, manchmal kommen Sie in irgendein Dorf, wohin der Fahrer gerade unterwegs ist, und manchmal werden Sie sogar nach Hause mitgenommen. Akzeptieren Sie das Unerwartete.

### *IX. Vergessen Sie alle Regeln!*

Ich musste viele Kilometer weit trampen, um manche Dinge zu lernen. Und das wichtigste, was ich gelernt habe, ist es, mich auf mein Gefühl zu verlassen und alle Regeln zu brechen, wenn mir danach ist.

Hören Sie auf Ihren Instinkt. Der ist genauso wichtig wie der gesunde Menschenverstand.

## 2. ZU FUSS GEHEN

Die einfachste (aber auch die langsamste) Form der Fortbewegung ist das Gehen. Sie nehmen Ihren Rucksack, wählen eine Strecke aus und gehen los.

Ich war meist nur zu Fuß unterwegs, um einen guten Platz zum Trampen zu finden, kenne jedoch viele Leute, die ausschließlich zu Fuß gehen. Ich bin Leuten begegnet, die von Südafrika nach Ägypten gegangen sind, von London nach Jerusalem, von St. Petersburg nach Paris, etc.

Wenn Sie weite Strecken zu Fuß gehen wollen, hier ein paar Tipps für die Vorbereitung:

### *I. Bereiten Sie sich körperlich vor*

Ihr Körper ist bei diesem Unterfangen Ihr wichtigster Verbündeter. Wenn Sie sich nicht um ihn kümmern, ihn überfordern oder seine Signale ignorieren, kann er sich innerhalb weniger Tage in Ihren schlimmsten Feind verwandeln. Er wird Ihnen die größten Qualen zufügen und dafür sorgen, dass Sie aufgeben und Ihre Reise beenden müssen.

Daher ist es ratsam, den Körper vor Reiseantritt zu trainieren und zu kräftigen. Unter der Woche ein bisschen joggen, am Wochenende ein wenig wandern und vor dem Schlafengehen ein Paar Gymnastikübungen – das sollte für die meisten Leute als Vorbereitung für das Zufußgehen ausreichen.

***II. Clever packen***

Zu den wichtigsten Dingen, wenn Sie bei Ihrer Reise zu Fuß unterwegs sind, gehört es, den Rucksack geschickt zu packen – auf keinen Fall zu viel, aber auch nichts Wichtiges vergessen.
Was in Ihrem Fall wichtig ist, hängt von Ihren Bedürfnissen, Gewohnheiten und Präferenzen ab.

Die Menge und die Auswahl der Dinge, die Sie in Ihren Rucksack packen sollten, hängt aber auch von der Region ab, in der Sie unterwegs sein werden. Befinden sich auf Ihrer Strecke Unterkünfte und Dörfer, in denen Sie übernachten können? Was werden Sie essen und wie können Sie kochen? Wie sind dort die klimatischen Bedingungen?

***III. Schlafen***

Bei dieser Form des Reisens ist es unvermeidlich, dass Sie auch einmal am der Straßenrand übernachten werden. Sichere Unterschlupf- und Übernachtungsmöglichkeiten machen dies erheblich einfacher. Planen Sie also Ihre Routen, um herauszufinden, wo Sie neben der Straße werden schlafen müssen und wie Sie dort Essen und Wasser organisieren können.

Zum Durchqueren unbewohnter Gegenden gehört es dazu, zu zelten und Dunkelheit und Wildnis zu erleben. Wenn Sie jedoch durch Dörfer kommen, können Sie Ihr Zelt auf einem Feld aufschlagen oder jemanden bitten, in seiner Garage, seiner Scheune oder unter seinem Balkon schlafen zu dürfen.

***IV. Wehwehchen***

Schmerzen, Blasen und Erschöpfungszustände sind häufige Begleiter der Zufußgeher. Wenn Ihre körperliche Kondition nicht gut ist, werden Sie unterwegs aller Voraussicht nach kleinere Verletzungen bekommen und Schmerzen werden Sie eine Weile begleiten.

Besonders häufig treten infolge des Laufend Schmerzen in den Knien, den Hüften, Sehnen und Schultern auf. Daher ist es ratsam, während der ersten Tage entspannt und langsam zu gehen. So kann sich Ihr Körper allmählich an die Bewegung gewöhnen.

Die Angst vor Schmerzen wegen schlechter körperlicher Fitness sollte jedoch keinesfalls dazu führen, den Wunsch aufzugeben, zu Fuß zu gehen!

***V. Freiheit erleben***
Alles beginnt mit dem Wunsch, eine Region kennenzulernen oder ein cooles Projekt zu verfolgen. Jeder Schritt bringt uns näher an das gewünschte Ziel.

Am Ende verschafft uns das Wandern jedoch die Erfahrung, die Wirklichkeit mit unseren Sinnen zu erleben. Uns wird bewusst, welche Freiheit wir genießen und wir erreichen eine zeitlose Dimension, in der wir die Hauptgestalter unserer Stimmungen sind. Wir bekommen die Chance, zu spüren, wer wir wirklich sind und wie wir durchs Leben gehen wollen.

## 3. RADFAHREN

Ich habe auf meinen Reisen nie ein Fahrrad verwendet, aber viele Leute tun dies. Die Regeln und Tipps sind weitgehend dieselben wie beim Trampen und Zufußgehen.

Verglichen mit dem Trampen sind Sie mit dem Fahrrad zwar langsamer, aber auch unabhängiger. Verglichen mit dem Zufußgehen sind Sie zwar schneller, aber Sie müssen sich um Ihr Fahrrad kümmern und gegebenenfalls in der Lage sein, es zu reparieren – und Sie müssen darauf achten, dass es Ihnen nicht geklaut wird.

## 4. TRAMPEN PER BOOT

Ja, Sie können sogar auf Booten trampen! Doch auch wenn dies theoretisch durchaus möglich ist, so ist es in der Praxis zugegebenermaßen ziemlich schwierig. Sie müssen viel recherchieren, flexibel sein – und vor allem Glück haben. Und selbst wenn Ihnen das alles gelingt, steht der härteste Teil noch bevor: das Segeln selbst.

Meine einzige Erfahrung im »Boot-Trampen« besteht darin, in einer 14-m-Yacht über den Indischen Ozean zu segeln (mehr dazu in meinem zweiten Buch, *1000 Tage Sommer*). 45 Tage verbrachte ich mit einem Skipper und zwei Crew-Mitgliedern, die genau wie ich absolute Segelneulinge waren.

Für das Trampen auf einem Schiff gibt es vor allem zwei Möglichkeiten: Sie Suchen online nach einer Mitfahrgelegenheit oder in den Häfen. Tatsächlich gibt es viele Internetseiten, auf denen Schiffseigner, die eine Crew suchen, mit Leuten in Kontakt kommen, die Teil dieser Crew werden wollen. Ich fand meine Mitsegelgelegenheit auf **findacrew.net**, indem ich ein paar e-Mails an die Skipper von Yachten schickte, die in der Nähe lagen.

Achtung: Wenn Sie nach einem Boot suchen, müssen Sie wissen, dass die meisten Boote zu bestimmten Zeiten im Jahr auf bestimmten Routen segeln, um Meeresströmungen und Winde nutzen zu können und Zeiten zu meiden, in denen mit Hurrikans zu rechnen ist.

Die zweite Möglichkeit, um auf einem Boot zu trampen, besteht darin, dass Sie zum Hafen gehen, Yacht für Yacht abklappern und die Bootseigner fragen, ob sie auf ihrer Reise einen Handlanger brauchen können.

Diese Option ist deutlich riskanter, denn es besteht immer die Möglichkeit, dass Sie nicht finden, wonach Sie suchen, die Saison vergeht und Sie irgendwo am Ende der Welt festsitzen. Andererseits erhöhen Sie, wenn Sie direkt zum Hafen kommen Ihre Chancen, die Skipper kennenzulernen und im persönlichen Kontakt einen guten Eindruck zu hinterlassen.

Alles in allem ist es ein sehr anstrengender Job, ein Boot zum Trampen zu finden – und das Segeln selbst wird dann erst richtig hart werden. Am Ende jedoch können Sie etwas wirklich Einmaliges erleben: Sie werden Orte sehen, die sonst nicht viele Leute zu sehen bekommen. Und später werden Sie Ihren Freunden erzählen können, was für ein cooler und abenteuerlustiger Typ Sie sind.

### 5. AUTORÜCKFÜHRUNG

Einige Autovermietungsunternehmen müssen Autos von einer Stadt in eine andere bringen und anstatt einen Angestellten dafür zu bezahlen, schalten Sie online eine Anzeige und bieten den Job der Allgemeinheit an.

Wenn Sie von einem Auto lesen, das in die Richtung gefahren werden soll, in die Sie möchten, können Sie sich melden und es für diese Strecke kostenlos bekommen – meist zahlt die Firma auch die Benzinkosten.

Ich habe diese Art der Fortbewegung nur in Neuseeland genutzt, über die Website **transfercar.co.nz** .

### 6. MITFAHRGELEGENHEIT

Es ist vielleicht nicht kostenlos, kann aber deutlich billiger sein, als mit dem Bus oder der Bahn zu reisen – wenn jemand in dieselbe Richtung fährt wie Sie, können Sie gemeinsam mit dessen (oder Ihrem) Auto fahren und sich die Kosten teilen.

# Unterkunft

Auf Reisen müssen Sie natürlich auch irgendwo schlafen. Daher stehen die Übernachtungskosten neben den Fahrtkosten ganz oben auf der Ausgabenliste. Zum Glück gibt es viele Möglichkeiten, auf günstige Weise, einen Schlafplatz zu finden.

## 1. COUCHSURFING

Meine Lieblingsart, um in anderen Städten zu übernachten, ist CouchSurfing.

Im Grunde ist CouchSurfing ein Netzwerk der Gastfreundschaft. Sie erstellen einfach ein Profil auf der Website und haben dann zwei Grundoptionen: Sie bieten Reisenden eine Couch in Ihrem Heimatort an oder Sie versuchen, irgendwo in der Welt bei jemanden einen Übernachtungsplatz zu bekommen.

Da ich selbst viele Leute in meiner Wohnung beherbergt habe und von ihnen positive Referenzen bekommen hatte, war es für mich einfach, weltweit Leute zu finden, die bereit waren, mich als Übernachtungsgast aufzunehmen.

Hier einige Tipps, um CouchSurfing richtig zu nutzen:

### *I. Das Profil erstellen!*

Interessanterweise bleiben die meisten Leute bei dem ersten Schritten stecken – dem Ausfüllen ihres Profils. Sie wollen nicht 30-60 Minuten damit verbringen, zig verschiedene Angaben über sich zu machen – und haben daher geringe Aussichten, einen Gastgeber oder auch nur einen Gast zu finden.

Stellen Sie sich dieses Profil wie einen Lebenslauf vor: Wenn Sie ihn gut und ansprechend erstellen, sind Ihre Chancen besser, einen Job – oder eben einen Schlafplatz – zu finden.

### *II. Klein anfangen, eine weitere Lektion in Geduld*

Ich weiß, es wäre toll, das Profil zu erstellen, ein paar Anfragen an Leute in der Stadt zu schicken, in die Sie ein paar Tage darauf fahren werden, und dann sofort eine Antwort von jemandem zu bekommen, dass Sie eine Woche in ihrer/seiner Wohnung übernachten dürfen.

Beim CouchSurfing passiert aber nichts über Nacht. Vor allem seitdem es SEHR VIELE CouchSurfer gibt. Also: Haben Sie Geduld!

Wenn Sie ein Profil haben, das noch nicht über positive Referenzen verfügt – oder nur über wenige –, werden sich die Leute nicht darum reißen, zu Ihnen zu kommen oder Sie bei sich willkommen zu heißen. Denn auch andere wollen sich sicher fühlen und wissen, wer das ist, mit dem sie ein paar Tage verbringen werden.

Sie müssen also Vertrauen aufbauen, sprich mehr positive Referenzen sammeln. Hierzu sollten Sie sich mit anderen CouchSurfern treffen. Dafür gibt es ein paar Optionen. Sie können an lokalen CS-Treffen/Versammlungen in Ihrer eigenen Stadt (oder der, in der Sie gerade sind) teilnehmen oder jemanden von CouchSurfing auf einen Drink einladen, vielleicht wird dies ein CS-Freund und gibt Ihnen eine positive Referenz.

***III. Persönlich formulieren***

Wenn Sie jemanden um einen Schlafplatz bitten, ist neben Ihrem CS-Profil als eine Art Lebenslauf Ihre Anfrage sozusagen Ihr Bewerbungsschreiben, in dem Sie Ihrem potenziellen Gastgeber sagen, warum er ausgerechnet Sie bei sich aufnehmen sollte.

Versetzen Sie sich in die Lage des Gastgebers. Es gibt zur Zeit eine Menge CouchSurfer und die Person, an die Sie schreiben, hat vielleicht noch zehn weitere Anfragen für denselben Tag. Warum also sollte er ausgerechnet Sie auswählen? Es liegt an Ihnen, einen Gastgeber davon zu überzeugen, dass Sie der Richtige sind.

***IV. Seien Sie ein guter Gastgeber/Surfer***

**Erste Regel**: Couchsurfing ist keine Partnervermittlung.
Ja, manchmal ergibt sich zwischen CouchSurfern etwas, aber wenn Sie der Community nur wegen dieser Möglichkeit beitreten, sind Sie auf dem Holzweg.

**Zweite Regel**: CS ist kein Hotel.
Einige Leute nutzen das CouchSurfing als kostenlose Schlafgelegenheit, mehr nicht. Dabei geht es beim CouchSurfing um so viel mehr: Freundschaften schließen, Vorurteile loswerden, gemeinsam kochen, gemeinsam ausgehen, beobachten und lernen. Genau deshalb gibt es CS: Es bietet Ihnen die Möglichkeit von Leuten aus einem anderen Umfeld etwas lernen.

**Dritte Regel:** Verhalten Sie sich anderen gegenüber so, wie Sie gerne hätten, dass andere sich Ihnen gegenüber verhalten.

### *V. Seien Sie sicher*

Auch wenn die Sicherheit mit an erster Stelle steht, wenn es um CouchSurfing geht, habe ich sie bis zuletzt aufgehoben und zwar einzig aus dem Grund, dass die Leser sich auf die positiven Dinge konzentrieren sollten, anstatt sich mit irgendwelchen Horrorgeschichten zu befassen.

Ganz allgemein gesprochen ist das Risiko, dass etwas Schlimmes passiert, minimal, wenn Sie Ihren gesunden Menschenverstand einsetzen und etwas Vorsicht walten lassen. Auf CS gibt es ein Referenzsystem, sodass jeder, der jemanden durch CS kennenlernt, ein paar Sätze über denjenigen schreiben kann, damit nachfolgende Leute einen Einblick in den Charakter der Person bekommen. Die Referenzen können positiv, neutral oder negativ sein. Wenn Sie auf der sicheren Seite sein wollen, beherbergen Sie/ wohnen Sie bei Leuten, die viele Freunde und viele positive Referenzen haben.

## 2. CAMPING

Auch wenn ein Zelt das größte und schwerste Teil in Ihrem Rucksack sein wird, kann es sehr nützlich sein, beim Reisen eines dabei zu haben – es kann Ihnen Geld für Übernachtungen sparen und die Freiheit geben, dort zu übernachten, wo Sie wollen.

Wenn Sie nicht auf einem ausgewiesenen Campingplatz zelten, versuchen Sie, für andere Leute – und vor allem für die Behörden – unsichtbar zu sein (damit Sie keine Probleme wegen wilden Campens bekommen). Außerdem sollten Sie sich erkundigen, ob es in bestimmten Gegenden Wildtiere gibt, vor denen Sie sich in Acht nehmen müssen.

Manchmal werden Sie auch einfach draußen schlafen, weil Sie zu müde sind, um das Zelt aufzustellen oder weil es zu heiß ist, um darin zu schlafen – genießen Sie die Nacht unter den Sternen!

## 3. VOLUNTEERING – ARBEITEN FÜR ESSEN UND UNTERKUNFT

Wenn Sie eine Reisepause einlegen, Geld sparen oder einfach mehr über die Gegend erfahren wollen, die Sie gerade besuchen, ist Volunteering definitiv eine Überlegung wert. Grob gesagt arbeiten Sie ein paar Stunden täglich im Austausch für eine Übernachtungsmöglichkeit – und meist auch Verpflegung.

Es gibt viele Möglichkeiten, Gelegenheiten zum Volunteering zu finden, alle laufen aber auf zwei Dinge hinaus.

***ERSTENS: vor Ort suchen***
Sie kommen an einen Ort und beschließen, eine Weile dort zu bleiben. Dafür kann es viele Gründe geben – Sie sind müde, Ihr Budget ist aufgebraucht, Sie sind von der Schönheit des Ortes (oder von einem Jungen/Mädchen, der/das Ihnen begegnet ist) begeistert und vieles mehr.

Das erste, was Sie haben müssen ist: Geduld. Wenn Sie direkt anfangen, von Tür zu Tür zu gehen und nach einer Volunteering-Möglichkeit zu fragen, werden Sie vielleicht eine Arbeit finden. Aber ich denke, der Vorgang sollte anders ablaufen: Zuerst sollten Sie Leute finden, die Sie mögen, neue Freundschaften schließen, den Ort etwas besser kennenlernen, sich selbst davon überzeugen, dass Sie hier tatsächlich länger bleiben wollen und dann die Leute fragen, ob sie (oder Bekannte von ihnen) einen Job für Sie haben.

Wenn Sie in Entwicklungsländern unterwegs sind, ist die Wahrscheinlichkeit groß, dass niemand Ihnen eine bezahlte Arbeit wird anbieten können. Lassen Sie die Leute daher wissen, dass Sie mit Unterkunft und Verpflegung zufrieden sind.

***VI. ZWEITENS: online suchen***
Es gibt eine Menge Internetseiten, auf denen Sie Möglichkeiten zum Volunteering angeboten werden. Die bekanntesten (für mich zumindest) sind: **WWOOF**, **HelpX** und **WorkAway**. Sie müssen pro Jahr ein paar Dollar Anmeldegebühr zahlen und obgleich ich ziemlich skeptisch war (warum sollte ich für Freiwilligenarbeit ZAHLEN), habe ich mich inzwischen davon überzeugen können, dass dieses Geld absolut sinnvoll investiert ist.

## 4. HAUS-SITTING
Das Prinzip beim Haus-Sitting ist sehr einfach: Leute überlassen ihre Wohnung anderen Leuten, die im Austausch deren Haus- oder Nutztiere versorgen, während sie selbst nicht da sind.

Die Wohnungseigentümer haben jemanden, der dafür sorgt, dass ihre Wohnung/ihr Haus bei ihrer Rückkehr in demselben Zustand ist wie bei ihrer Abreise und müssen ihre Haustiere nicht wegbringen, was die Kosten und den Stress reduziert, der damit verbunden ist.

Der Haus-Sitter andererseits bekommt eine kostenlose Unterkunft, muss häufig nicht einmal für die Nebenkosten etwas bezahlen und hat oft sogar ein Auto zur Verfügung.

Haus- und Wohnungseigentümer schauen bei Haus-Sittern auf vier Qualitäten: Sie sind vertrauenswürdig, sie haben Erfahrung, sie werden sich gut um die Haustiere kümmern und sie werden die meiste Zeit in der Wohnung/im Haus verbringen.

### 5. WOHNUNGSTAUSCH

Wenn Sie Ihre Privatsphäre schätzen und eine Wohnung im Austausch bieten können, ist ein Wohnungstausch vielleicht die beste Lösung für Sie.

Auch beim Wohnungstausch ist das Prinzip sehr einfach: Sie tauschen mit jemanden an dem Ort, an den Sie reisen wollen, die Wohnung. Die Leute von dort wohnen bei Ihnen und Sie wohnen in dieser Zeit in deren Wohnung.

Der Wohnungstausch muss nicht zwingend zur selben Zeit erfolgen und auch die Dauer, die man sich in einer anderen Wohnung aufhält, kann ebenfalls verhandelt werden.

Das größte Netzwerk für Wohnungstausch weltweit ist **HomeExchange.com** (**haustauschferien.com** in Deutschland).

# Essen und Trinken

Die drittgrößten Ausgaben auf Reisen entstehen durch Essen und Trinken.

Hier müssen Sie einfach Ihren gesunden Menschenverstand walten lassen: Meiden Sie Kneipen und Restaurants, kaufen Sie Lebensmittel auf dem Markt oder im Supermarkt und kochen Sie wann immer möglich selbst.

Wenn Sie etwas abenteuerlustiger sind (oder besonders viel Hunger, aber besonders wenig Geld haben), können Sie es mit Dumpstern probieren. Heute werden mehr als 40% der produzierten Lebensmittel weggeworfen, daher können Sie bei einem Supermarkt oder einem Fastfood-Restaurants darum bitten, dass man Ihnen nach Geschäftsschluss einige Lebensmittel gibt, die sie ansonsten wegwerfen würde, die aber noch ohne Bedenken gegessen werden können.

# Unterwegs Geld verdienen

Neben all diesen Tipps, wie Sie auf Reisen Geld sparen können, können Sie auf Reisen auch Geld verdienen und dadurch länger unterwegs sein.

Auf meiner Reise habe ich auf folgende Arten Geld verdient:

**1. AUF DER STRASSE ARBEITEN**
Das Prinzip ist ganz einfach – finden Sie ein Hobby oder ein Talent an sich, gehen Sie auf die Straße und versuchen Sie, damit Geld zu machen.

Die einzige Erfahrung, die ich damit habe, ist, dass ich Gitarre/Ukulele gespielt und einen Hut aufgestellt habe. Aber ich habe viele Reisende getroffen, die jonglieren, Armbänder herstellen, malen etc. Das Wichtigste dabei ist, nicht zu betteln, sondern für das Geld eine Gegenleistung zu bieten.

Hier ein paar Empfehlungen, die ich Leuten gerne geben möchte, die über eine Karriere als Straßenkünstler nachdenken:

***I. Haben Sie keine Scheu***
Sie müssen nicht überdurchschnittlich begabt sein, um sich auf die Straße zu stellen und mit Ihrer Darbietung zu beginnen. Grundkenntnisse sind natürlich erforderlich, alles, was darüber hinausgeht, ist einfach ein Pluspunkt.

***II. Halten Sie eine Geschichte bereit***
Die Leute werden gerne Geld geben, wenn Sie eine Geschichte von Ihnen zu hören bekommen. Es liegt also an Ihnen. Noch bevor die Leute sich fragen »Warum sollte ich diesem Typen Geld geben?«, liefern Sie ihm die Antwort. Ich nehme dafür ein Stück Pappe, auf das ich meine Geschichte schreibe (bitten Sie um Hilfe, um die Geschichte in der örtlichen Sprache zu formulieren) und angebe, wofür ich das Geld verwenden werde. Ich gebe mir Mühe, eine interessante und amüsante Geschichte aufzuschreiben, weil Einmaligkeit und Humor immer funktionieren.

***III. Haben Sie keine Erwartungen***
Sie werden durch Ihre Straßendarbietungen nicht reich werden. Im Idealfall werden Sie etwas Geld für Ihre täglichen Ausgaben einnehmen, schrauben Sie also Ihre Erwartungen herunter oder verzichten Sie besser gleich ganz darauf. Erwartungen führen eh nur zu Enttäuschungen.

***IV. Geben Sie Ihr Bestes***
Oft spielte ich meine Songs mit geschlossenen Augen, ohne auf meine Umgebung zu achten, in einer Sprache, die den Passanten unbekannt war und ohne zu merken, dass Leute stehenblieben und aufmerksam zuhörten. Einfach weil sie spürten, dass ich mit Herzblut spielte und sang.

***V. Brechen Sie die Regeln***
Spielen Sie, beobachten Sie, stellen Sie Ihre eigenen Regeln auf. Was beim einen funktioniert, muss beim anderen nicht funktionieren. Was an einem Ort klappt, muss an einem anderen Ort nicht auch klappen.

***VI. Geniessen Sie es***
Das ist das Wichtigste. Freuen Sie sich, für andere zu spielen. Wenn Sie es nicht toll finden, wenn jemand einen Moment stehen bleibt, um Ihnen zuzuhören, Augenkontakt herstellt und das Lied bis zum Ende anhört, sollten Sie vielleicht besser etwas anderes machen.

### 2. IN EINEM RICHTIGEN JOB ARBEITEN
Wenn Sie in einem Industrieland unterwegs sind, können Sie auch ei-nen normalen Job suchen und eine Zeit lang arbeiten. Wie bei der Freiwilligenarbeit können Sie Jobs finden, indem Sie Leute fragen oder online suchen.

Meiner Erfahrung nach ist es am besten, zuerst Kontakte zu knüpfen, besser mit den Leuten bekannt zu werden (wenn Sie lässig drauf sind, andernfalls sollten Sie besser nicht zuviel reden) und sie dann nach einem Job zu fragen. Machen Sie sich klar, dass es für diese Leute ein großes Risiko ist, Ihnen Arbeit zu geben (wenn Sie die nötigen Papiere dafür nicht haben), verhalten Sie sich daher entsprechend. Wie so oft im Leben: Versetzen Sie sich in die anderen hinein.

### 3. SCHREIBEN SIE EINEN BLOG
Wenn Sie eine einmalige Geschichte zu erzählen haben und gut erzählen können, lässt sich durch ein Blog, mit dem Sie in den sozialen Medien präsent sind, unter Umständen auch etwas Geld verdienen. Bis dahin ist es ein langer Weg, Sie müssen jahrelang wirklich hart arbeiten, aber wenn Sie Ihre Reisen für Ihre Karriere nutzen wollen, ist dies definitiv möglich.

### 4. SCHREIBEN SIE EIN BUCH
So wie ich dieses hier geschrieben habe, das Sie gerade lesen.

# Danksagung

**Besonderer Dank geht an:**

Jeden, der Teil dieser Geschichte war – meine Familie, Freunde, CouchSurfer, Fahrer, die mich mitgenommen haben, Menschen, die ich zufällig auf der Straße getroffen habe.

Das Team, das mit mir an diesem Buch gearbeitet hat.

Jeden, der an meiner Crowdfunding-Kampagne teilgenommen und damit dieses Buch erst möglich gemacht hat, besonders:

Krassi Hristova
Nancy Paiva
Tito Bhuiyan
Jefferey Dunn
David Marshall

Dich, dafür, dass du dieses Buch gelesen hast.

Danke.